古典文獻研究輯刊

三二編

潘美月・杜潔祥 主編

第 12 冊

戰國《尚書》學研究

鍾雲瑞 著

國家圖書館出版品預行編目資料

戰國《尚書》學研究／鍾雲瑞 著 -- 初版 -- 新北市：花木蘭
文化事業有限公司，2021〔民110〕
目 4+210 面；19×26 公分
（古典文獻研究輯刊 三二編；第 12 冊）
ISBN 978-986-518-393-6（精裝）
1. 書經 2. 研究考訂 3. 戰國時代
011.08   110000578

ISBN-978-986-518-393-6

9 789865 183936

古典文獻研究輯刊
三二編 第十二冊   ISBN：978-986-518-393-6

戰國《尚書》學研究

作　　者　鍾雲瑞
主　　編　潘美月、杜潔祥
總 編 輯　杜潔祥
副總編輯　楊嘉樂
編　　輯　許郁翎、張雅淋　美術編輯　陳逸婷
出　　版　花木蘭文化事業有限公司
發 行 人　高小娟
聯絡地址　235 新北市中和區中安街七二號十三樓
　　　　　電話：02-2923-1455／傳真：02-2923-1452
網　　址　http://www.huamulan.tw 信箱 service@huamulans.com
印　　刷　普羅文化出版廣告事業
初　　版　2021 年 3 月
全書字數　188084 字
定　　價　三二編 47 冊（精裝）台幣 120,000 元　　版權所有 · 請勿翻印

戰國《尚書》學研究

鍾雲瑞 著

作者簡介

　　鍾雲瑞，男，1990 年生，山東壽光人。曲阜師範大學文學碩士，山東大學中國古典文獻學博士。現為曲阜師範大學孔子文化研究院講師，主要研究方向為古典文獻學、《尚書》學。

　　目前主持國家社科基金後期資助項目「《尚書》文獻序跋彙錄」、教育部人文社科青年基金項目「清代《御纂七經》研究」、山東省社科規劃優勢學科項目「清代山東《尚書》文獻整理研究」。在《人民論壇》《海南大學學報》等刊物發表論文十餘篇，點校古籍《欽定書經傳說彙纂》《尚書質疑》《清代山東尚書文獻八種》。

提　　要

　　春秋末期，中國的思想界進入「軸心時代」，社會秩序被新的階層關係打破，周王室的衰微導致上層貴族所執掌的文化、政治、思想等因素流入諸侯國乃至民間，即「天子失官，學在四夷」。

　　《尚書》是關於上古政治的歷史文獻彙編，保存了大量的先王之事，蘊含著豐富的教化思想。孔子以《尚書》為政治教科書，以《書》篇要旨教誨弟子。孔子後學論及《尚書》者主要有顏回、子路、子貢、漆雕開、子夏、子張、曾子等七人。孔子作為《書》教傳統的承擔者，促進了《書》學的保存與傳播，開啟王官之學向諸子之學下移的序幕。孔子後學在促進《書》學發展，推動《書》教傳統形成方面產生深遠的影響。

　　《尚書》作為政教之書，戰國諸子在議論政事時必然對《書》篇文獻進行徵引，本書就《墨子》《孟子》《莊子》《荀子》《韓非子》《呂氏春秋》《戰國策》七部典籍進行探究，以反映不同學派的《書》學面貌。出土文獻的不斷湧現，為解決《尚書》相關問題提供了新的契機。

　　戰國時代諸子百家為求取政治上的話語權，必然援引《尚書》以論證其學說理論，對《書》學大義進行徵引與改造，使之符合己說而推行於世。因此對戰國時代諸子百家徵引《尚書》的情況進行研究，可以全面瞭解戰國時期《尚書》的存在面貌，考辨諸家傳習《尚書》的版本差別，亦可以梳理春秋戰國之際《尚書》的流佈與傳播情況。

目

次

緒　論

　　作為「五經」之一的《尚書》是中國古代最早的政治歷史文獻彙編，保存了殷周時期重要的歷史記載，歷來被看成中國帝王的施政治國教科書，在被經典化的過程中，其中蘊含的思想文化不斷向社會傳播，此即《書》教傳統逐步確立的過程。《書》教傳統同《詩》教傳統一樣，都是中國古代重要的文化批評術語，是儒家學者通過總結《書》的知識、觀念、社會功用而提出的重要概念，是一種政治、文化與教化的綜合性人文存在，其存在特徵是動態的，開放的，不斷重建的，在《書》教傳統中形成的知識體系、觀念體系和文獻體系，具有時代超越性和世界意義的普適性。《書》教傳統涉及社會文化的諸多層面，知識、觀念、文獻體系的劃分不僅明確了《書》教傳統包含的具體內容，而且從宏觀角度為《尚書》學研究搭建了邏輯框架。

　　春秋末年到戰國時代，中國的思想史進入所謂的「軸心時代」，原有的社會秩序被打破，周王室的衰微使原來由上層貴族所執掌的知識、文化與思想流入諸侯國乃至民間，即「天子失官，學在四夷」。作為西周貴族話語系統的「王官之學」由此散落，而諸侯國的穩定與富庶逐漸促使一批新的知識階層的產生，此即士階層興起的歷史背景。

　　戰國時期，士階層的興起對於《書》教傳統的傳播、闡釋發揮了巨大的作用。在「百家爭鳴」的時代環境下，諸子百家為使自己的學說主張得到貴族階層的支持，大量徵引《書》篇內容為己說論證，他們多角度、多層次地徵引《書》篇，使得其理論能夠施壓於統治階級，左右著社會的發展。同時，士階層來源於社會各方面，其所宣揚的文化輿論又推動了《尚書》在社會上的流佈與傳播。因此，探究戰國時期由諸子所開創的文化局面對《書》教傳統的闡釋、流變所產生的影響，不僅可以宏觀呈現《尚書》學在戰國時代的存

在面貌，而且開啟了對秦漢《書》教傳統研究的序幕，同時，從思想史、文化史、經學史方面考慮，研究諸子之學對《書》教傳統的承繼、豐富作用，還可為探究春秋時期執政卿大夫以《書》傳承官學提供借鑒意義。

《書》教傳統研究是對《尚書》學的一次系統梳理與總結，從戰國時期諸子之學的視角考察《書》教傳統研究是薄弱環節，之前已有學者對先秦文獻引《書》篇作了相關統計，但由於研究視角不同，且對某些文獻是否為《尚書》內容存在疑問，故收輯諸書引《尚書》的結果不盡相同。陳夢家《尚書通論》在《先秦引書篇》一章中列舉了戰國時代的文獻有《孟子》《墨子》《荀子》《韓非子》《呂氏春秋》，劉起釪《尚書學史》則從先秦文籍引《書》情況與今古文《尚書》比較的角度，按《尚書》篇次羅列先秦典籍引《書》次數、篇目等，並制有《先秦文籍引用〈尚書〉篇數次數總表》，較之陳書多出戰國時代的《莊子》《戰國策》兩書。馬士遠教授《周秦〈尚書〉學研究》在吸收前代各家已有研究成果的基礎上，對戰國文獻引《書》的諸條文本重新考辨，全面梳理諸子引《書》情況，並附有諸子文獻引《書》、論《書》、釋《書》情況統計表。

以上諸家僅是從文獻學的視角考辨、研究先秦文籍引《書》情況，主要著眼於諸子引文與《尚書》文本在文句、語序、語義等方面的異同。本文撰寫的方向是在現有資料的基礎上，對戰國諸子之書引《書》的時代背景、歷史環境、引《書》目的、思想特點、政治意圖等進行剖析，旨在探究作為士階層的諸子之學如何用《書》來進行政治上的博弈，如何在政治活動中激活《書》學思想。同時，反觀戰國時代諸子百家引《書》以論辯的史實，考察戰國《書》教傳統的闡釋、演變與發展，以期對周秦《尚書》學的研究提供參考，揭示戰國《書》教傳統對中國傳統思想、歷代文化的意義、價值和影響。

第一章　戰國諸子時代的歷史環境

第一節　諸子之學的時代背景

　　卡爾‧雅斯貝爾斯在《智慧之路》中提出了關於思想史上的「軸心時代」的概念，他認為：「發生在公元前八百至二百年間的這種精神的歷程似乎構成了這樣一個軸心，這是在那個年代，才形成今天我們與之共同生活的這個『人』。我們就把這個時期稱作『軸心時代』吧，非凡的事件都集中發生在這個時期。中國出現了孔子和老子，中國哲學中的全部流派都產生於此，接著是墨子、莊子以及諸子百家。」〔註1〕根據雅斯貝爾斯的這一理論，則中國的「軸心時代」發生在公元前六世紀至前三世紀，也就是春秋末期到戰國年代，中國的政治、經濟、文化、思想、哲學等都進入了一個嶄新的時代。

　　西周末年，幽王剛愎自用，荒廢朝政，廢申后，去太子，最終被申侯率領西夷犬戎部落打敗並殺死於驪山之下。諸侯遂舉幽王太子宜臼為周平王，史稱東周。平王東遷雒邑，但此時諸侯勢力已經強大，周王朝已難以掌控天下。事見《史記‧周本紀》：「幽王以虢石父為卿，用事，國人皆怨。石父為人佞巧善諛好利，王用之。又廢申后，去太子也。申侯怒，與繒、西夷犬戎攻幽王。幽王舉烽火徵兵，兵莫至。遂殺幽王驪山下，虜褒姒，盡取周賂而去。於是諸侯乃即申侯而共立故幽王太子宜臼，是為平王，以奉周祀。平王立，東遷於雒邑，辟戎寇。平王之時，周室衰微，諸侯彊並弱，齊、楚、秦、晉始

〔註1〕　（德）卡爾‧雅斯貝爾斯著，柯錦華等譯：《智慧之路》，北京：中國國際廣播出版社，1988年版，第68～70頁。

大，政由方伯。」〔註2〕

　　東周王朝的一個顯著特點是王室衰微，諸侯勢大，周天子的地位已經成為一種象徵，諸侯力政而相互征伐，政治上的摩擦，軍事上的交鋒，已經成為這個時代的代名詞。在這樣的歷史背景之下，必然導致思想世界的劇烈變動。春秋之前，文化掌控在周王室手中，上層貴族具有絕對的話語權，貴族知識分子是整個王朝的核心思想力量。但隨著周王室政治威望與軍事實力的衰退，同時諸侯國實行變法，政治制度與經濟制度都具有了超越前代的優越性，文化上的相應變化是士階層的興起與發展。過去王官之學所執掌的文化與知識，被這一新興的知識階層帶到各地方諸侯國，這無疑促進了整個時代的文化興盛，而處於「軸心時代」的諸子之學，究其源流，蓋肇端於此。

　　要探究諸子百家之學形成的時代背景，必須對其所存在的歷史條件和社會制度進行具體地考察，葛兆光在《中國思想史（第一卷）》中認為，戰國時期的天下大亂，可以歸結為三個方面的原因，即「第一應當歸咎於上層王侯的嗜欲膨脹，第二應當考慮到當時交通的發達所引來的交流與衝突，第三應當追究到原有社會秩序的崩潰即王綱解紐。但是，在重視社會等級秩序的儒者來看，王綱解紐、禮崩樂壞是主要的根源。」〔註3〕經濟制度、政治制度、技術的進步，這三個方面的變革都對促進思想文化的革新產生了重要的作用，茲分述如下。

一、經濟制度的變革

　　周王室在政治上實行分封制，與分封制相配合的經濟制度是井田制。井田制實質上是一種以國家所有為名的貴族土地所有制，周天子封其子弟為諸侯，同時還賜給一定的土地和奴隸，《孟子・滕文公上》就曾記載井田制耕作的模式，其云：「方里而井，井九百畝，其中為公田，八家皆私百畝，同養公田。公事畢，然後敢治私事。」〔註4〕但到春秋末期，井田制逐漸瓦解。鐵器的使用和牛耕的推廣，促進了生產力水平的提高，農業生產水平由此邁上一個新的階段，以一家一戶為基礎的小農階層成為整個社會生產的基層單位。

〔註2〕（漢）司馬遷：《史記》，北京：中華書局，1982年版，第149頁。

〔註3〕葛兆光：《中國思想史（第一卷）》，上海：復旦大學出版社，2004年版，第158頁。

〔註4〕（清）焦循撰，沈文倬點校：《孟子正義》，北京：中華書局，1987年版，第361頁。

到戰國時代，商鞅在秦國首先實行變法改革，廢除井田制，推行土地私有制，這更加推動了農業生產效率的提高，如《漢書·食貨志上》載：「及秦孝公用商君，壞井田，開仟伯，急耕戰之賞，雖非古道，猶以務本之故，傾鄰國而雄諸侯。然王制遂滅，僭差亡度。庶人之富者累鉅萬。」〔註5〕井田制度走向崩潰，是時代發展下的趨勢，「不過商鞅特以國家之力，對之作有意識的、大規模的破壞而已。」〔註6〕

與農業經濟發展相適應的還有商業經濟的繁榮。農業和手工業的發展極大地促進了戰國時期商業的進步，商品生產的發展由此直接引起商人階層的活躍、商品市場的萌興、商業城市的建設。關於商人階層的壯大，《漢書·貨殖傳》中曾有論述：「及周室衰，禮法墮，……其流至乎士庶人，莫不離制而棄本，稼穡之民少，商旅之民多，穀不足而貨有餘。」「於是商通難得之貨，工作亡用之器，士設反道之行，以追時好而取世資。」「富者木土被文錦，犬馬餘肉粟，而貧者短褐不完，唅菽飲水。其為編戶齊民，同列而以財力相君。」〔註7〕商旅之民的興起是在周室禮法墜失的情況下發生的，這也反映出西周宗法制度對商業經濟發展的束縛。商人作用於政治，以孔子學生子貢為最先，子貢行商於曹魯之間，「結駟連騎，束帛之幣以聘享諸侯，所至，國君無不分庭與之抗禮。夫使孔子名布揚於天下者，子貢先後之也。」〔註8〕其後，呂不韋作為陽翟大賈人，「往來販賤賣貴，家累千金」〔註9〕，憑藉其商業巨賈的身份位列秦相，更足以說明商人對於政治的影響力之大。土地私有制的出現，商業經濟的繁榮，作用於文化與思想，促進其在社會底層的傳播與發展，這在諸子之學興起之時具有基礎性的作用。

二、政治關係的革新

針對戰國時期政治關係新的變化，馮友蘭認為：「蓋上古為貴族政治，諸國有為周室所封者，有為本來固有者。國中之卿大夫亦皆公族，皆世其官；

〔註5〕（漢）班固著，（唐）顏師古注：《漢書》，北京：中華書局，1962年版，第1126頁。

〔註6〕馮友蘭：《中國哲學史》，重慶：重慶出版社，2009年版，第21頁。

〔註7〕（漢）班固著，（唐）顏師古注：《漢書》，北京：中華書局，1962年版，第3681～3682頁。

〔註8〕（漢）司馬遷：《史記》，北京：中華書局，1982年版，第3258頁。

〔註9〕（漢）司馬遷：《史記》，北京：中華書局，1982年版，第2505頁。

所謂庶人皆不能參與政權。……古代政治上為貴族世官世祿之制，故社會組織上亦應有此種種階級也。貴族政治破壞，上古之政治及社會制度起根本的變化。」〔註10〕貴族政治被破壞，與之相聯繫的社會制度也會發生變化，庶民升為官與貴族降為民是兩種階級變化的趨勢。張豈之在《中國思想史》中將戰國時代政治關係變化的表現歸結於諸侯爭霸戰爭，並從三方面闡述了爭霸戰爭對政治關係的影響，其主要觀點有：平王東遷之後，周王名義上雖仍為「天下共主」，但實際上權力已經降到中小諸侯國的地位。諸侯爭霸首先破壞了周天子的權威，各霸主打著「尊王」的旗號，卻實際操控周王認可其擴張戰爭得到的土地。其次，諸侯爭霸引起各諸侯國內部宗法關係的進一步破壞。春秋後期，各諸侯國內部僭越犯上的事件屢有發生，卿大夫作為新興勢力的代表開始實際掌控國家的政治，其中「田氏代齊」、「三家分晉」、魯「三桓」執政等都是典型事件。第三，各諸侯國在選拔人才時開始放棄宗法制度下的「親親」原則，而是實行「尚賢」的策略，在更大的範圍內選擇能夠使諸侯國強大的人才和學派，這在客觀上又促進了士階層的形成和發展。〔註11〕

　　戰國時期，隨著社會秩序和社會道德的重構，如何使政治、經濟、軍事在激烈的現實競爭中脫穎而出成為霸主是各諸侯國必須面臨並努力實現的目標，為此，轟轟烈烈的變法大潮拉開帷幕。魏國首先實行變法，魏文侯任用李悝為相，吳起為西河守，西門豹為鄴令，對魏國的政治、經濟、民俗等進行一系列的改革。其後，趙國公仲連、韓國申不害、齊國鄒忌、秦國商鞅都進行改革，蔚然成風的變法浪潮成為這個時代的主旋律。政治關係的改變，為諸子之學的主體——士階層的發展創造出了巨大的空間，他們憑藉所掌握的知識和文化，服務於一定的貴族階層，使自己的學說得到統治者的認可並能得以施行，這是諸子百家出現爭鳴局面的政治因素。

三、文字的簡易化

　　關於戰國諸子百家爭鳴局面的出現，前代學者指出，除去政治、經濟層面的影響外，技術上的原因，即書寫文字的簡易化，也是促進學術發展的一個重要因素。戰國時代隨著生產力的提高，商品經濟的發展，文字的應用顯得日益重要而且使用頻繁廣泛。由於各國文字字形字體差異較大，嚴重阻礙

〔註10〕馮友蘭：《中國哲學史》，重慶：重慶出版社，2009年版，第19頁。
〔註11〕張豈之主編：《中國思想史》，西安：西北大學出版社，1993年版，第15頁。

了各國之間的交流與融合，為此書寫更加簡易的文字應用而生。

梁啟超在《論中國學術思想變遷之大勢》中討論周末學術思想勃興的原因時指出，周末學術發展的原因之一就是「文字之趨簡也」，認為「文字既簡，則書籍漸盛。墨子載書五車以遊諸侯，莊子亦言『惠施多方，其書五車』。學者之研究日易，而發達亦因之以速，勢使然也。」〔註 12〕文字的日趨簡易是一方面，另一方面的變化是書寫工具的進步，如傅斯年在《戰國子家敘論》中提出的第一條背景就是「春秋戰國間書寫的工具大有進步。在春秋時，只政府有力作文書者，到戰國初年，民間學者也可著書了。……這一層是戰國子家記言著書之必要的物質憑藉。」〔註 13〕同時，蔣伯潛在《諸子通考・諸子興替之因緣》一文中也曾指出，「簡牘刀漆進化為紙帛筆墨，由官學變為私人之師儒，由官學變為私人之著述，亦為學術本身直接有關之文化教育的劇變。」〔註 14〕

處於「軸心時代」的諸子之學，其生存的時代背景和歷史環境是複雜多樣的，經濟制度的重新建構、政治關係的多方斗爭、思想文化的交融衝突，乃至交通運輸的發展、書寫工具的進步，所有這些因素綜合演化，使思想話語的承負者突破了制度、階層、技術的羈絆，在動盪的社會秩序中能夠憑藉其掌握的文化和知識與壟斷話語權的各國諸侯對話。諸子所依據的理性價值和政治意義，足以對戰國時代的統治階層產生壓力，使諸子能夠在政治上具有發言權。諸子之學是戰國時代的文化核心力量，不同學派在論辯、融合中所激發出的關於政治、經濟、軍事、思想、哲學等諸多方面的學說，對後世影響至深至遠。

第二節　諸子之學的興起

一、王官之學衰落

戰國之前，準確地說是在孔子之前，古代學術掌握在王官手中，所謂王

〔註 12〕（清）梁啟超：《論中國學術思想變遷之大勢》，上海：上海古籍出版社，2001年版，第 22 頁。
〔註 13〕歐陽哲生主編：《傅斯年全集》（第二卷），長沙：湖南教育出版社，2000 年版，第 265 頁。
〔註 14〕蔣伯潛：《諸子通考》，正中書局，1948 年版，第 28 頁。

官，指中央朝廷政府及各諸侯國掌管文化典籍的官員。朝廷政府著書以治理天下，而所著之書即為政典，官員憑藉政典傳授弟子，弟子學習政典文籍，此授徒傳習事業皆以官學為準則。對於私人講學、著述之事，春秋之前，似乎並未有相關記載。前代學者對官學與私學之關係考辨得十分明白，茲舉章學誠之學說為例予以說明。章氏在《文史通義・詩教上》中云：

> 古未嘗有著述之事也，官師守其典章，史臣錄其職載。文字之道，百官以之治，而萬民以之察，而其用已備矣。是故聖王書同文以平天下，未有不用之於政教典章，而以文字為一人之著述者也。〔註15〕

又在《校讎通義・原道》篇中說：

> 古無文字。結繩之治，易之書契，聖人明其用曰：「百官以治，萬民以察。」……理大物博，不可殫也，聖人為之立官分守，而文字亦從而紀焉。有官斯有法，故法具於官；有法斯有書，故官守其書；有書斯有學，故師傳其學；有學斯有業，故弟子習其業。官守學業皆出於一，而天下以同文為治，故私門無著述文字。〔註16〕

章氏於此處把古無私學著述之事辯解得明白曉暢，此後學者大多依從其意見。古代之人想要學習文化，唯一的途徑便是入官府從仕，章太炎先生曾經就學與仕的關係探討過，其云：

> 古者世祿，子就父學為疇官。……宦於大夫，謂之「宦御事師」，言仕者又與學同，明不仕無所受書。（《檢論・訂孔上》）〔註17〕

> 古之學者，多出王官世卿用事之時，百姓當家，則務農商畜牧，無所謂學問也。其欲學者，不得不給事官府為之胥徒，或乃供灑掃為僕役焉。故《曲禮》云「宦學事師」。「學」字本或作「御」。所謂宦者，謂為其宦寺也；所謂御者，謂為其僕御也。……《說文》云：「仕，學也。」仕何以得訓為學？所謂宦於大夫，猶今之學習行走爾。是故非仕無學，非學無仕。（《諸子學略說》）〔註18〕

〔註15〕（清）章學誠著，葉瑛校注：《文史通義校注》，北京：中華書局，1985 年版，第 62 頁。

〔註16〕（清）章學誠著，葉瑛校注：《文史通義校注》，北京：中華書局，1985 年版，第 951 頁。

〔註17〕章太炎：《諸子學略說》，桂林：廣西師範大學出版社，2010 年版，第 132 頁。

〔註18〕章太炎：《諸子學略說》，桂林：廣西師範大學出版社，2010 年版，第 3 頁。

孔子所謂「學而優則仕，仕而優則學」的主張，似乎可以從王官之學的角度進行解讀。學者在這方面進行研究的還有羅根澤，其觀點主要集中在《戰國前無私家著作說》一文中，說：

> 古者政教不分，書在官府，欲得誦習，頗非易易。故韓宣子，晉世卿也，必俟至魯觀書於太史氏，始得見《易象》與《魯春秋》。季札，吳公子也，亦必俟至魯，始得聞各國之詩與樂。一般平民，更無論焉。大凡典冊深藏官府，則有承傳，無發展；謹世守，乏研究。〔註19〕

即便是晉國的世卿和吳國的公子，都必須到魯國才能見到典籍，就一般平民而言，根本不會見到深藏在官府中的典冊。故羅氏認為，藏在官府之中的典籍，卿大夫只負責傳承，而不能發展延伸其中的學說；只能謹慎地看護這些前代流傳下來的典籍，而缺乏相應的研究。世代相傳的官學之弊端於此可見一斑。

官學的弊端在新的時代環境裏逐漸顯現出來，特別是春秋末期更加動亂的年代。自西周幽王之後，周王朝的權勢可謂江河日下，王室的衰微導致政治權力的削弱，而作為政治象徵的貴族文化也在禮崩樂壞的背景下走下神聖的殿堂，走出官府秘閣，走向民間，平民大眾也由此可以接受文化的薰染。作為專門執掌王官之學的那些卿士官員，隨著政治、文化的逐步下移，他們失去了賴以生存的階層，為此散在四方諸侯國，成為各諸侯國的記事史臣，此即《左傳‧昭公十七年》所載：「仲尼聞之，見於郯子而學之。既而告人曰：『吾聞之，天子失官，學在四夷』。」〔註20〕所謂「失官」，杜預注曰：「失官，官不修其職也。」

執掌王官之學的官員在春秋末期的政治生活中逐漸失去了其在中央朝廷政府任官的價值意義，或為保存上古三代的文化典籍，或為自身的生存考慮，他們散在各諸侯國，同時也將自己所掌握的文化帶到各地方，促進了所在諸侯國文化的興盛，平民階層為此可以接觸到三代的文化，私家講學蓋肇始於此。司馬遷在《史記》之中有所載記，如《曆書》云：「幽、厲之後，周室微，陪臣執政，史不記時，君不告朔，故疇人子弟分散，或在諸夏，或在夷狄。」

〔註19〕羅根澤編著：《古史辨》第四冊，上海：上海古籍出版社，1982年版，第62頁。

〔註20〕楊伯峻：《春秋左傳注》，北京：中華書局，2009年版，第1389頁。

〔註21〕同時司馬遷還述說了司馬氏本為周之史官，其後代卻流散在各諸侯國，其云：「當周宣王時，失其守而為司馬氏。司馬氏世典周史。惠襄之間，司馬氏去周適晉。晉中軍隨會奔秦，而司馬氏入少梁。自司馬氏去周適晉，分散，或在衛，或在趙，或在秦。」〔註22〕

《論語・微子》篇載：「大師摯適齊，亞飯干適楚，三飯繚適蔡，四飯缺適秦，鼓方叔入於河，播鼗武入於漢，少師陽、擊磬襄入於海。」朱熹注引張子曰：「周衰樂廢，……及魯益衰，三桓僭妄，自大師以下，皆知散之四方，逾河蹈海以去亂。」〔註23〕此處記載了樂師四散奔走的史事，此外，相關記載還見於《左傳・昭公十五年》：「及辛有之二子董之晉，於是乎有董史。」〔註24〕《呂氏春秋・先識覽》：「晉太史屠黍見晉之亂也，見晉公之驕而無德義也，以其圖法歸周。」〔註25〕

二、諸子之學興起

王官之學衰落之後，在私家講學、著述的濡染薰陶之下，諸子之學乘勢興起。就其源流而言，諸子之學承傳其學問來自於私家之學，而私家之學又以王官之學為宗，故諸子之學可以說是繼承了王官之學的衣缽。關於這一點，班固在《漢書・藝文志》中對諸子各家都曾有所論述：

「儒家者流，蓋出於司徒之官。」「道家者流，蓋出於史官。」「陰陽家者流，蓋出於羲和之官。」「法家者流，蓋出於理官。」「名家者流，蓋出於禮官。」「墨家者流，蓋出於清廟之守。」「從橫家者流，蓋出於行人之官。」「雜家者流，蓋出於議官。」「農家者流，蓋出於農稷之官。」「小說家者流，蓋出於稗官。」〔註26〕

「諸子十家，其可觀者九家而已。皆起於王道既微，諸侯力政，時君世主，好惡殊方，是以九家之術蜂出並作，各引一端，崇其所善，以此馳說，取合諸侯。其言雖殊，辟猶水火，相滅亦相生也。

〔註21〕（漢）司馬遷：《史記》，北京：中華書局，1982年版，第1258頁。
〔註22〕（漢）司馬遷：《史記》，北京：中華書局，1982年版，第3285～3286頁。
〔註23〕（宋）朱熹：《四書章句集注》，北京：中華書局，2012年版，第187頁。
〔註24〕楊伯峻：《春秋左傳注》，北京：中華書局，2009年版，第1373頁。
〔註25〕（戰國）呂不韋著，陳奇猷校注：《呂氏春秋新校釋》，上海：上海古籍出版社，2002年版，第956頁。
〔註26〕（漢）班固著，（唐）顏師古注：《漢書》，北京：中華書局，1962年版，第1728～1745頁。

仁之與義，敬之與和，相反而皆相成也。《易》曰：『天下同歸而殊
塗，一致而百慮。』今異家者各推所長，窮知究慮，以明其指，雖
有蔽短，合其要歸，亦《六經》之支與流裔。」〔註27〕

　　班固在論述諸子十家源於官學之後，最後提出諸子之學皆是「六經之
支與流裔」的觀點，這在經學史上具有開創性的作用。戰國之前的王官之
學以六經為宗旨，民間講學者亦以六經為教本而傳授弟子，故諸子所淵源
者亦是六經。諸子之學興起，各以官學之一端為其學術歸旨，汪中在《墨
子後序》中曾有論說：「昔在成周，禮器大備，凡古之道術，皆設官以掌之。
官失其業，九流以興，於是各執其一術以為學。」〔註28〕但馮友蘭在《中
國哲學史》一書中提出了不同的看法：「《漢書・藝文志》以為諸子皆六藝
之『支流餘裔』。《莊子・天下篇》，似亦同此見解。此言亦並非毫無理由，
因所謂六藝本來是當時人之共同知識。自各家專講其自己之新學說後，而
六藝乃似為儒家之專有品，其實原本是大家共有之物也。但以為各家之學
說，皆六藝中所已有，則不對耳。」〔註29〕馮氏以為班固所謂諸子學說源
於六藝的見解是正確的，但對戰國諸子之學已經包含在六藝之中的說法不
以為然。案《莊子・天下篇》所言：「其明而在數度者，舊法世傳之史尚多
有之。其在於《詩》《書》《禮》《樂》者，鄒魯之士搢紳先生多能明之。……
其數散於天下而設於中國者，百家之學時或稱而道之。」〔註30〕六經原本
為官府所掌握，肯定私家之學出於六經，故成玄英《疏》云：「六經之跡，
散在區中，風教所覃，不過華壤。百家諸子，依稀五德，時復稱說，不能
大同也。」〔註31〕最初學術皆源出於六藝，而隨著各自所處環境的不同，
各自學術方向的差異，使諸子百家宣揚的政治、哲學觀點已經超出了六藝
之學的範疇，而衍化出新的思想學派，這一點是學術史的史實，理應得到
梳理和加深理解。

〔註27〕（漢）班固著，（唐）顏師古注：《漢書》，北京：中華書局，1962 年版，第
　　　　1746 頁。
〔註28〕（清）孫詒讓撰，孫啟治點校：《墨子閒詁》，北京：中華書局，2001 年版，
　　　　第 673 頁。
〔註29〕馮友蘭：《中國哲學史》，重慶：重慶出版社，2009 年版，第 45 頁。
〔註30〕（清）郭慶藩撰，王孝魚點校：《莊子集釋》，北京：中華書局，2012 年版，
　　　　第 1062 頁。
〔註31〕（清）郭慶藩撰，王孝魚點校：《莊子集釋》，北京：中華書局，2012 年版，
　　　　第 1063 頁～1064 頁。

官學下移為私學，私學為諸子之師，然而諸子百家學術的興起發展有其特定的時代背景。胡適《諸子不出於王官論》認為諸子之學皆是時勢變化所致，其云：「吾意以為諸子自老聃、孔丘至於韓非，皆憂世之亂而思有以拯濟之；故其學皆應時而生，與王官無涉。……故諸子之學，皆春秋戰國之時勢世變所產生。其一家之興，無非應時而起；及時變事異，則向之應世之學翻成無用之文，於是後起之哲人乃張新幟而起。新者已興而舊者未踣，其是非攻難之力，往往亦能使舊者更新。」〔註32〕胡適將諸子學的興起歸因於時勢世變，從歷史學角度解釋學派源流與時代背景之間的關係，這一學術觀點得到大部分學者的贊同，如羅根澤說：「凡近於人事論之道術學說，無非所以解決當時之患難，俾社會國家漸進於理想。諸子學說，除晚出名家外，泰半屬於人事論，故方術不同，皆思所以救世之弊。」〔註33〕

其實，班固在《漢書‧藝文志》中已經談及諸子學說產生的歷史條件：「諸子十家，其可觀者九家而已。皆起於王道既微，諸侯力政，時君世主，好惡殊方，是以九家之術蜂出並作，各引一端，崇其所善，以此馳說，取合諸侯。」〔註34〕春秋戰國之際，諸侯爭霸，王權衰落，原有的社會秩序被打破，上層貴族所執掌的知識、文化與思想流入諸侯國乃至民間，即「天子失官，學在四夷」。文化的下移造就了一批新的知識階層的產生，他們繼承了上古三代時期的文化，在新的時代動盪中融合了自身對政治、文化、哲學的思考，形成了具有特定時代風格的「團體」，此即諸子百家學派產生的時代背景和歷史條件。

第三節　士階層的崛起

談論戰國時代的諸子之學，不得不對諸子所處的階層——士階層進行一番探究。前文已經論及上古三代的文化為王官之學，學者主要集中在官府和貴族階層，但東周建立之後，周王室的權勢已大不如從前，伴隨著王權的衰微，原先執掌文化的卿大夫四散奔走至各諸侯國。在這樣的文化背景之下，

〔註32〕羅根澤編著：《古史辨》第四冊，上海：上海古籍出版社，1982年版，第7頁。

〔註33〕羅根澤編著：《古史辨》第四冊，上海：上海古籍出版社，1982年版，第65頁。

〔註34〕（漢）班固著，（唐）顏師古注：《漢書》，北京：中華書局，1962年版，第1746頁。

過去被官學所壟斷的思想逐漸分散，諸侯國的富庶與繁興促進了士階層的興起。莊子在《天下》篇中所言：「天下之人各為其所欲焉以自為方。悲夫，百家往而不反，必不合矣！後世之學者，不幸不見天地之純，古人之大體，道術將為天下裂。」〔註35〕「道術將為天下裂」是戰國時代學術發展的必然趨勢，且在莊子之時已經形成了不同的思想學派。士階層有感於諸侯力政、學術紛紜的時代危機，他們試圖擔負起社會的責任，憑依對王官之學的繼承與發展，針對社會的不同問題，從各自的視角出發，建構起各自的學術體系，並以此來游說諸侯，以期能夠達到救世之弊的目的。

關於士階層之所以產生的原因，葛兆光認為這源於變亂的社會對於思想世界的衝擊，並從三個方面分析了思想世界變化的原因，其大略意思如下：第一，社會秩序的變化使過去那些天經地義、不言自明的知識和思想不再擁有權威性，重新建立對思想世界的有效解釋是必然的趨勢；第二，王室的衰微使過去獨佔的文化、思想與知識流入諸侯領地，而諸侯國的長期穩定與繁榮生養了一批新的文化人，這些文化人在王朝格局中的地位上下移動，使他們的思想與知識處在變化之中，而這些文化人即是士階層；第三，「知識—思想」體系在不同職業的士人中有不同的側重面，王官失守之後，士的分化使「知識—思想」體系也在分化之中，從而形成了不同的思想學派。〔註36〕思想世界的變動對士階層崛起的影響是從學術史的視角下考察而言，這一點闡釋了士階層所掌握的知識文化的來源問題，但對其身份淵源的探討卻忽略了，而我們要探究士階層的真實面貌，必須釐清其在戰國時代社會階層中所處的位置。

余英時《士與中國文化》一書中對士階層的來龍去脈考辨得十分明晰，其觀點得到學術界的認同，今探討士階層的崛起問題主要採納余氏之說。春秋戰國之際，士階層是這一時期之內最為活躍的社會因素，其介於下層貴族與庶民之間的社會身份，又加上對知識文化的把握，自然成為社會的核心力量。士階層的來源主要有兩種情況，一是原屬王官的知識階層的下移，二是下層庶民的上升。

〔註35〕（清）郭慶藩撰，王孝魚點校：《莊子集釋》，北京：中華書局，2012 年版，第 1064 頁。

〔註36〕葛兆光：《中國思想史（第一卷）》，上海：復旦大學出版社，2004 年版，第 69 頁。

一、上層王官貴族降為士

關於士階層在古代社會中的地位，史籍中的記載俯拾皆是，如《孟子·萬章下》載：

> 北宮錡問曰：「周室班爵祿也，如之何？」孟子曰：「其詳不可得聞也。……君一位，卿一位，大夫一位，上士一位，中士一位，下士一位，凡六等。」〔註37〕

又《禮記·王制》曰：

> 諸侯之上大夫卿，下大夫，上士，中士，下士，凡五等。〔註38〕

除去孟子所說的「君一位」，則孟子所言與《王制》所載的五等爵祿相契合，即士是居於卿、大夫之下的一種爵位。此外其他文獻也有相關記載，如《左傳·桓公二年》載晉大夫師服之言：

> 師服曰：「吾聞國家之立也，本大而末小，是以能固。故天子建國，諸侯立家，卿置側室，大夫有貳宗，士有隸子弟，庶人、工、商，各有分親，皆有等衰。」〔註39〕

《左傳·哀公二年》載趙簡子的誓詞：

> 克敵者，上大夫受縣，下大夫受郡，士田十萬，庶人、工、商遂，人臣隸圉免。〔註40〕

《國語·晉語四》記晉文公元年的施政措施：

> 公食貢，大夫食邑，士食田，庶人食力，工商食官，皂隸食職，官宰食加。政平民阜，財用不匱。〔註41〕

通過這一系列的文獻記載，可知士的地位位於大夫與庶人之間。但隨著禮崩樂壞的發生，上古三代所確立的社會秩序在時代浪潮的衝擊之下瓦解殆盡，這一現象在士階層的反映，主要是上層貴族逐漸衰落而下移成為士。值得注意的是《左傳·昭公三年》叔向與晏子討論晉國公室衰落的情況，其云：

〔註37〕（清）焦循撰，沈文倬點校：《孟子正義》，北京：中華書局，1987 年版，第 675～678 頁。

〔註38〕（漢）鄭玄注，（唐）孔穎達正義：《禮記正義》，上海：上海古籍出版社，2008 年版，第 449 頁。

〔註39〕楊伯峻：《春秋左傳注》，北京：中華書局，2009 年版，第 94 頁。

〔註40〕楊伯峻：《春秋左傳注》，北京：中華書局，2009 年版，第 1614 頁。

〔註41〕徐元誥撰，王樹民、沈長雲點校：《國語集解》，北京：中華書局，2002 年版，第 350 頁。

> 「雖吾公室，今亦季世也。戎馬不駕，卿無軍行，公乘無人，
> 卒列無長。庶民罷敝，……欒、郤、胥、原、狐、續、慶、伯，降
> 在皂隸。……」晏子曰：「子將若何？」叔向曰：「晉之公族盡矣。
> 肸聞之，公室將卑，其宗族枝葉先落，則公室從之。肸之宗十一族，
> 唯羊舌氏在而已。肸又無子，公室無度，幸而得死，豈其獲祀？」
> 〔註42〕

叔向對晉國貴族的衰落表現出極大的感慨，但春秋晚期恰是古代社會階級制
度崩壞的前夕，預示著新的社會關係的到來，各國內部的政治鬥爭是導致原
有的階級制度瓦解的原因之一，經過政權的不斷交疊，在政治鬥爭中失敗的
上層貴族則淪為較為低級的士。

二、下層庶民升為士

　　處於社會底層的庶民在春秋末葉的社會變革中地位不斷提升，成為士階
層的「新生力量」。上引趙簡子的誓詞中能夠克敵者，「庶人工商遂」，便是庶
民可以利用戰功提升其社會地位的明證。然而下層庶民上升為士的途徑並不
僅限於戰功，春秋戰國之際庶民憑藉知識、技能而成為文士之人不乏其例。
如《呂氏春秋・尊師》篇記載：

> 子張，魯之鄙家也；顏涿聚，梁父之大盜也；學於孔子。段干
> 木，晉國之大駔也，學於子夏。高何、縣子石，齊國之暴者也，指
> 於鄉曲，學於子墨子。索盧參，東方之鉅狡也，學於禽滑黎。此六
> 人者，刑戮死辱之人也，今非徒免於刑戮死辱也，由此為天下名士
> 顯人，以終其壽，王公大人從而禮之，此得之於學也。〔註43〕

　　子張、顏涿聚等六人之所以成為天下的「名士顯人」而使王公大人「禮
之」，得益於其能「學」，而他們學習的內容絕不僅止於一般的社會技能，必
然涉及到西周貴族的詩書禮樂，恰是他們掌握了這種能在邦國盟會時起關鍵
作用的交際能力，才得以躋身於士的階層。另外《呂氏春秋・博志》篇記載了
甯越棄耕從學的故事，其云：

> 甯越，中牟之鄙人也，苦耕稼之勞，謂其友曰：「何為而可以免

〔註42〕楊伯峻：《春秋左傳注》，北京：中華書局，2009 年版，第 1236 頁。
〔註43〕（戰國）呂不韋著，陳奇猷校釋：《呂氏春秋新校釋》，上海：上海古籍出版
　　　社，2002 年版，第 208 頁。

此苦也？」其友曰：「莫如學。學三十歲則可以達矣。」甯越曰：「請
以十五歲。人將休，吾將不敢休；人將臥，吾將不敢臥。」十五歲
而周威公師之。〔註44〕

甯越苦於耕作而立志十五年學成，後來周威公以甯越為師。從這一則小故事
中足以窺視春秋末年庶民志於學的社會風氣，此外相關記載見於《管子》和
《國語》中，《管子·小匡》篇云：「是故農之子常為農，樸野而不慝，其秀才
之能為士者，則足賴也，故以耕則多粟，以仕則多賢，是以聖王敬畏戚農。」
〔註45〕《國語·齊語》曰：「少而習焉，其心安焉，不見異物而遷焉。是故其
父兄之教不肅而成，其子弟之學不勞而能。夫是故士之子恒為士。」〔註46〕
這兩處記載說明農夫之子有秀異之材者可以為士，如果將庶民的身份轉化為
士的範疇，則是春秋晚期以來社會變動的結果，這樣社會上出現了一批有知
識的士人，加之貴族特別是大夫階層的地位下降，構成了士階層的壯大，此
即春秋戰國之交士興起演變的淵源所在。

原屬王官貴族的知識階層下降為士，使人們認識到「社稷無常奉，君臣
無常位」的歷史變遷感，伴隨這一過程的還有春秋時代思想和知識的下移。
而庶民之中受過教育的士卻能夠躋身於諸侯朝堂，他們雖然不擁有政治權力，
卻擁有文化話語權，這樣就造就了政治與文化的分離，思想能夠脫離政治而
獨立發展。士階層的崛起，對文化的繼承、對思想的延伸、對政治的干預，成
就了春秋戰國之際百家爭鳴的諸子之學。

〔註44〕（戰國）呂不韋著，陳奇猷校釋：《呂氏春秋新校釋》，上海：上海古籍出版
　　　　社，2002 年版，第 1628 頁。
〔註45〕黎翔鳳撰，梁運華整理：《管子校注》，北京：中華書局，2004 年版，第 401
　　　　頁。
〔註46〕徐元誥撰，王樹民、沈長雲點校：《國語集解》，北京：中華書局，2002 年版，
　　　　第 320 頁。

第二章 孔門《尚書》學研究

第一節 孔子與《尚書》關係研究

孔子與六經的關係，《莊子‧天運》篇中有所記載，即：

> 孔子謂老聃曰：「丘治《詩》《書》《禮》《樂》《易》《春秋》六經，自以為久矣，孰知其故矣；以奸者七十二君，論先王之道而明周、召之跡，一君無所鉤用。甚矣夫！人之難說也，道之難明邪？」
>
> 老子曰：「幸矣子之不遇治世之君也！夫六經，先王之陳跡也，豈其所以跡哉！今子之所言，猶跡也。」〔註1〕

孔子欲「論先王之道」而明曉周公、召公的陳跡，而這些存在於六經中的事蹟，以《尚書》為最詳，所以莊子謂孔子治六經的言論，其實是針對《尚書》而言。

孔子與《尚書》的關係，以《論語》中的記載是最切實可信的，如：

> 子所雅言，《詩》、《書》、執禮，皆雅言也。（《述而》）〔註2〕

朱熹《論語集注》云：「雅，常也。執，守也。《詩》以理情性，《書》以道政事，禮以謹節文，皆切於日用之實，故常言之。」〔註3〕由此可以明晰《詩》《書》之道義、守《禮》之程序，是孔子所時常言語的，更充分證明了孔子與《尚書》關係之密切。

〔註1〕（清）郭慶藩撰，王孝魚點校：《莊子集釋》，北京：中華書局，2012 年版，第 533 頁。
〔註2〕（宋）朱熹：《四書章句集注》，北京：中華書局，2012 年版，第 97 頁。
〔註3〕（宋）朱熹：《四書章句集注》，北京：中華書局，2012 年版，第 97 頁。

　　古代經學家傳統上有所謂孔子「序《尚書》」之說。《史記・三代世表序》云:「孔子因史文次《春秋》,紀元年,正時日月,蓋其詳哉。至於序《尚書》則略,無年月,或頗有,然多闕,不可錄。故疑則傳疑,蓋其慎也。」〔註4〕這裡的「序」乃序次之義,並非指為《尚書》作序。班固則堅信孔子為《尚書》作過序,《漢書・藝文志》載:「故《書》之所起遠矣,至孔子纂焉,上斷於堯,下訖於秦,凡百篇,而為之序,言其作意。」〔註5〕

　　孔子是否為《尚書》作過序,據傳世文獻記載很難得出確切的定論,但依據《論語》中孔子與弟子言及《尚書》的材料分析,可以推斷《尚書》中的原始篇章在孔子之前已經存在,孔子曾經誦讀、教授過《尚書》。

一、孔子孝悌思想源於《尚書》

　　孝悌思想是孔子仁學思想的重要內容,其提倡孝道的理論源泉恰是《尚書》,如《康誥》曰:

> 王曰:「封,元惡大憝,矧惟不孝、不友?子弗祇服厥父事,大傷厥考心。于父不能字厥子,乃疾厥子。于弟弗念天顯,乃弗克恭厥兄。兄亦不念鞠子哀,大不友于弟。惟弔茲,不于我政人得罪?天惟與我民彝,大泯亂,曰:乃其速由文王作罰,刑茲無赦。」〔註6〕

　　《康誥》「於父不能字厥子,乃疾厥子」討論的是「父慈」的問題,《論語・為政》有相關記載,子曰:「孝慈則忠」,〔註7〕《大學》云:「為人父,止於慈。」〔註8〕《論語》和《大學》都是對孔子思想的記錄與闡釋,而這些皆源出《尚書》。又言及「子孝」,孝以服行父事為要,《大學》:「為人子,止於孝。」〔註9〕《為政》篇載子曰:「有事,弟子服其勞。」〔註10〕關於「兄友弟恭」的思想,《為政》篇直接引用《尚書》逸文闡明道義,即:

> 子曰:「《書》云:『孝乎惟孝,友于兄弟,施於有政。』是亦為

〔註4〕 (漢)司馬遷:《史記》,北京:中華書局,1982年版,第487頁。

〔註5〕 (漢)班固:《漢書》,北京:中華書局,1962年版,第1706頁。

〔註6〕 (漢)孔安國傳,(唐)孔穎達正義:《尚書正義》,上海:上海古籍出版社,2007年版,第541頁。

〔註7〕 (宋)朱熹:《四書章句集注》,北京:中華書局,2012年版,第58頁。

〔註8〕 (宋)朱熹:《四書章句集注》,北京:中華書局,2012年版,第5頁。

〔註9〕 (宋)朱熹:《四書章句集注》,北京:中華書局,2012年版,第5頁。

〔註10〕 (宋)朱熹:《四書章句集注》,北京:中華書局,2012年版,第56頁。

政，奚其為為政？」〔註11〕

　　《尚書》是治國治政的根本大法，如果能把一家的倫理親情處理恰當，則延及國家政治，亦能有所成就，孔子引《書》論證孝悌觀念的關鍵就在於此。孔子論述孝悌思想與《尚書》其他篇章記載有相合之處亦不乏其例，茲分述如下：

　　《酒誥》記錄周公命令康叔在衛國宣布戒酒時說：「妹土嗣爾股肱，純其藝黍、稷，奔走事厥考、厥長，肇牽車牛，遠服賈，用孝養厥父母。厥父母慶，自洗，腆致用酒。」〔註12〕樹藝黍稷，奔走事親，自然是孝敬父母的方式，但在孔子看來，這僅僅是外在的「孝」，還沒有達到「孝」的真諦，所以他將「養親」上升到「敬親」的高度，即《為政》篇所言：「子游問孝。子曰：『今之孝者，是謂能養。至於犬馬，皆能有養；不敬，何以別乎？』」〔註13〕又《文侯之命》中周平王命令晉文侯曰：「汝肇刑文、武，用會紹乃辟，追孝於前文人。」〔註14〕對於「追孝」的含義，《禮記・祭統》有記載云：「祭者，所以追養繼孝也。」〔註15〕孔穎達《正義》云：「『追養繼孝也』者，養者，是生時養親。孝者，生時事親。親今既沒，設禮祭之，追生時之養，繼生時之孝。」〔註16〕《論語》中孔子談及此事的記載見於《為政》篇孔子與樊遲的對話：

　　　　樊遲御。子告之曰：「孟孫問孝於我，我對曰『無違』。」樊遲
　　　　曰：「何謂也？」子曰：「生，事之以禮；死，葬之以禮，祭之以禮。」
　　　　〔註17〕

　　孔子在孝悌方面最值得商榷的言論是「高宗亮陰三年」的記載，其在《論語・憲問》篇是孔子答子張所問：

　　　　子張曰：「《書》云：『高宗諒陰，三年不言。』何謂也？」子

〔註11〕（宋）朱熹：《四書章句集注》，北京：中華書局，2012 年版，第 59 頁。
〔註12〕（漢）孔安國傳，（唐）孔穎達正義：《尚書正義》，上海：上海古籍出版社，2007 年版，第 552 頁。
〔註13〕（宋）朱熹：《四書章句集注》，北京：中華書局，2012 年版，第 55 頁。
〔註14〕（漢）孔安國傳，（唐）孔穎達正義：《尚書正義》，上海：上海古籍出版社，2007 年版，第 803 頁。
〔註15〕（漢）鄭玄注，（唐）孔穎達正義：《禮記正義》，上海：上海古籍出版社，2008 年版，第 1866 頁。
〔註16〕（漢）鄭玄注，（唐）孔穎達正義：《禮記正義》，上海：上海古籍出版社，2008 年版，第 1867 頁。
〔註17〕（宋）朱熹：《四書章句集注》，北京：中華書局，2012 年版，第 55 頁。

曰：「何必高宗，古之人皆然。君薨，百官總己以聽於冢宰三年。」
〔註18〕

《尚書・無逸》的原文記載則是：「其在高宗，時舊勞于外，爰暨小人。作其即位，乃或亮陰，三年不言。其惟不言，言乃雍，不敢荒寧。」〔註19〕

欲通曉孔子引此篇而進行闡發的目的，需首先從訓詁學方面對「亮陰」二字進行解釋，馬融云：「亮，信也。陰，默也。為聽於冢宰，信默而不言。」〔註20〕此即謂殷高宗武丁即位前三年慎於言。然而孔子託古改制，以己意引申闡釋《尚書》原義，將靜默不言義改為三年之喪的禮學依據，為此康有為在《孔子改制考》卷十中有過精審的論斷，「若皆然，則高宗何獨稱，而子張何必疑問？蓋孔子所改制，故子張疑而問之。」〔註21〕自此之後，歷代經學家便順從孔子之義，將「高宗亮陰三年」的傳說作為孝悌觀念的重要依據，進而寫進闡述儒家禮儀思想的著作《禮記》之中，其《喪服四制》云：「此喪之所以三年，賢者不得過，不肖者不得不及。此喪之中庸也，王者之所常行也。《書》曰：『高宗諒闇，三年不言。』善之也。」〔註22〕《尚書大傳》作為第一部對《尚書》進行解釋性的著作，其詳古禮制的解經特點必然涉及孔子的學說，在《周傳・毋逸》篇中引《書》「亮陰」作「梁闇」，原文如下：

「《書》曰：『高宗梁闇，三年不言。』何謂『梁闇』也？」《傳》
曰：高宗居倚廬，三年不言，百官總己以聽於冢宰，而莫之違，此
之謂梁闇。」子張曰：「何謂也？」孔子曰：「古者，君薨，王世子
聽於冢宰三年，不敢服先王之服、履先王之位而聽焉。以民臣之義
則不可一日無君矣。不可一日無君，猶不可一日無天也。以孝子之
隱乎，則孝子三年弗居矣。故曰：義者彼也，隱者此也。遠彼而近
此，則孝子之道備矣。」〔註23〕

〔註18〕（宋）朱熹：《四書章句集注》，北京：中華書局，2012年版，第160頁。

〔註19〕（漢）孔安國傳，（唐）孔穎達正義：《尚書正義》，上海：上海古籍出版社，2007年版，第631頁。

〔註20〕（漢）孔安國傳，（唐）孔穎達正義：《尚書正義》，上海：上海古籍出版社，2007年版，第631頁。

〔註21〕康有為：《孔子改制考》，北京：中華書局，1958年版，第249頁。

〔註22〕（漢）鄭玄注，（唐）孔穎達正義：《禮記正義》，上海：上海古籍出版社，2008年版，第2356頁。

〔註23〕（清）陳壽祺：《尚書大傳輯校》，清經解續編第二冊，上海：上海書店，1988年版，第415～416頁。

　　細讀此文，則其義與《論語》略同，可知孔子孝悌思想對後世影響之深。通過對《尚書》諸篇如《康誥》《酒誥》《無逸》等蘊含孝悌觀念的挖掘與考論，與《論語》載孔子論孝道的言語相比較，孔子「孝」學思想即「父慈」、「子孝」、「兄友弟恭」等皆來源於《尚書》篇章，《尚書》孝道思想是建構在國家治理層面的高度，孔子將其普泛化，放置在社會倫理學的角度進行闡釋，為此《尚書》對孔子孝悌思想的形成具有奠基與開啟的作用。

二、孔子中庸觀念源於《尚書》

　　所謂「中庸」，朱熹《中庸章句》釋為「中者，不偏不倚、無過不及之名。庸，平常也。」〔註24〕並引程子的話說：「不偏之謂中，不易之謂庸。中者，天下之正道；庸者，天下之定理。」〔註25〕儒家把「中庸」之道作為社會倫理最高的道德準則，也即孔子學說的基本要義，是人倫日用之大法，故孔子曰：「不得中行而與之，必也狂狷乎！」〔註26〕朱熹釋中行為中道，云：「聖人本欲得中道之人而教之，然既不可得，……故不若得此狂狷之人，猶可因其志節，而激厲裁抑之以進於道。」〔註27〕同時，《孟子‧盡心下》對此有過解釋，「孔子『不得中道而與之，必也狂獧乎！狂者進取，獧者有所不為也』，孔子豈不欲中道哉？不可必得，故思其次也。」〔註28〕不論是孔子的「中行」還是孟子的「中道」，都是指中庸之道而言，即不偏不倚、恒常不變的道理，孔子自己也對中庸之道有過定義：「中庸之為德也，其至矣乎！民鮮久矣。」〔註29〕

　　《尚書》諸多篇目都有言及「中」字者，如《酒誥》篇：

　　　　庶士有正越庶伯、君子，其爾典聽朕教。爾大克羞耇，惟君，爾乃飲食醉飽。丕惟曰：爾克永觀省，作稽中德。〔註30〕

〔註24〕（宋）朱熹：《四書章句集注》，北京：中華書局，2012年版，第17頁。

〔註25〕（宋）朱熹：《四書章句集注》，北京：中華書局，2012年版，第17頁。

〔註26〕（宋）朱熹：《四書章句集注》，北京：中華書局，2012年版，第148頁。

〔註27〕（宋）朱熹：《四書章句集注》，北京：中華書局，2012年版，第148頁。

〔註28〕（清）焦循撰，沈文倬點校：《孟子正義》，北京：中華書局，1987年版，第1026頁。

〔註29〕（宋）朱熹：《四書章句集注》，北京：中華書局，2012年版，第91頁。

〔註30〕（漢）孔安國傳，（唐）孔穎達正義：《尚書正義》，上海：上海古籍出版社，2007年版，第552頁。

蔡沈《書集傳》云：「悉稽乎中正之德，而無過不及之差，則德全於身，而可以交於神明矣。」〔註31〕根據蔡《傳》的解釋，則「中德」即中正之德行，表示無過不及之差錯。

其他篇目如《立政》云：「茲式有慎，以列用中罰。」〔註32〕《呂刑》云：「士制百姓于刑之中，以教祗德」〔註33〕，「故乃明于刑之中，率乂于民棐彝」〔註34〕，「罔擇吉人觀於五刑之中」〔註35〕，「非佞折獄，惟良折獄，罔非在中」〔註36〕，「明啟刑書胥占，咸庶中正」〔註37〕，「明清於單辭，民之亂，罔不中，聽獄之兩辭」〔註38〕，「永畏惟罰，非天不中，惟人在命」〔註39〕，「哲人惟刑，無疆之辭，屬於五極，咸中有慶」〔註40〕。《呂刑》之中大量運用「中」字，說明在判決獄案時，量刑要輕重合宜。考察《呂刑》所論諸事，無論制定刑律、量刑適用、兩聽訟詞，都要以中刑為本，而其中隱藏的不偏不倚、公正無私的「中庸」之道恰與孔子的思想相契合，所以《尚書》諸篇的「中」、「中正」、「中德」是孔子中庸思想的源泉所在。

三、孔子以《尚書》為教本授徒

上古三代時期，王官之學掌握著國家的文化命脈，貴族階級是文化的擁

〔註31〕（宋）蔡沈著，錢宗武、錢忠弼整理：《書集傳》，南京：鳳凰出版社，2010年版，第172頁。

〔註32〕（漢）孔安國傳，（唐）孔穎達正義：《尚書正義》，上海：上海古籍出版社，2007年版，第698頁。

〔註33〕（漢）孔安國傳，（唐）孔穎達正義：《尚書正義》，上海：上海古籍出版社，2007年版，第776頁。

〔註34〕（漢）孔安國傳，（唐）孔穎達正義：《尚書正義》，上海：上海古籍出版社，2007年版，第777頁。

〔註35〕（漢）孔安國傳，（唐）孔穎達正義：《尚書正義》，上海：上海古籍出版社，2007年版，第779頁。

〔註36〕（漢）孔安國傳，（唐）孔穎達正義：《尚書正義》，上海：上海古籍出版社，2007年版，第789頁。

〔註37〕（漢）孔安國傳，（唐）孔穎達正義：《尚書正義》，上海：上海古籍出版社，2007年版，第790頁。

〔註38〕（漢）孔安國傳，（唐）孔穎達正義：《尚書正義》，上海：上海古籍出版社，2007年版，第791頁。

〔註39〕（漢）孔安國傳，（唐）孔穎達正義：《尚書正義》，上海：上海古籍出版社，2007年版，第791頁。

〔註40〕（漢）孔安國傳，（唐）孔穎達正義：《尚書正義》，上海：上海古籍出版社，2007年版，第793頁。

有者和繼承者，庶民百姓難以逾越文化的鴻溝，私家講學尚未興起。《禮記·王制》記載了朝廷設立樂正官職以教國子六藝之學：

> 樂正崇四術，立四教，順先王《詩》、《書》、《禮》、《樂》以造士：春秋教以《禮》、《樂》，冬夏教以《詩》、《書》。〔註41〕

在孔子之前，只有朝廷設立官學教以六藝，且以王官為師。春秋戰國之際，諸侯爭霸導致周王室權力衰微，政治上的頹敗帶來文化的逐步下移，王官之學由此散在民間。以孔子為代表的諸子之學蜂擁而起，私學承擔起這一時代的文化使命，士階層成為春期戰國之交的文化主體。對於這一時代的歷史背景，《莊子·天下》篇曾有論述：

> 古之人其備乎！配神明，醇天地，育萬物，和天下，澤及百姓，明於本數，係於末度，六通四辟，小大精粗，其運無乎不在。其明而在數度者，舊法世傳之史尚多有之。其在於《詩》《書》《禮》《樂》者，鄒魯之士搢紳先生多能明之。《詩》以道志，《書》以道事，《禮》以道行，《樂》以道和，《易》以道陰陽，《春秋》以道名分。其數散於天下而設於中國者，百家之學時或稱而道之。〔註42〕

《尚書》作為上古三代之事的歷史文獻資料彙編，保存的古史較其他經書尤為繁多，孔子開設私學教授弟子，必然設立《尚書》課程，編次《書》篇以授徒，其事在《史記·孔子世家》中有記載：「孔子之時，周室微而禮樂廢，《詩》《書》缺。追跡三代之禮，序《書傳》，上紀唐虞之際，下至秦繆，編次其事。……故《書傳》、《禮記》自孔氏。」〔註43〕

孔子以《尚書》教人，《禮記·經解》篇揭示了其中的要義，云：

> 孔子曰：「入其國，其教可知也。……疏通知遠，《書》教也；……《書》之失誣，……其為人也，……疏通知遠而不誣，則深於《書》者也。」〔註44〕

孔穎達《正義》曰：「《書》錄帝王言誥，舉其大綱，事非繁密，是『疏

〔註41〕（漢）鄭玄注，（唐）孔穎達正義：《禮記正義》，上海：上海古籍出版社，2008年版，第546頁。

〔註42〕（清）郭慶藩撰，王孝魚點校：《莊子集釋》，北京：中華書局，2012年版，第1062頁。

〔註43〕（漢）司馬遷：《史記》，北京：中華書局，1982年版，第1935頁。

〔註44〕（漢）鄭玄注，（唐）孔穎達正義：《禮記正義》，上海：上海古籍出版社，2008年版，第1903頁。

通』；上知帝皇之世，是『知遠』也。」〔註45〕根據《禮記》的記載，則所謂《書》教是指能夠疏通知遠上古三代帝王事蹟的《書》學教化。《尚書》所記史事，距古渺遠，撰寫傳說易於導致訛誤，若不加以辨析，誣妄之詞叢生，此即探究《書》教必須「疏通知遠」的內在原因。

《尚書》作為治政之書，孔子以《書》教授門徒，這些事蹟在《孔子世家》之中有明確的記載：「故孔子不仕，退而脩詩書禮樂，弟子彌眾，至自遠方，莫不受業焉。」〔註46〕「孔子以詩書禮樂教，弟子蓋三千焉，身通六藝者七十有二人。」〔註47〕

近年來隨著出土文獻的發現，如郭店楚簡、馬王堆帛書，為研究孔子與《尚書》學的關係提供了全新的材料，同時佐證了孔子曾經援引《尚書》內容以教門弟子，茲分列如下，以備參考。

《詩》《書》《禮》《樂》，其始出皆生於人。《詩》，有為為之也。《書》，有為言之也。《禮》《樂》，有為舉之也。聖人比其類而論會之，觀其之先後而逆順之，體其義而節度之，理其情而出入之，然後復以教。教，所以生德於中者也。(《性自命出》)〔註48〕

子曰：「言《詩》《書》之胃也。君子笱得亓冬，可必可盡也。君子言於無罪之外，不言於又罪之內，是胃重福。」(《馬王堆帛書‧衷》)〔註49〕

《尚書》多『於矣』，《周易》未失也，且又古之遺言焉。予非安亓用也。(《馬王堆帛書‧要》)〔註50〕

五官六府不足盡稱之，五正之事不足以至之，而《詩》《書》禮樂不□百扁，難以致之。(《馬王堆帛書‧繆和》)〔註51〕

〔註45〕 （漢）鄭玄注，（唐）孔穎達正義：《禮記正義》，上海：上海古籍出版社，2008年版，第1904頁。

〔註46〕 （漢）司馬遷：《史記》，北京：中華書局，1982年版，第1914頁。

〔註47〕 （漢）司馬遷：《史記》，北京：中華書局，1982年版，第1938頁。

〔註48〕 荊門市博物館編：《郭店楚墓竹簡》，北京：文物出版社，1998年版，第179頁。

〔註49〕 廖名春：《馬王堆帛書周易經傳釋文》，載楊世文、李勇先、吳雨時選編：《易學集成》，成都：四川大學出版社，1998年版，第3040頁。

〔註50〕 廖名春：《馬王堆帛書周易經傳釋文》，載楊世文、李勇先、吳雨時選編：《易學集成》，成都：四川大學出版社，1998年版，第3044頁。

〔註51〕 廖名春：《馬王堆帛書周易經傳釋文》，載楊世文、李勇先、吳雨時選編：《易學集成》，成都：四川大學出版社，1998年版，第3045頁。

四、小結

《尚書》作為上古三代的原始文獻資料，蘊含著豐富的教化思想，是禮樂教化的重要載體，孔子以《書》作為思想教育的淵藪，其孝悌思想、中庸觀念皆來源於《書》學，並且在具體的實踐過程中編次《尚書》以教弟子，開啟了《書》學倫理教化的功能，使《書》學具有道德倫理的屬性，對後世的《書》教傳統產生了深遠影響。孔子引《書》、釋《書》的過程，是在西周禮樂教化的傳統背景下對王官之學的繼承和發展，促進了《書》學在社會上的流佈與傳播，同時對戰國諸子百家徵引《尚書》以論辯具有奠基作用，其影響甚至延及秦漢《書》教傳統的闡釋與發展。

第二節　孔子《書》教「五誥可以觀仁」說述略

劉勰在《文心雕龍·宗經》篇中提出「《書》標七觀」的說法，同時《孔叢子·論書》與《尚書大傳·略說》篇中均有孔子關於《尚書》「七觀」說的論述。「五誥可以觀仁」是孔子論《書》「七觀」說的一個方面，涉及《尚書·周書》中的五篇誥文，分別是《大誥》《康誥》《酒誥》《召誥》《洛誥》。這五篇誥文記錄了從周武王去世後三監叛亂到周成王營建洛邑之間的歷史，也是西周肇始解決如何恢復秩序、如何對待殷民、如何制定律例的歷史。「五誥」誥辭充分體現了以文、武、周公、成王為核心的周初統治者營周安殷的辛勞和心繫臣民的關切之情，從其言行中可以領悟到上下相親之「仁」，以及做一個「仁」者所應具備的基本才能和品質，亦可以觀照周初統治者如何推行仁政於殷之遺人。同時，使用誥文這種「上告下之義」國家文告的方式，提倡並推廣「重民敬德之仁」、「寬容慎罰之仁」等思想，宣揚的敬德保民、明德慎罰等政治觀念，被歷代統治者援引稱用，對儒家文化及後代的封建王朝產生了深遠的影響。

多數學者對這五篇誥文多從文字訓詁、歷史史實等方面進行闡釋，這些工作是具有借鑒意義的，但上升到文化史、學術史的高度，乃至孔子《書》教傳統研究的領域，成果可謂寥寥無幾。因此，借助《書》教傳統的研究視角，對文獻典籍進行全面地搜羅與梳理，可以幫助我們認識「五誥」篇在歷史上的流佈與演變，亦可對其中蘊含的「明德慎罰」「敬天保民」等諸多思想進行挖掘式闡釋，從而明確「五誥可以觀仁」中的「仁」乃是仁政之說。限於文章

篇幅，本文只對周秦文獻援引「五誥」情況進行考論。

一、周秦文獻引「五誥」考論

（一）周秦文獻引《康誥》考論

1.《左傳‧僖公二十三年》

> 卜偃稱疾不出，曰：「《周書》有之：『乃大明，服。』己則不明，而殺人以逞，不亦難乎？民不見德，而唯戮是聞，其何後之有？」〔註52〕

今本《康誥》作：「王曰：『嗚呼！封，有敘，時乃大明服，惟民其敕懋和。』」孔安國《傳》曰：「歎政教有次序，是乃治理大明，則民服。民既服化，乃其自敕，正勉為和。」〔註53〕文義在於成王告誡康叔要慎重嚴明地使用刑罰，只有按照這樣的道理去做，民眾才會心悅誠服，和睦相處。《左傳》中卜偃稱病不出門的原因在於晉懷公殺掉了狐突。晉懷公下令在外逃亡的人限期回國，而狐突的兒子毛和偃跟隨著重耳在秦國，狐突義正言辭地告誡說：「子之能仕，父教之忠，古之制也」，但仍免不了被殺。卜偃借《康誥》之義勸誡晉懷公能夠準確施行刑罰，注重德行，百姓才能順服。

2.《國語‧晉語九》

> 對曰：「異於是。夫郤氏有車轅之難，趙有孟姬之讒，欒有叔祁之愬，范、中行有函冶之難，皆主之所知也。《夏書》有之曰：『一人三失，怨豈在明？不見是圖。』《周書》有之曰：『怨不在大，亦不在小。』夫君子能勤小物，故無大患。今主一宴而恥人之君相，又弗備，曰『不敢興難』，無乃不可乎？夫誰不可喜，而誰不可懼？蟲蟻蜂蠆，皆能害人，況君相乎！」弗聽。〔註54〕

韋昭注曰：「或大而不為德，禍難或起於小惡。」案《周書》所言見於今本《康誥》，文字相同。智襄子輕侮韓康子和段規，智伯國為此勸誡之要有德政，不可輕慢他君，智襄子不以為意，最後段規造反，智氏被滅。細考文義，則強調君王不可心生驕橫之氣，與《康誥》所言相似。

〔註52〕楊伯峻：《春秋左傳注》，北京：中華書局，2009年版，第403頁。
〔註53〕（漢）孔安國傳，（唐）孔穎達正義，黃懷信整理：《尚書正義》，上海：上海古籍出版社，2007年版，第537頁。
〔註54〕徐元誥撰，王樹民、沈長雲點校：《國語集解》，北京：中華書局，2002年版，第455頁。

3. 《孔叢子・論書》

> 定公問曰：「《周書》所謂『庸庸祗祗，威威顯民』，何謂也？」
> 孔子對曰：「不失其道，明之於民之謂也。大能用可用，則正治矣；
> 敬可敬，則尚賢矣；畏可畏，則服刑恤矣。君審此三者以示民，而
> 國不興，未之有也。」〔註55〕

宋咸注曰：「《周書・康誥》之文。言文王用可用，敬可敬，畏可畏，以此
道而示於民。」定公問「庸庸祗祗，威威顯民」是何意義，孔子從「正治」、
「尚賢」、「服刑恤」三方面進行解釋，最後歸結到「不失其道，明之於民」。
從此處可知，孔子深熟《書》篇大義。

4. 《孟子・滕文公上》

> 徐子以告夷子，夷子曰：「儒者之道，『古之人若保赤子』，此言
> 何謂也？之則以為愛無差等，施由親始。」〔註56〕

「若保赤子」，見於《周書・康誥》，其文為「若保赤子，惟民其康乂」，
意為就像保護幼稚的孩子，使民眾達到安康。《孟子》引用「若保赤子」出
現的語境是：夷子崇尚墨家學派，主張薄葬，以此改革天下。而孟子認為
夷子厚葬自己的父母，這是拿自己所輕賤的事情來侍奉父母。夷子借儒家
學派自己的「若保赤子」來反問孟子，夷子認為「若保赤子」的意思是人
對人的愛並沒有親疏厚薄的區別，只是實行起來從自己的父母開始。案孟
子與夷子論辯的核心內容是愛無等次與惻隱之心的問題，二人的解釋均從
自己學派的主張出發，賦予「若保赤子」新的含義，已經與《康誥》所言
內容甚遠。

5. 《荀子・君道》

> 法者，治之端也；君子者，法之原也。故有君子則法雖省，足
> 以遍矣；無君子則法雖具，失先後之施，不能應事之變，足以亂
> 矣。……故君人者勞於索之，而休於使之。《書》曰：「惟文王敬忌，
> 一人以擇。」此之謂也。〔註57〕

王先謙云：「無治法者，法無定也，故貴有治人。」治人比治法更重要，

〔註55〕傅亞庶：《孔叢子校釋》，北京：中華書局，2011 年版，第 20 頁。
〔註56〕（清）焦循撰，沈文倬點校：《孟子正義》，北京：中華書局，1987 年版，第
　　　　403 頁。
〔註57〕（清）王先謙：《荀子集解》，北京：中華書局，1988 年版，第 230 頁。

原因在於選擇合適的法官能夠「應事之變」，若法律不甚完備，則君子的美好品德可以彌補法律的缺失。引《書》文字乃《康誥》內容，「惟文王之敬忌。乃裕民曰：『我惟有及。』則予一人以懌。」〔註58〕擇、懌形近而誤，懌即悅懌、高興，考慮文王的敬德忌惡，繼承文王賞善懲惡的德行，那麼就會心生悅懌了。荀子借《康誥》文義表示任用賢人就會垂裳而治，其人治思想源出於《尚書》。

6. 《孔子家語‧始誅》

> 子喟然歎曰：「……《書》云：『義刑義殺，勿庸以即汝心，惟曰未有慎事。』言必教而後刑也。既陳道德，以先服之；而猶不可，尚賢以勸之；又不可，即廢之；又不可，而後以威憚之。」〔註59〕

案《康誥》之文「用其義刑義殺，勿庸以次汝封。乃汝盡遜，曰：時敘。惟曰：未有遜事」〔註60〕。兩條引文相比對，《孔子家語》以「心」字代替「封」字，「慎」「遜」二字不同。考諸文義，二者又截然不同，孔子引《書》以說明「必教而後刑」的道理，而《康誥》原文大義卻是：刑罰要適宜恰當，不可隨心所欲。

7. 《禮記‧大學》

> 故君子不出家而成教於國：孝者，所以事君也；弟者，所以事長也；慈者，所以使眾也。《康誥》曰「如保赤子」，心誠求之，雖不中不遠矣。〔註61〕

此處雖借用《康誥》之文，但其義似乎更接近於「愛人民如同保護嬰兒」，是對今本《康誥》「若保赤子」含義的引申發揮。

（二）周秦文獻引《酒誥》考論

1. 《韓非子‧說林上》

> 紹績昧醉寐而亡其裘，宋君曰：「醉足以亡裘乎？」對曰：「桀以醉亡天下，而《康誥》曰：『毋彝酒。』彝酒者，常酒也。常酒者，

〔註58〕（漢）孔安國傳，（唐）孔穎達正義，黃懷信整理：《尚書正義》，上海：上海古籍出版社，2007年版，第543頁。

〔註59〕楊朝明注說：《孔子家語》，開封：河南大學出版社，2008年版，第88頁。

〔註60〕（漢）孔安國傳，（唐）孔穎達正義，黃懷信整理：《尚書正義》，上海：上海古籍出版社，2007年版，第539頁。

〔註61〕王文錦：《禮記譯解》，北京：中華書局，2001年版，第901頁。

天子失天下，匹夫失其身。」〔註62〕

案「毋彝酒」三字實際出於《尚書‧酒誥》篇，「文王誥教小子、有正、有事：無彝酒。」〔註63〕無、毋二字相通。《酒誥》乃周公命康叔在殷商故地宣布戒酒的誥詞，故通篇內容都與戒酒有關。紹績昧與宋君談論桀以飲酒而失去天下，引《酒誥》篇以參證其事。其中，「彝酒者，常酒也」，是訓詁解釋，「常酒者，天子失天下，匹夫失其身」是引申發揮。又《酒誥》篇內容而《韓非子》中記以《康誥》名稱，考諸《書序》：「成王既伐管叔、蔡叔，以殷餘民封康叔，作《康誥》《酒誥》《梓材》。」〔註64〕則《康誥》與《酒誥》可能作於一時，二者在流傳過程中有相互混雜的可能。

2.《墨子‧非攻中》

是故子墨子言曰：「古者有語曰：『君子不鏡於水而鏡於人，鏡於水，見面之容，鏡於人則知吉與凶。」〔註65〕

《墨子閒詁》云：「《書‧酒誥》篇云『古人有言曰，人無於水監，當於民監』，《太公金匱陰謀》有《武王鏡銘》云『以鏡自照見形容，以人自照見吉凶』，二書所云與此合，蓋古語也。」〔註66〕案今本《酒誥》篇「古人有言曰：『人無於水監，當於民監。』」孔《傳》曰：「古賢聖有言：人無于水監，當于民監。視水見己形，視民行事見吉凶。」〔註67〕此處墨子所言化用《酒誥》之文，謂以攻戰為利應當借鑒智伯之事。

（三）周秦文獻引《洛誥》考論

1.《孟子‧告子下》

孟子居鄒。……曰：「非也。《書》曰：『享多儀，儀不及物曰不

〔註62〕（清）王先慎撰，鍾哲點校：《韓非子集解》，北京：中華書局，1998年版，第176頁。

〔註63〕（漢）孔安國傳，（唐）孔穎達正義，黃懷信整理：《尚書正義》，上海：上海古籍出版社，2007年版，第551頁。

〔註64〕（漢）孔安國傳，（唐）孔穎達正義，黃懷信整理：《尚書正義》，上海：上海古籍出版社，2007年版，第529頁。

〔註65〕（清）孫詒讓撰，孫啟治點校：《墨子閒詁》，北京：中華書局，2001年版，第138頁。

〔註66〕（清）孫詒讓撰，孫啟治點校：《墨子閒詁》，北京：中華書局，2001年版，第138頁。

〔註67〕（漢）孔安國傳，（唐）孔穎達正義，黃懷信整理：《尚書正義》，上海：上海古籍出版社，2007年版，第558頁。

享，惟不役志於享。』為其不成享也。」屋廬子悅。或問之，屋廬
子曰：「季子不得之鄒，儲子得之平陸。」〔註68〕

孟子所引《書》曰內容見於今本《洛誥》篇，其文為「享多儀，儀不及
物，惟曰不享。惟不役志於享，凡民惟曰不享，惟事其爽侮。」孔《傳》曰：
「奉上謂之享。言汝為王，其當敬識百君諸侯之奉上者，亦識其有違上者。
奉上之道多威儀，威儀不及禮物，惟曰不奉上。」〔註69〕其文大義為諸侯朝
覲貢品應當注重禮儀。孟子見季任而不見儲子，屋廬子以為孟子是因為其官
職不同而區別對待，但孟子引用《洛誥》之文說明是因為他們所用的禮節不
同。

二、「五誥可以觀仁」說思想研究

通過對《大誥》《康誥》《酒誥》《召誥》《洛誥》五篇文獻的梳理與研
究，結合前代學者已有的研究成果，可以總結出「五誥可以觀仁」說包含
的仁政思想，即重民敬德思想、寬容慎罰思想，現對這兩種仁政思想進行
詳細闡述。

（一）重民敬德之仁政

五篇誥文之中有關重民敬德仁政思想的記載可謂多矣，如《大誥》：「弗
造哲迪民康，矧曰其有能格知天命」，「天降威，知我國有疵，民不康」。《康
誥》：「惟乃丕顯考文王，克明德慎罰；不敢侮鰥寡，庸庸，祗祗，威威，顯
民」，「今民將在祗遹乃文考，紹聞衣德言。往敷求於殷先哲王用保乂民，汝
丕遠惟商耇成人，宅心知訓。別求聞由古先哲王用康保民」。《酒誥》：「丕惟
曰爾克永觀省，作稽中德」，「茲亦惟天若元德，永不忘在王家」。《召誥》：「王
其疾敬德」，「王敬作所，不可不敬德」，「惟不敬厥德，乃早墜厥命」。《洛誥》：
「惟公德明光於上下」，「誕保文武受民，亂為四輔」。

通過對五篇文誥德與民的梳理，可知周初時代已把德與民作為施政治國
方略的重要對象，重民敬德的仁政觀念已經成為統治者誥論天下的常用詞語。
王國維在《殷商制度論》中說：「《康誥》以下九篇，周之經綸天下之道胥在
焉，其中皆以民為言。《召誥》一篇言之尤為反覆詳盡，曰命，曰天，曰民，

〔註68〕（清）王先謙：《荀子集解》，北京：中華書局，1988年版，第828頁。
〔註69〕（漢）孔安國傳，（唐）孔穎達正義，黃懷信整理：《尚書正義》，上海：上海
　　　　古籍出版社，2007年版，第599頁。

曰德，四者一以貫之。」〔註70〕斯維至先生在《周公的思想及其政策》一文中認為，在命、天、民、德「四者之中又應該以德為其理論的核心，這正像孔子的思想以仁為其理論的核心一樣。」〔註71〕

　　「德」是周公乃至周王朝政治理論的核心內涵，而周公曾經制禮作樂，因此周公在製作周禮時以德來觀照禮樂文化，使之具有社會化的屬性。禮儀是道德觀念的外在表現，通過禮儀對人們的社會行為進行規範，這主要靠德的內在涵養性而不在於外在的約束性。在這種文化背景之下，仁、義、禮、忠、孝等道德原則成為禮儀的重要內容。周公強調「明德」，以德來處理與殷商舊民的民族關係，以德來安撫叛逆的四國多士，因此，德的概念延及於民，庶民百姓具有德行，把民納之於德的範疇之內，這就演化出了重民敬德的仁政學說。

（二）寬容慎罰之仁政

　　寬容慎罰思想是「五誥」篇體現仁政的又一方面。通過對載錄刑罰一事的梳理，可以觀照周初刑律的基本特點。

　　《康誥》：「克明德慎罰」，「敬明乃罰。人有小罪，非眚，乃惟終自作不典；式爾，有厥罪小，乃不可不殺。乃有大罪，非終，乃惟眚災：適爾，既道極厥辜，時乃不可殺」，「要囚，服念五、六日至於旬時，丕蔽要囚」，「汝陳時臬事罰。蔽殷彝，用其義刑義殺，勿庸以次汝封」。《酒誥》：「盡執拘以歸于周，予其殺」，「乃不用我教辭，惟我一人弗恤弗蠲，乃事時同於殺」。《召誥》：「其惟王勿以小民淫用非彝，亦敢殄戮用乂民」。

　　由以上對五篇誥文的整理，不難看出「慎罰」思想主要體現在《康誥》篇中。罰是與德相對應的兩個不同概念，如何使之融合而成為周王朝治國理政的權威方略，周公在數千年前就為我們提供了實踐的模範，將道德與刑律結合，產生了影響後世深遠的「慎罰」仁政原則。與「敬德」針對周族臣民不同，「慎罰」是對待殷商遺民的統治方式。周王朝建立之初，統治並不十分安定，如何有效地迅速控制數量眾多的殷商遺民，是擺在周公面前的當務之急。《康誥》之中反覆陳述「明德慎罰」的誥詞，德與罰相對舉，德是指具體地給以恩賞，與具體地給以刑罰相併提。但周初施行的刑罰策略已與商王朝只用

〔註70〕（清）王國維：《觀堂集林》，北京：中華書局，2004 年版，第 471 頁。
〔註71〕陝西歷史博物館編：《西周史論文集》，西安：陝西人民教育出版社，1993 年
　　　　版，第 98 頁。

宗教和嚴刑峻法這兩項統治之術有所不同，提出了建立在「德治」基礎上的刑罰概念，是周代統治者對統治之術的一種改進。同時，刑罰又與天命相結合，只有在違反天命，不遵循天命預示而行事時，才會受到刑罰的處置。郭沫若在《先秦天道觀之進展》一文中指出，殷人完全信賴天命而終於滅亡，遂使周人感到「天命不常」而提出「敬德」來補充「天命」的不足。但從周公誥詞來看，「德」是對周人自己說的，意在吸取經驗教訓，以德來救濟天命的短處，改進統治方法，以敬德保住天命。周公所提出的「慎罰」刑律思想，是在周初特定的時代背景下的產物，有其自身的特定時代原因，同時也是歷史發展的必然結果。「明德慎罰」仁政思想，到春秋戰國之際，對儒家仁政學說的產生具有奠基性的作用。

三、「五誥可以觀仁」說的深遠影響

「五誥」之中所涉及的重民敬德、寬容慎罰等思想，對儒家仁政學說的產生、發展具有淵源性的作用。首先，孔子「仁」學的思想直接肇始於周公。孔子崇尚周公之治，將周代作為自己的政治理想，《論語》之中多次記載孔子讚頌周公之詞，如「如有周公之才之美，使驕且吝，其餘不足觀也已。」「周公謂魯公曰：君子不施其親，不使大臣怨乎不以。故舊無大故，則不棄也。無求備於一人。」孔子崇尚周公是因為周公所提出的施政方略恰與孔子之志相合，「五誥」所體現的「明德慎罰」觀念是孔子孜孜不倦追求的，孔子一直想通過自己的學說影響力，使他生活的時代回到周初周公重民德、慎刑罰的昌明時代。為此，足可看出「五誥」仁政學說對孔子的影響力。

「五誥」篇所隱含的敬德、慎罰等思想，成為後世的治國方略，奠定了中國古代社會的總體執政模式。君王同時採用德與罰兩種手段來治理國家，而國家的興亡也與君王個人的德行有著密切的聯繫。歷代執政者都將「五誥」仁政學說作為治政的原則，尤其是其中的「敬天保民」「明德慎罰」等思想。比如，漢代建立了恤刑制度，唐代也曾標榜「德禮為政教之本，刑罰為政教之用」。明代朱元璋頒布《大誥》三編，仿傚周公治政，訓導百姓辨明是非善惡。相反，秦代、隋代因為施行酷吏制度，嚴刑峻法，失掉了民心，導致很快亡國。因此，在中國已經形成大一統的政治背景下，如何利用《尚書》「五誥」體現的仁政學說來治國理政是統治者要考慮的問題，是保證國家長治久安的根本性話題。

孔子《書》教「七觀」說對後世儒家理論的創建影響很大，其《書》教思想隱含於孔子本人對於《書》的認知以及具體的用《書》實踐中，孔子的《書》教思想從某種意義上講，就是孔子教化思想與《書》所蘊含的政治思想的有機結合。義、仁、誠、度、事、治、美七者，實為孔子實施王道政治的基本主張，是孔子整體思想體系中的核心部分。「五誥可以觀仁」說蘊含的政治理念，對後代統治者治政理國產生了重要影響，同時，希冀對當前社會建設、政治建設提供可資借鑒之處。

第三節　孔子後學之《尚書》學研究

春秋戰國之際，諸侯爭霸使周王室在政治上的話語權逐漸衰落，文化上的表現是「天子失官，學在四夷」〔註72〕。文化的下移使三代時期的「王官之學」出現普泛化的社會現象，由上層貴族所執掌的知識、文化和觀念開始流傳到普通社會階層。春秋末期，孔子開設私學，以六藝之術教授弟子，成為傳播文化的先驅。戰國之時，諸子百家蜂擁而起，百家爭鳴的學術氛圍成為時代的主題。然而在孔子與諸子百家之間卻有一個不容忽略的「團體」，他們上承孔子之道，下啟百家之學的序幕，擔當起了文化傳承的角色，此即孔子後學。孔子卒後，弟子散在四方，或於朝廷為官，或隱匿不仕，即《史記・儒林列傳》所載：

> 自孔子卒後，七十子之徒散游諸侯，大者為師傅卿相，小者友教士大夫，或隱而不見。故子路居衛，子張居陳，澹臺子羽居楚，子夏居西河，子貢終於齊。〔註73〕

《尚書》是上古三代帝王的政教之書，保存的古史較其他經書尤為繁多，孔子以六藝授徒，《書》教自然在其中。孔子以《書》教授門徒，這些事蹟在《孔子世家》之中有明確的記載：「故孔子不仕，退而脩《詩》《書》禮樂，弟子彌眾，至自遠方，莫不受業焉。」〔註74〕「孔子以《詩》《書》禮樂教，弟子蓋三千焉，身通六藝者七十有二人。」〔註75〕

孔子與其弟子議論《尚書》的資料在先秦典籍中可謂俯拾皆是，通過對文獻資料進行梳理，可以明確傳孔子《尚書》學者主要有顏回、子路、子貢、

〔註72〕楊伯峻：《春秋左傳注》，北京：中華書局，2009 年版，第 1389 頁。
〔註73〕（漢）司馬遷：《史記》，北京：中華書局，1982 年版，第 3116 頁。
〔註74〕（漢）司馬遷：《史記》，北京：中華書局，1982 年版，第 1914 頁。
〔註75〕（漢）司馬遷：《史記》，北京：中華書局，1982 年版，第 1938 頁。

漆雕開、子夏、子張、曾子等七人，現分別予以考論。

一、顏回《尚書》學

關於顏回與《尚書》的事蹟，在伏生所撰《尚書大傳》之中有兩條記載，其一云：

> 文王以閎夭、太公望、南宮括、散宜生為四友。周文王胥附，奔輳，先後，禦侮，謂之四鄰，以免於羑里之害。顏子曰：「夫子亦有四鄰乎？」孔子曰：「文王得四臣，丘亦得四友焉。自吾得回也，門人加親，是非胥附與？自吾得賜也，遠方之士日至，是非奔輳與？自吾得師也，前有輝，後有光，是非先後與？自吾得由也，惡言不入於門，是非禦侮與？文王有四臣以免虎口，丘亦有四友以禦侮。」（《殷傳・西伯戡耆》）〔註76〕

周文王以閎夭、太公望、南宮括、散宜生為四友，而孔子以文王事蹟自比，以顏回、端木賜、顓孫師、仲由為四友，並且把顏回列在首位，謂顏回能使「門人加親」，使疏遠者相親附，足見孔子對顏回的器重。

其二云：

> 孔子愀然變容曰：「嘻！子殆可與言《書》矣。雖然，見其表未見其裏，窺其門未入其中。」顏回曰：「何謂也？」孔子曰：「丘常悉心盡志，以入其中，則前有高岸，後有大谿，填填正立而已。六《誓》可以觀義，五《誥》可以觀仁，《甫刑》可以觀誡，《洪範》可以觀度，《禹貢》可以觀事，《皋陶謨》可以觀治，《堯典》可以觀美。」（《略說》）〔註77〕

孔子教授顏回《尚書》，以「義、仁、誡、度、事、治、美」七種要旨概括六《誓》、五《誥》、《呂刑》、《洪範》、《禹貢》、《皋陶謨》、《堯典》十六篇《書》篇大義，使顏回能夠知曉《書》教的要義，且影響後世的「七觀」說就來源於此。

顏回是弟子之中最能明白孔子志向的，孔子在傳道授業時，必然以注重政治教化的《尚書》悉心教育顏回，從上述兩則材料也可看出顏回對《尚書》

〔註76〕（清）陳壽祺：《尚書大傳輯校》，王先謙：《清經解續編》第二冊，上海：上海書店，1988 年版，第 409 頁。

〔註77〕（清）陳壽祺：《尚書大傳輯校》，王先謙：《清經解續編》第二冊，上海：上海書店，1988 年版，第 149 頁。

有很深的理解，故顏回與《書》學淵源頗深。

二、子路《尚書》學

　　子路性格勇敢果毅，善於政事，孔子曾對此有過評論，「子曰：『由也，千乘之國，可使治其賦也，不知其仁也。』」〔註78〕子路有治千乘之國的才幹，曾為邑宰，而《尚書》記先王之政事，孔子以《書》授徒，針對子路因材施教，關於子路《尚書》學說理應有所記載，但限於文獻典籍缺失，僅從傳世文本中輯錄出三則事蹟，現分述如下：

　　　　孟子曰：「子路，人告之以有過則喜。禹，聞善言則拜。」（《孟
　　　　子‧公孫丑上》）〔註79〕

　　禹的事蹟見於《尚書‧益稷》：「帝曰：『來，禹！汝亦昌言。』……皋陶曰：『俞！師汝昌言。』」〔註80〕趙岐《孟子注》引《尚書》曰：「禹拜讜言」。《經典釋文》引李登《聲類》云：「讜言，善言也。」〔註81〕昌言即善言，禹能夠擇善而從，故帝堯命其治水。子路性情果決，有過則改，因此喜於聽到別人的批評意見。

　　　　子疾病，子路請禱。子曰：「有諸？」子路對曰：「有之。《誄》
　　　　曰：『禱爾於上下神祇。』」子曰：「丘之禱久矣。」（《論語‧述而》）
　　　　〔註82〕

　　禳疾禱祀，是古之禮儀，見於《周禮‧女祝》：「女祝掌王后之內祭祀，凡內禱詞之事。」鄭玄注曰：「禱，疾病求瘳也。」〔註83〕周公求禱之事見於《尚書‧金縢》篇，其文曰：「公乃自以為功，為三壇，同墠。為壇于南方，北面，周公立焉。植璧秉珪，乃告太王、王季、文王。」〔註84〕孔子生病，子路欲做

〔註78〕（宋）朱熹：《四書章句集注》，北京：中華書局，2012年版，第77頁。

〔註79〕（清）焦循撰，沈文倬點校：《孟子正義》，北京：中華書局，1987年版，第240頁。

〔註80〕（漢）孔安國傳，（唐）孔穎達正義，黃懷信點校：《尚書正義》，上海：上海古籍出版社，2007年版，第161頁。

〔註81〕（漢）孔安國傳，（唐）孔穎達正義，黃懷信點校：《尚書正義》，上海：上海古籍出版社，2007年版，第161頁。

〔註82〕（宋）朱熹：《四書章句集注》，北京：中華書局，2012年版，第101頁。

〔註83〕（漢）鄭玄注，（唐）賈公彥疏，趙伯雄整理：《周禮注疏》，北京：北京大學出版社，1999年版，第196頁。

〔註84〕（漢）孔安國傳，（唐）孔穎達正義，黃懷信點校：《尚書正義》，上海：上海古籍出版社，2007年版，第494頁。

傚周公為其禱告祛病，孔子不以為然。但由此亦可洞悉子路熟於《書》篇典故。

> 子路曰：「不仕無義。長幼之節，不可廢也；君臣之義，如之何
> 其廢之？欲潔其身，而亂大倫。君子之仕也，行其義也。道之不行，
> 已知之矣。」（《論語・微子》）〔註85〕

朱熹《論語集注》云：「人之大倫有五：父子有親，君臣有義，夫婦有別，長幼有序，朋友有信是也。」〔註86〕子路所謂「大倫」，朱熹釋為「五倫」。同時，《中庸》對此亦有闡述：「天下之達道五，……曰君臣也，父子也，夫婦也，昆弟也，朋友之交也」〔註87〕，朱熹注曰：「達道者，天下古今所共由之路，即《書》所謂五典，《孟子》所謂『父子有親、君臣有義、夫婦有別、長幼有序、朋友有信』是也。」〔註88〕「《書》所謂五典」見於《舜典》篇，「帝曰：『契，百姓不親，五品不遜，汝作司徒，敬敷五教，在寬。』」〔註89〕綜合各條材料所載，則子路所言實際源自《尚書》無疑。

三、子貢《尚書》學

子貢言必稱師，是極為尊敬孔子的，《子罕》載：「太宰問於子貢曰：『夫子聖者與？何其多能也？』子貢曰：『固天縱之將聖，又多能也。』」〔註90〕子貢極力推崇孔子，在學習政治謀略時以《書》教為指導，茲列舉數例如下：

> 子貢問政。子曰：「足食，足兵，民信之矣。」子貢曰：「必不得
> 已而去，於斯三者何先？」曰：「去兵。」子貢曰：「必不得已而去，
> 於斯二者何先？」曰：「去食。自古皆有死，民無信不立。」〔註91〕

《尚書・洪範》釋「八政」曰：「一曰食，二曰貨，三曰祀，四曰司空，五曰司徒，六曰司寇，七曰賓，八曰師。」〔註92〕食列在首位，師即兵列在末位，孔子教誨子貢時排列次序與《尚書》同，蓋孔子之思想亦來源於《尚

〔註85〕（宋）朱熹：《四書章句集注》，北京：中華書局，2012 年版，第 186 頁。

〔註86〕（宋）朱熹：《四書章句集注》，北京：中華書局，2012 年版，第 186 頁。

〔註87〕（宋）朱熹：《四書章句集注》，北京：中華書局，2012 年版，第 29 頁。

〔註88〕（宋）朱熹：《四書章句集注》，北京：中華書局，2012 年版，第 29 頁。

〔註89〕（漢）孔安國傳，（唐）孔穎達正義，黃懷信點校：《尚書正義》，上海：上海古籍出版社，2007 年版，第 100 頁。

〔註90〕（宋）朱熹：《四書章句集注》，北京：中華書局，2012 年版，第 110 頁。

〔註91〕（宋）朱熹：《四書章句集注》，北京：中華書局，2012 年版，第 135～136 頁。

〔註92〕（漢）孔安國傳，（唐）孔穎達正義，黃懷信點校：《尚書正義》，上海：上海古籍出版社，2007 年版，第 456 頁。

書》學。

又《尚書大傳・略說》記載子貢問政一事，其云：

> 子貢曰：「葉公問政於夫子，子曰『政在附近而來遠』，魯哀公
> 問政，子曰『政在於論臣』，齊景公問政，子曰『政在於節用』。三
> 君問政，夫子應之不同，然則政有異乎？」〔註93〕

「政在附近而來遠」語出《舜典》「柔遠能邇」〔註94〕，《梓材》「庶邦享
作，兄弟方來」〔註95〕，其義相近。「政在節用」與《無逸》篇周公勸誡成王
的話「無淫于觀、于逸、于遊、于田」〔註96〕相似，可知孔子、子貢的為政
理論實際以《尚書》為根柢。

四、漆雕開《尚書》學

漆雕啟，字子開，《史記・仲尼弟子列傳》避漢景帝諱改啟為開。《論語・
公冶長》載孔子與漆雕開的談話：

> 子使漆雕開仕。對曰：「吾斯之未能信。」子說。〔註97〕

孔子時代干祿仕進者必讀《書》，而孔子以《書》教漆雕氏，《孔子家語》
記載此事則明言漆雕開習《尚書》。

> 漆雕開，蔡人，字子若，少孔子十一歲。習《尚書》，不樂仕。
> 孔子曰：「子之齒可以仕矣，時將過。」子若報其書曰：「吾斯之未
> 能信。」孔子悅焉。〔註98〕

《孔子家語》雖為王肅偽作，但其中亦有許多真實的材料，據此漆雕開
確實傳習過《尚書》之學。此後，漆雕氏成為孔子後學之中較為重要的學派，
《韓非子・顯學》篇就曾記載：「自孔子之死也，……有漆雕氏之儒」〔註99〕，

〔註93〕（清）陳壽祺：《尚書大傳輯校》，王先謙：《清經解續編》第二冊，上海：上
　　　　海書店，1988 年版，第 149 頁。

〔註94〕（漢）孔安國傳，（唐）孔穎達正義，黃懷信點校：《尚書正義》，上海：上海
　　　　古籍出版社，2007 年版，第 96 頁。

〔註95〕（漢）孔安國傳，（唐）孔穎達正義，黃懷信點校：《尚書正義》，上海：上海
　　　　古籍出版社，2007 年版，第 567 頁。

〔註96〕（漢）孔安國傳，（唐）孔穎達正義，黃懷信點校：《尚書正義》，上海：上海
　　　　古籍出版社，2007 年版，第 636 頁。

〔註97〕（宋）朱熹：《四書章句集注》，北京：中華書局，2012 年版，第 76 頁。

〔註98〕楊朝明注說：《孔子家語》，開封：河南大學出版社，2008 年版，第 302 頁。

〔註99〕（清）王先慎撰，鍾哲點校：《韓非子集解》，北京：中華書局，1998 年版，
　　　　第 456 頁。

可見當時漆雕氏學派之盛。

五、子夏《尚書》學

《尚書大傳》記載子夏讀《尚書》事最多，故前代學者懷疑伏生所傳《尚書》來自子夏學派。《略說》篇記述了兩條子夏與孔子論《書》之事，如：

> 子夏讀《書》畢，見夫子。夫子問焉：「子何為於《書》？」對曰：「《書》之論事也，昭昭若日月之明，離離若參辰之錯行，上有堯舜之道，下有三王之義。商所受於夫子者，志之弗敢忘也，雖退而窮居，河濟之間，深山之中，壞塞編蓬，為戶於中，彈琴詠先王之道，則可發憤慷慨矣。」（《略說》）〔註100〕

> 子夏讀《書》畢。孔子問曰：「吾子何為於《書》？」子夏曰：「《書》之論事，昭昭若日月焉。所受於夫子者，弗敢忘，退而窮居河濟之間，深山之中，壞室蓬戶，彈琴瑟以歌先王之風，有人亦樂之，無人亦樂之，上見堯舜之道，下見三王之義，可以忘死生矣。」孔子愀然變容曰：「嘻！子殆可與言《書》矣。雖然，見其表未見其裏，窺其門未入其中。」（《略說》）〔註101〕

從子夏回答孔子所問來看，子夏對於《尚書》有很深的造詣，「上有堯舜之道，下有三王之義」是子夏對《書》學的高度總結，這與孔子編次《尚書》上斷於堯，下訖於周的史實是相吻合的。《書》之大義，子夏可謂體認深刻。

又《尚書大傳》載子夏議論刑律一事，即：

> 子夏曰：「昔者三王愸然，欲錯刑遂罰，平心而應之，和然後行之，然且曰：『吾意者以不平慮之乎？吾意者以不和平之乎？』如此者三，然後行之，此之謂慎罰。」（《康誥》）〔註102〕

子夏所謂「錯刑遂罰」之意本於《呂刑》「其刑其罰，其審克之」〔註103〕。「平心而應之」指秉持公正之心，處理獄案不可有私心，其義見於《立政》

〔註100〕（清）陳壽祺：《尚書大傳輯校》，王先謙：《清經解續編》第二冊，上海：上海書店，1988年版，第419頁。

〔註101〕（清）陳壽祺：《尚書大傳輯校》，王先謙：《清經解續編》第二冊，上海：上海書店，1988年版，第419頁。

〔註102〕（清）陳壽祺：《尚書大傳輯校》，王先謙：《清經解續編》第二冊，上海：上海書店，1988年版，第414頁。

〔註103〕（漢）孔安國傳，（唐）孔穎達正義，黃懷信點校：《尚書正義》，上海：上海古籍出版社，2007年版，第790頁。

「相我受民，和我庶獄、庶慎」〔註 104〕。「慎罰」一詞，在《書》中出現兩次，即《康誥》「惟乃丕顯考文王，克明德慎罰」〔註 105〕，《多方》「以至於帝乙，罔不明德慎罰，亦克用勸」〔註 106〕。綜上所考文獻材料，則子夏之刑律思想無不源出於《書》學。

六、子張《尚書》學

子張為求干祿，孔子教之以政教之法，《大戴禮記》有《子張問入官》一篇，專載子張與孔子討論君子如何入官從政，其與《尚書》諸篇意旨有許多相合之處，茲摘取數例以作比較。

其一，「養之無擾於時，愛之勿寬於刑」〔註 107〕，其義見於《學而》「使民以時」，又《孟子・梁惠王上》「雞豚狗彘之畜，無失其時，七十者可以食肉矣。百畝之田，勿奪其時，數口之家可以無饑矣」〔註 108〕。考之《尚書》，則即《堯典》「乃命羲、和欽若昊天，曆象日月星辰，敬授人時」〔註 109〕之義。養育百姓要恪守天時，按照自然規律做事，如此才能使百姓安居樂業。

其二，「欲民之速服也者，莫若以道御之也」〔註 110〕，此句在於講明治民務求重德育、輕刑罰，即《為政》所云：「道之以政，齊之以刑，民免而無恥；道之以德，齊之以禮，有恥且格。」〔註 111〕其大義見於《呂刑》「士制百姓于刑之中，以教祗德」〔註 112〕，此句旨在闡揚刑律要輕重適宜，以德育教化百姓。

〔註104〕（漢）孔安國傳，（唐）孔穎達正義，黃懷信點校：《尚書正義》，上海：上海古籍出版社，2007 年版，第 694 頁。

〔註105〕（漢）孔安國傳，（唐）孔穎達正義，黃懷信點校：《尚書正義》，上海：上海古籍出版社，2007 年版，第 532 頁。

〔註106〕（漢）孔安國傳，（唐）孔穎達正義，黃懷信點校：《尚書正義》，上海：上海古籍出版社，2007 年版，第 669 頁。

〔註107〕（清）王聘珍撰，王文錦點校：《大戴禮記解詁》，北京：中華書局，1983 年版，第 138 頁。

〔註108〕（清）焦循撰，沈文倬點校：《孟子正義》，北京：中華書局，1987 年版，第 58 頁。

〔註109〕（漢）孔安國傳，（唐）孔穎達正義，黃懷信點校：《尚書正義》，上海：上海古籍出版社，2007 年版，第 38 頁。

〔註110〕（清）王聘珍撰，王文錦點校：《大戴禮記解詁》，北京：中華書局，1983 年版，第 141 頁。

〔註111〕（宋）朱熹：《四書章句集注》，北京：中華書局，2012 年版，第 54 頁。

〔註112〕（漢）孔安國傳，（唐）孔穎達正義，黃懷信點校：《尚書正義》，上海：上海古籍出版社，2007 年版，第 776 頁。

子張讀《書》最著名的事蹟是對「高宗亮陰三年」的懷疑，其在《論語·憲問》篇是孔子答子張所問：

> 子張曰：「《書》云：『高宗諒陰，三年不言。』何謂也？」子曰：「何必高宗，古之人皆然。君薨，百官總己以聽於冢宰三年。」〔註113〕

《尚書·無逸》的原文是：「其在高宗，時舊勞于外，爰暨小人。作其即位，乃或亮陰，三年不言。其惟不言，言乃雍，不敢荒寧。」〔註114〕

欲通曉子張引《尚書》此句而問的原因，需首先從訓詁學方面對「亮陰」二字進行解釋，馬融云：「亮，信也。陰，默也。為聽於冢宰，信默而不言。」〔註115〕此謂殷高宗武丁即位前三年慎於言。然而孔子託古改制，以己意引申闡釋《尚書》原義，將靜默不言改為三年之喪的禮學依據，為此康有為在《孔子改制考》卷十中有過精審的論斷，「若皆然，則高宗何獨稱，而子張何必疑問？蓋孔子所改制，故子張疑而問之。」〔註116〕《無逸》字詞訓詁意義簡明，子張應該能夠明白，因此子張所懷疑的是三年之喪的禮儀制度。《尚書大傳·毋逸》篇引《書》「亮陰」作「梁闇」，原文如下：

> 「《書》曰：『高宗梁闇，三年不言。』何謂『梁闇』也？」「《傳》曰：高宗居倚廬，三年不言，百官總己以聽於冢宰，而莫之違，此之謂梁闇。」子張曰：「何謂也？」孔子曰：「古者，君薨，王世子聽於冢宰三年，不敢服先王之服、履先王之位而聽焉。以民臣之義則不可一日無君矣。不可一日無君，猶不可一日無天也。以孝子之隱乎，則孝子三年弗居矣。故曰：義者彼也，隱者此也。遠彼而近此，則孝子之道備矣。」〔註117〕

孔子對三年之喪的政治意義與道德價值進行深度的挖掘，使其具有社會倫理範疇的屬性，後世學者抓住這一特點加以闡釋發揮，如儒家禮儀思想著作《禮記》之中有一篇《喪服四制》載：「此喪之所以三年，賢者不得過，不肖者不得不及。此喪之中庸也，王者之所常行也。《書》曰：『高宗諒闇，三年

〔註113〕（宋）朱熹：《四書章句集注》，北京：中華書局，2012年版，第160頁。
〔註114〕（漢）孔安國傳，（唐）孔穎達正義，黃懷信點校：《尚書正義》，上海：上海古籍出版社，2007年版，第631頁。
〔註115〕（漢）孔安國傳，（唐）孔穎達正義，黃懷信點校：《尚書正義》，上海：上海古籍出版社，2007年版，第631頁。
〔註116〕康有為：《孔子改制考》，北京：中華書局，1958年版，第249頁。
〔註117〕（清）陳壽祺：《尚書大傳輯校》，王先謙：《清經解續編》第二冊，上海：上海書店，1988年版，第415～416頁。

不言。』善之也。」〔註118〕孔子提倡孝道，以《書》三年之喪作為復興「古禮」的依據，子張博學而對此提出質疑，可謂對開啟疑古學風具有奠基作用。

七、曾子《尚書》學

曾子以孝聞名天下，其關於孝行的言論與《尚書》相似之處頗多，主要有以下幾處：

其一，《酒誥》周公告誡康叔曰：「肇牽車牛，遠服賈，用孝養厥父母」〔註119〕，《禮記·祭義》：「曾子曰：『孝有三。大孝尊親，其次弗辱，其下能養。』」〔註120〕能養是孝親的最低程度，曾子說與《尚書》同義。

其二，《文侯之命》周平王誥誡晉文侯曰：「汝克昭乃顯祖，汝肇刑文、武，用會紹乃辟，追孝於前文人」〔註121〕，追孝之義，即《禮記·祭統》所謂「祭者，所以追養繼孝也。……孝子之事親也有三道焉：生則養，沒則喪，喪畢則祭。」〔註122〕曾子言論見於《大戴禮記·曾子本孝》篇「故孝之於親也，生則有義以輔之，死則哀以蒞焉，祭祀則蒞之」〔註123〕。曾子之義同於《尚書》。

其三，曾子對《堯典》所記舜巡狩四方「歸，格於藝祖，用特」發問，其事載於《白虎通·巡狩》篇，云：

> 王者出，必告廟何？孝子出辭反面，事死如事生。《尚書》曰：「歸格於祖禰。」《曾子問》曰：「王者諸侯出，親告祖禰，使祝徧告五廟，尊親也。」〔註124〕

又載於《禮記·曾子問》，孔子回答說：「天子諸侯將出，必以幣帛皮圭

〔註118〕（漢）鄭玄注，（唐）孔穎達正義，呂友仁整理：《禮記正義》，上海：上海古籍出版社，2008 年版，第 2356 頁。
〔註119〕（漢）孔安國傳，（唐）孔穎達正義，黃懷信點校：《尚書正義》，上海：上海古籍出版社，2007 年版，第 552 頁。
〔註120〕（漢）鄭玄注，（唐）孔穎達正義，呂友仁整理：《禮記正義》，上海：上海古籍出版社，2008 年版，第 1843 頁。
〔註121〕（漢）孔安國傳，（唐）孔穎達正義，黃懷信點校：《尚書正義》，上海：上海古籍出版社，2007 年版，第 802 頁。
〔註122〕（漢）鄭玄注，（唐）孔穎達正義，呂友仁整理：《禮記正義》，上海：上海古籍出版社，2008 年版，第 1866 頁。
〔註123〕（清）王聘珍撰，王文錦點校：《大戴禮記解詁》，北京：中華書局，1983 年版，第 80 頁。
〔註124〕（清）陳立撰，吳則虞點校：《白虎通疏證》，北京：中華書局，1994 年版，第 293 頁。

告於祖禰」﹝註125﹞，曾子對天子諸侯出入告於祖禰持有疑問，孔子為其解答，可見孔門之孝行思想皆源於《尚書》。

八、小結

自孔子開科授徒，文化承繼與傳播的使命落在了以諸子之學為代表的士階層身上，中國的思想史由此進入所謂的「軸心時代」，上層貴族所執掌的文化、思想流入諸侯國乃至民間，話語權的下移造就了一批新的知識階層。從文化史、經學史的視角考察，孔子後學在春秋戰國之際的歷史背景下所起的作用不容忽視，他們恰恰是文化交替過程中的樞紐，使西周之後的知識體系、觀念思維等能夠有序傳承與流佈。《尚書》作為三代帝王的施政治國教科書，被孔子奉為經典而教授弟子，在被經典化的過程中，形成了影響後世深遠的《書》教傳統。戰國時代的儒墨諸家皆有引《書》釋《書》的傳統，溯其源流，以孔子及其後學之《尚書》學為根柢。孔子後學多層次、多角度地徵引《書》篇，不僅推動了《書》學的發展，而且對於《書》教傳統的傳播、闡釋發揮了巨大的作用。

﹝註125﹞（漢）鄭玄注，（唐）孔穎達正義，呂友仁整理：《禮記正義》，上海：上海古籍出版社，2008 年版，第 777 頁。

第三章　戰國諸子《尚書》學研究

　　在戰國之際百家爭鳴的時代氛圍之中，諸子各家為使自己的學說得到統治者的認可，並能在社會上取得一席之地，他們憑藉所掌握的關於上古三代時期的文化知識，結合自己學派的學術觀點，對古代典籍進行符合己說的徵引與改造，以期得到統治者的採納並推行於世。《尚書》作為最早的政治文獻資料彙編，保存了大量的殷周歷史記載，在春秋之際就已被看作治國理政的教科書。周室衰微，陪臣執政時期的卿大夫曾經引《書》以論事，這在《左傳》之中均有詳細的記載。戰國諸子為證明自己的主張和學說古已有之，在議論時必然引用《書》篇文獻來做佐證。經過前代學者的稽考與整理，儒家典籍和諸子百家著作中存在大量的《尚書》文句，這為我們研究《尚書》在戰國時期的面貌提高了豐富的材料，同時也有助於梳理《尚書》在春秋戰國之際的傳播與流佈情況。

　　之前已有學者對先秦文獻引《書》篇作了相關統計，但由於研究視角不同，且對某些文獻是否為《尚書》內容存在疑問，故收輯諸書引《尚書》的結果不盡相同。陳夢家《尚書通論》在《先秦引書篇》一章中列舉了戰國時代的文獻有《孟子》《墨子》《荀子》《韓非子》《呂氏春秋》五部文獻〔註1〕，劉起釪《尚書學史》則從先秦文籍引《書》情況與今古文《尚書》比較的角度，按《尚書》篇次羅列先秦典籍引《書》次數、篇目等，並制有《先秦文籍引用〈尚書〉篇數次數總表》〔註2〕，較之陳書多出戰國時代的《莊子》一書，共計六部戰國文獻。董治安《先秦文獻與先秦文學》一書列舉戰國文獻引《書》

─────────────

〔註1〕陳夢家：《尚書通論》，北京：中華書局，2005 年版，第 3～29 頁。
〔註2〕劉起釪：《尚書學史》，北京：中華書局，1989 年版，第 49 頁。

綜錄有《孟子》《荀子》《墨子》《呂氏春秋》四部文獻〔註3〕。馬士遠教授《周秦〈尚書〉學研究》在吸收前代各家已有研究成果的基礎上，對戰國文獻引《書》的諸條文本重新考辨，全面梳理諸子引《書》情況，並附有諸子文獻引《書》、論《書》、釋《書》情況統計表〔註4〕。

考慮到先秦諸子之書作非一人，成非一時，且在秦漢之際焚燒、禁燬之後又有竄入、篡改之事，故本文以諸子本人活動於戰國之時為準繩，且按其生平排列文章篇目，所得諸子之書為《墨子》《孟子》《莊子》《荀子》《韓非子》《呂氏春秋》《戰國策》七部文獻，茲將分別對此七部諸子文獻引《書》情況進行考論，探討諸子引《書》以論證其學說理論的原因，揭示《書》篇內容被多次引用的歷史背景，由此觀照諸子之學對《書》教傳統的闡發、促進與影響。

第一節 《墨子》引《書》考論

一、墨子生平及墨學淵源

墨子是春秋戰國之際一位重要的思想家。在王官之學與諸子私學文化衝突的過程中，墨子一派代表著社會下層勞動生產者的利益和思想。如果說以孔子為代表的儒家是沒落貴族降為士階層，企圖以「仁」「禮」為核心形成理論體系，重新建構新的社會秩序，那麼，墨子學派「則明顯帶有上升庶民士的特徵，他們強烈要求保護新興的小生產勞動者的物質利益和政治權利。」〔註5〕

從戰國到漢初，多以孔墨並稱，但考諸《史記》，墨子之事僅見於《孟子荀卿列傳》末附，其云：「蓋墨翟，宋之大夫，善守禦，為節用。或曰並孔子時，或曰在其後。」〔註6〕短短的二十四個字，使後世對墨子生平幾乎一無所知。馮友蘭對此有過解釋，「蓋司馬遷作《史記》時，思想界已成為儒家之天

〔註3〕董治安：《先秦文獻與先秦文學》，濟南：齊魯書社，1994年版，第154～165頁。
〔註4〕馬士遠：《周秦〈尚書〉學研究》，北京：中華書局，2008年版，第310～325頁。
〔註5〕邢兆良：《墨子評傳》，南京：南京大學出版社，1993年版，第53頁。
〔註6〕（漢）司馬遷撰，（南朝宋）裴駰集解，（唐）司馬貞索隱，（唐）張守節正義：《史記》，北京：中華書局，1982年版，第2350頁。

下。故孔子躋於世家，而墨子不得一列傳。」〔註7〕《漢書‧藝文志》「《墨子》七十一篇」，班固自注曰：「名翟，為宋大夫，在孔子後。」〔註8〕關於墨子之生平年代，前代學者多有考證，如梁啟超《墨子年代考》〔註9〕、任繼愈《中國哲學發展史》〔註10〕等，但據孫詒讓《墨子閒詁》書後所列《墨子年表》所云：「墨子當與子思並時，而生年尚在其後，當生於周定王之初年，而卒於安王之季，蓋八九十歲，亦壽考矣。」〔註11〕主張此說者尚有錢穆，其在《墨子的生卒年代》中認為：「墨子約與子思相當，或稍後。」〔註12〕按照二者的說法，則墨子約在七十子之後。這些關於墨子時代與活動年代的考證，對於理解墨子思想及其時代背景具有重要價值。

墨家代表作《墨子》，《漢書‧藝文志》載錄「《墨子》七十一篇」，今所見只有五十三篇。關於墨學淵源，主要有兩種觀點，一為班固所謂的「出於清廟之守」，一為出自儒家。《漢書‧藝文志》云：「墨家者流，蓋出於清廟之守。茅屋采椽，是以貴儉；養三老五更，是以兼愛；選士大射，是以上賢；宗祀嚴父，是以右鬼；順四時而行，是以非命；以孝視天下，是以上同：此其所長也。及蔽者為之，見儉之利，因以非禮，推兼愛之意，而不知別親疏。」〔註13〕班固以墨家學派出於清廟之守，其學說蓋源自《呂氏春秋》，其《當染》篇記載墨子之學出自史角之後裔，即「魯惠公使宰讓請郊廟之禮於天子，桓王使史角往，惠公止之，其後在於魯，墨子學焉。」〔註14〕《呂氏春秋》所載與班固所言，其根本皆在於承認諸子之學乃直接承繼春秋時代王官之學。而

〔註7〕馮友蘭：《中國哲學史》，重慶：重慶出版社，2009年版，第70頁。
〔註8〕（漢）班固著，（唐）顏師古注：《漢書》，北京：中華書局，1962年版，第1738頁。
〔註9〕梁啟超：《墨子年代考》，羅根澤編著：《古史辨》第四冊，上海：上海古籍出版社，1982年版，第249～252頁。
〔註10〕任繼愈：《中國哲學發展史》（先秦卷），北京：人民出版社，1983年版，第208～209頁。
〔註11〕（清）孫詒讓撰，孫啟治點校：《墨子閒詁》，北京：中華書局，2001年版，第695頁。
〔註12〕錢穆：《墨子的生卒年代》，羅根澤編著：《古史辨》第四冊，上海：上海古籍出版社，1982年版，第274頁。
〔註13〕（漢）班固著，（唐）顏師古注：《漢書》，北京：中華書局，1962年版，第1738頁。
〔註14〕（戰國）呂不韋著，陳奇猷校釋：《呂氏春秋新校釋》，上海：上海古籍出版社，2002年版，第98頁。

關於這一點，本書在《諸子之學興起》一節中已有所論述，即諸子之學雖源出六藝，但由於學術方向的差異，其宣揚的政治、哲學觀點已經超出六藝之學的範疇，故簡單地認可墨學出自清廟之守，未免有失武斷。

墨學之淵源，當自出於儒家。《淮南子・要略》云：「墨子學儒者之業，受孔子之術，以為其禮煩擾而不悅，厚葬靡財而貧民，服傷生而害事，故背周道而用夏政。……當此之時，燒不暇撌，濡不給扢，死陵者葬陵，死澤者葬澤，故節財、薄葬、閑服生焉。」〔註15〕墨子學儒者之業，蓋從孔子之七十子後學問焉，之後教徒授學，其名與孔子並稱，《淮南子・主術訓》云：「孔丘、墨翟修先聖之術，通六藝之論，口道其言，身行其志，慕義從風，而為之服役者不過數十人。使居天子之位，則天下徧為儒墨矣。」〔註16〕《墨子》全書稱引《詩》《書》者尤多，此亦是墨學自儒家出的明證，馮友蘭曰：「《墨子》書中，引《詩》《書》處不少。孔子聚徒講學，開一時之風氣。墨子既為魯人，則其在此風氣中，學《詩》《書》，受孔子之影響，乃當然應有之事。且孔子本亦有尚儉節用之主張。如云：『道千乘之國，敬事而信，節用而愛人。』……然則謂墨子尚儉、節用、明鬼、尊禹之主張，乃就孔子之教之此方面發揮，亦一可通之說也。」〔註17〕呂思勉《經子解題》亦云：「《墨子》多引《詩》《書》既為他家所無；而其所引，又皆與儒家之說不背。即可知其學之本出於儒。」〔註18〕墨子從儒家問學，學成之後深得儒學精髓而知儒家之弊端所在，故其學說雖有與儒學不同之處，但稱引《詩》《書》，贊稱先王，尊奉堯舜之舉，則與孔子之思想一致。

二、《墨子》引《書》考辨

在先秦典籍之中，《墨子》是除《左傳》之外引用《尚書》最多的文獻，且引用情況複雜，其中多有與今本《尚書》不合者，因此對《墨子》引《書》情況進行研究，可以窺視戰國初期《尚書》面貌，亦有助於推進墨子《書》學研究。據陳夢家《尚書通論》統計，《墨子》引《書》為三十一條，劉起釪《尚

〔註15〕劉文典撰，馮逸、喬華點校：《淮南鴻烈集解》，北京：中華書局，2013 年版，第 862～863 頁。

〔註16〕劉文典撰，馮逸、喬華點校：《淮南鴻烈集解》，北京：中華書局，2013 年版，第 363 頁。

〔註17〕馮友蘭：《中國哲學史》，重慶：重慶出版社，2009 年版，第 71 頁。

〔註18〕呂思勉：《經子解題》，上海：華東師範大學出版社，1995 年版，第 139 頁。

書學史》統計為四十七次，鄭傑文《中國墨學通史》定為四十則〔註19〕。

（一）《墨子》「十論」引《書》考述

《墨子》「十論」是墨家學派的核心理論，其分專題論述學說的模式在先秦文籍之中具有代表性。除《節用》《節葬》《非儒》未見引《書》外，其餘諸篇《尚賢》《尚同》《兼愛》《非攻》《天志》《明鬼》《非樂》《非命》均有引《書》以論證其說的例子，茲分別考述如下。

1.《尚賢》

《尚賢》篇著重論述尚賢使能的政治成效，與不尚賢而使不肖帶來的危害作比較，並強調了小材不堪重用的理論。其主張治國當以尚賢為政之本，云：

> 今王公大人中實將欲治其國家，欲脩保而勿失，胡不察尚賢為政之本也？且以尚賢為政之本者，亦豈獨子墨子之言哉？……《湯誓》曰：「聿求元聖，與之戮力同心，以治天下。」則此言聖之不失以尚賢使能為政也。故古者聖王唯能審以尚賢使能為政，無異物雜焉，天下皆得其利。（《尚賢中》）〔註20〕

考諸《湯誓》，並無此文，且《湯誓》書序云：「伊尹相湯伐桀，升自陑，遂與桀戰于鳴條之野，作《湯誓》。」〔註21〕《湯誓》乃伊尹輔佐成湯討伐夏桀之時於戰前告誡士眾的誓詞。孫詒讓謂「今《湯誓》無此文，偽古文摭此為《湯誥》，繆。」〔註22〕今本《湯誥》篇確有「聿求元聖，與之戮力，以與爾有眾請命」〔註23〕一句，劉起釪認為《尚賢中》所引《湯誓》之文「此非《湯誥》逸文，實為墨家所傳另一《湯誓》。」〔註24〕

且不論所引《湯誓》之文是否為今本《湯誥》逸文，墨子於此篇議論尚賢為政之本，並引《書》為證，足見其對《尚書》之熟悉程度。針對如何選賢使能，墨子又云：「故古者聖王甚尊尚賢而任使能，不黨父兄，不偏貴富，不

〔註19〕鄭傑文：《中國墨學通史》，北京：人民出版社，2006 年版，第 108 頁。

〔註20〕（清）孫詒讓撰，孫啟治點校：《墨子閒詁》，北京：中華書局，2001 年版，第 56～57 頁。

〔註21〕（漢）孔安國傳，（唐）孔穎達正義，黃懷信整理：《尚書正義》，上海：上海古籍出版社，2007 年版，第 283 頁。

〔註22〕《墨子閒詁》，第 57 頁。

〔註23〕《尚書正義》，第 297 頁。

〔註24〕劉起釪：《尚書學史》，北京：中華書局，1989 年版，第 34 頁。

變顏色，賢者舉而上之，富而貴之，以為官長；不肖者抑而廢之，貧而賤之，以為徒役。」〔註25〕墨子認為賢能者要推舉之以為官長，並認為這是上天之命，在堯舜之時既已有之，云：

> 先王之書《呂刑》道之曰：「皇帝清問下民，有辭有苗。曰：『群后之肆在下，明明不常，鰥寡不蓋。德威維威，德明維明。』乃名三后，恤功於民。伯夷降典，哲民維刑。禹平水土，主名山川。稷隆播種，農殖嘉穀。三后成功，維假於民。」則此言三聖人者，謹其言，慎其行，精其思慮，索天下之隱事遺利以上事天，則天鄉其德，下施之萬民，萬民被其利，終身無已。(《尚賢中》)〔註26〕

案《呂刑》之文為：「皇帝清問下民，鰥寡有辭于苗。德威惟畏，德明惟明。乃命三后，恤功于民：伯夷降典，折民惟刑；禹平水土，主名山川；稷降播種，農殖嘉穀。三后成功，惟殷于民。」〔註27〕《墨子》引文，幾與《呂刑》相同。細考文義，則亦相近。引伯夷、禹、稷之事，以證任用賢能使之謹言慎行，精思細慮，則能索求天下事物和利益，亦能上奉事天，下施澤於民。既然古代聖王慎重對待賢者並以尚賢為政，則必將之書寫在竹簡絲帛上，雕刻在盤盂器皿上，流傳至後世。此即《尚賢下》所云：

> 古者聖王既審尚賢，欲以為政，故書之竹帛，琢之槃盂，傳以遺後世子孫。於先王之書《呂刑》之書然，王曰：「於！來，有國有土，告女訟刑。在今而安百姓，女何擇言人？何敬不刑？何度不及？」能擇人而敬為刑，堯舜禹湯文武之道可及也。是何也？則以尚賢及之。於先王之書《豎年》之言然，曰：「晞夫聖武知人，以屏輔而身。」此言先王之治天下也，必選擇賢者以為其群屬輔佐。
>
> (《尚賢下》)〔註28〕

案《呂刑》之文言：「王曰：『吁！來，有邦有土，告爾祥刑：在今爾安百姓，何擇非人？何敬非刑？何度非及？』」孔《傳》曰：「在今爾安百姓兆民之道，當何所擇非惟吉人乎？當何所敬非惟五刑乎？當何所度非惟及世輕重所宜乎？」〔註29〕孔《傳》解釋「何度非及」，意為所考慮者當為「刑罰世輕世

〔註25〕《墨子閒詁》，第50頁。
〔註26〕《墨子閒詁》，第62～63頁。
〔註27〕《尚書正義》，第775～776頁。
〔註28〕《墨子閒詁》，第69～70頁。
〔註29〕《尚書正義》，第782頁。

「重」的問題，而墨子所言，「不及」者應為堯舜禹湯文武之道，意為能夠選擇賢才，敬用刑典，則三代聖王之道是可以追趕的上的！先王之書《豎年》，不見於傳世文獻，惟《逸周書‧皇門解》有「乃方求論擇元聖武夫，羞于王所」〔註30〕句，其義當為廣泛地訪求、評論、選擇具有智慧和道德的聖人與武夫推薦給朝廷，這與《尚賢》所言之義一致。

2.《尚同》

《尚同》篇的大義在於強調在下位者必須要統一於上位者的思想、言論、行為等，如此才能避免亂離糾紛，使社會得到安定團結。墨子認為選出仁人賢者以為政長，對人們的是非善惡要賞罰分明，善於聽取人民的規勸意見。同時，「尚」與「上」同，上同的最高一級是「天」，天子也必須與天志保持一致，此即《墨子》所載：

> 察天下之所以治者，何也？天子唯能壹同天下之義，是以天下治也。天下之百姓皆上同於天子，而不上同於天，則菑猶未去也。今若天飄風苦雨，溱溱而至者，此天之所以罰百姓之不上同於天者也。（《尚同上》）〔註31〕

馮友蘭曾對墨子「尚同」觀念有過評論，其云：「然『尚同』之極，必使人之個性，毫無發展餘地，……所尤可注意者，墨子雖謂人皆須從天志，然依『尚同』之等級，則惟天子可上同于天。天子代天發號施令，人民只可服從天子。」〔註32〕

墨子主張設立行政長官必須要先理解刑法的正確用途，故云：

> 子墨子曰：方今之時之以正長，則本與古者異矣，譬之若有苗之以五刑然。昔者聖王制為五刑，以治天下。逮至有苗之制五刑，以亂天下。則此豈刑不善哉？用刑則不善也。是以先王之書《呂刑》之道曰：「苗民否用練，折則刑，唯作五殺之刑，曰法。」則此言善用刑者以治民，不善用刑者以為五殺。則此豈刑不善哉？用刑則不善，故遂以為五殺。（《尚同中》）〔註33〕

實現尚同政治的必要條件是制定律法並能善用之，否則就會如有苗制定

〔註30〕黃懷信：《逸周書校補注譯（修訂本）》，西安：三秦出版社，2006 年版，第239 頁。

〔註31〕《墨子閒詁》，第 75～76 頁。

〔註32〕馮友蘭：《中國哲學史》，重慶：重慶出版社，2009 年版，第 90 頁。

〔註33〕《墨子閒詁》，第 82～84 頁。

五殺之刑一樣，用來擾亂天下。這本身不是刑罰不好，而是使用不當的原因。案今本《呂刑》作「苗民弗用靈，制以刑，惟作五虐之刑，曰法」〔註34〕。墨子借《呂刑》之義以證刑法不當則致民亂國危。

　　設立官長治理人民，其目的在於使人民能夠遵紀守法，恰如絲縷有紀，網罟有綱，接著引先王之書《相年》為例：

　　　　是以先王之書《相年》之道曰：「夫建國設都，乃作后王君公，否用泰也，輕大夫師長，否用侠也，維辯使治天均。」則此語古者上帝鬼神之建設國都立正長也，……將以為萬民興利除害。（《尚同中》）〔註35〕

　　先王之書《相年》，今本《尚書》不可考，或亦為《書》篇逸文。王公大臣與卿大夫師長，均不可驕縱恣肆，而是按照天之意志分授職責，以天下公平之道治理國家，如此才能興利除害，達到尚同政治的理想。同時，墨子據《泰誓》篇提出了比罪連坐制度，即：

　　　　聖王皆以尚同為政，故天下治。何以知其然也？於先王之書也《大誓》之言然，曰：「小人見奸巧乃聞，不言也，發罪鈞。」此言見淫辟不以告者，其罪亦猶淫辟者也。（《尚同下》）〔註36〕

　　見到奸巧淫辟的壞事不報告的，其罪也等同於奸巧淫辟之人。案《大誓》，今本作《泰誓》，《書序》云：「惟十有一年，武王伐殷，一月戊午，師渡孟津，作《泰誓》三篇。」〔註37〕古書「泰」皆作「大」，但《大誓》所言之文不見於《尚書》，惟今《泰誓》有「厥罪惟鈞」一句，孫詒讓引江聲之說云：「發，謂發覺也。鈞，同也。言知奸巧之情而匿不以告，比事發覺，則其罪與彼奸巧者同。」〔註38〕此即墨子為實現尚同之政而在刑法方面的舉措。

　　隨著近年出土文獻的發現，為我們研究先秦典籍提供了更為真實的材料。《清華大學藏戰國竹簡（三）》中有《傅說之命》三篇，其中涉及今本《尚書‧說命》與《墨子‧尚同中》，今取此三者進行比較，以期能夠釐清學術史上的諸多問題。首先，《墨子‧尚同中》篇有「唯口出好興戎」一句，其云：

〔註34〕《尚書正義》，第771頁。
〔註35〕《墨子閒詁》，第84～85頁。
〔註36〕《墨子閒詁》，第95頁。
〔註37〕《尚書正義》，第397頁。
〔註38〕《墨子閒詁》，第95頁。

是以先王之書《術令》之道曰：「唯口出好興戎。」則此言善用口者出好，不善用口者以為讒賊寇戎。則此豈口不善哉？用口則不善也，故遂以為讒賊寇戎。(《尚同中》)〔註39〕

此句意在闡明唯口可以道出好事，亦可以引起戰禍。此句涉及《尚書》篇目，問題較多，茲錄取孫詒讓之說以備參考，其云：「蘇云：『出《書·大禹謨》。』詒讓案：『術令』當是『說命』之叚字。《禮記·緇衣》云『《兌命》曰：惟口起羞，惟甲胄起兵，惟衣裳在笥，惟干戈省厥躬』，鄭注云：『兌當為說，謂殷高宗之臣傅說也。作書以命高宗，《尚書》篇名也。羞猶辱也。惟口起辱，當慎言語也。』案此文與彼引《兌命》辭義相類，『術』『說』、『令』『命』音並相近，必一書也。晉人作偽古文《書》不悟，仍以竄入《大禹謨》，疏繆殊甚。近儒辯古文《書》者，亦皆不知其為《說命》佚文，故為表出之。偽孔傳云：『好謂賞善，戎謂伐惡。言口榮辱之主。』」〔註40〕

《禮記·緇衣》有《兌命》一文，其辭義與《墨子》中《術令》之文相近，孫詒讓認定此二者為一書，即為《說命》佚文。而蘇時學與晉人不明《術令》之義，將其歸入《大禹謨》中。案今本《尚書·大禹謨》有「惟口出好興戎」句，孔傳曰：「好，謂賞善；戎，謂伐惡。言口，榮辱之主，慮而宣之，成於一也。」〔註41〕又今本《說命中》有「惟口起羞，惟甲胄起戎，惟衣裳在笥，惟干戈省厥躬」，孔傳：「言不可輕教令、易用兵。」〔註42〕又《禮記·緇衣》云：「《兌命》曰：『惟口起羞，惟甲胄起兵，惟衣裳在笥，惟干戈省厥躬。』」〔註43〕《緇衣》所引與《說命中》完全一致。

清華簡《傅說之命》中篇有釋文為「且惟口起戎出好」，整理者言：

自此以下數句，《禮記·緇衣》引《說命》作：「惟口起羞，惟甲胄起兵，惟衣裳在笥，惟干戈省厥躬。」《墨子·尚同中》：「是以先王之書《術令》之道曰：唯口出好興戎。」孫詒讓《閒詁》已指出《術令》就是《說命》。簡文此句與《墨子》所引更近。「好」應讀為「羞」，均為幽部，聲母亦近，……「羞」正從丑聲。《緇衣》

〔註39〕《墨子閒詁》，第84頁。
〔註40〕《墨子閒詁》，第84頁。
〔註41〕《尚書正義》，第133頁。
〔註42〕《尚書正義》，第370頁。
〔註43〕（漢）鄭玄注，（唐）孔穎達正義，呂友仁整理：《禮記正義》，上海：上海古籍出版社，2008年版，第2117頁。

鄭注：「羞，猶辱也。……惟口起辱，當慎言語也。」〔註44〕

子居認為「其說可從。上文言『心毀惟備』是指防備別人的詆毀，此句說『惟口起戎出羞』是說慎重自己的言語，二者正屬相關。」〔註45〕李銳在結合上述眾家解讀意見的基礎上，提出「《墨子》和清華簡《傅說之命》只是語序小有不同，而意思一致，所講包括口起羞和口興戎兩層意思。若然，則《禮記・緇衣》只有『起羞』，可能屬於節引或有脫落；當然，也有可能是其所引《說命》的傳本不同，只有『起羞』。從《墨子》和清華簡《傅說之命》來看，真正的古代的《說命》文句應該與之接近，包括兩層意思。可是今存的古文《說命》卻和《禮記・緇衣》一致，只有一層意思。即使我們相信古文《說命》不是引《緇衣》中《說命》佚文，而是其傳本就是作『惟口起羞』。可是作偽者不知道《墨子》所引《術令》就是《說命》，也不知道《墨子》中的『唯口出好興戎』與《緇衣》的『惟口起羞』意思相近，竟把《術令》之文引入了偽古文《大禹謨》之中。墨家也傳詩書，不可能把《大禹謨》稱為《術令》。因此這只能是作偽者收集古書佚文，而不明古書文義所致。」〔註46〕

綜合各家所釋，《墨子》所引《術令》即為《說命》，其義與清華簡《傅說之命》相同。作偽者不明《術令》與《緇衣》文義相近，將《術令》之文竄入《大禹謨》中。

3.《兼愛》

兼愛是墨子學說的重要內容之一，所謂「兼愛」，就是要天下之人愛人如愛己，彼此之間相親相愛。墨子指出，天子混亂的原因在於「不相愛」，又「若使天下兼相愛，國與國不相攻，家與家不相亂，盜賊無有，君臣父子皆能孝慈，若此則天下治」〔註47〕。墨子兼愛主張是關於社會和人際關係的美好願望，在當時反對貴族的道德觀具有一定的進步意義。馮友蘭對「兼愛」有過論述，「一切奢華文飾，固皆不中國家人民之利，然猶非其大害。國家人民之大害，在于國家人民之互相爭鬥，無有寧息；而其所以互相爭鬥之原因，則

〔註44〕李學勤主編：《清華大學藏戰國竹簡（三）》，上海：中西書局，2012 年版，第127 頁。

〔註45〕子居：《清華簡〈傅說之命〉中篇解析》，北京：清華大學簡帛研究網，2013-4-3。

〔註46〕李銳：《清華簡〈傅說之命〉研究》，深圳大學學報（人文社會科學版），2013（6）。

〔註47〕《墨子閒話》，第 100 頁。

起于人之不相愛。」〔註48〕

　　兼相愛、交相利是解決天下大亂的必要途徑，但有人對此反對，並將之
比喻為「挈太山越河濟」，墨子批評之比喻不當，認為古者聖王已經實行「兼
愛」原則，以大禹治天下為例說明：

　　　　古者禹治天下，西為西河、漁寶，以泄渠孫皇之水；北為防原
　　派，注后之邸、嘑池之寶，洒為底柱，鑿為龍門，以利燕、代、胡、
　　貉與西河之民；東方漏之陸，防孟諸之澤，灑為九澮，以楗東土之
　　水，以利冀州之民；南為江、漢、淮、汝，東流之，注五湖之處，
　　以利荊、楚、干、越與南夷之民。（《兼愛中》）〔註49〕

　　墨子所舉此段內容，似與《尚書·禹貢》有某些聯繫，劉起釪認為「洒為
底柱」、「鑿為龍門」、「東方漏之陸」、「灑為九澮」諸語，與《禹貢》內容同。
〔註50〕馬士遠教授認為二者之間在文句、語序及語義方面均不同，但承認兩
者之間似乎有一些相似的內容。〔註51〕筆者以為，墨子之學源出儒家，而儒
家之學自孔子歿後分為八家，墨子亦傳《詩》《書》之學，蓋墨子之時，《尚
書》存在不同版本，並未形成統一的文句，而墨子於此處議論之時，或有墨
家之《書》學，或墨子借《禹貢》之文而加以自己的闡發，其詳情已不可考
辨，但二者之間確有一定聯繫。

　　墨子在徵引大禹治理天下的故事之後，接著以周文王、武王之事為例說
明兼相愛、交相利是聖王之法，是天下之治道，必須加以推崇。其云：

　　　　昔者文王之治西土，若日若月，乍光于四方，于西土，不為大
　　國侮小國，不為眾庶侮鰥寡，不為暴勢奪穡人黍稷狗彘。天屑臨文
　　王慈，是以老而無子者，有所得終其壽；連獨無兄弟者，有所雜於
　　生人之間；少失其父母者，有所放依而長。此文王之事，則吾今行
　　兼矣。昔者武王將事泰山隧，《傳》曰：「泰山！有道曾孫周王有事，
　　大事既獲，仁人尚作，以祇商夏蠻夷醜貉。雖有周親，不若仁人。
　　萬方有罪，維予一人。」此言武王之事，吾今行兼矣。（《兼愛中》）
　　〔註52〕

〔註48〕馮友蘭：《中國哲學史》，重慶：重慶出版社，2009 年版，第 82 頁。
〔註49〕《墨子閒詁》，第 106～110 頁。
〔註50〕劉起釪：《尚書學史》，北京：中華書局，1989 年版，第 16 頁。
〔註51〕馬士遠：《周秦〈尚書〉學研究》，北京：中華書局，2008 年版，第 125 頁。
〔註52〕《墨子閒詁》，第 110～112 頁。

　　此段涉及《尚書》篇目，情況較為複雜。「若日若月，乍光于四方，于西土」一句，與今本《泰誓下》「惟我文考，若日月之照臨，光于四方，顯于西土」〔註53〕相似，孫詒讓引蘇時學之說：「此與《泰誓》略同，疑有脫誤。」從文義來看，二者基本相合。舉武王事所引「《傳》曰」內容，今見於《武成》篇與《泰誓中》兩文。《武成》相關文本為：「惟有道曾孫周王發」，「予小子既獲仁人，敢祗承上帝，以遏亂略。華夏蠻貊，罔不率俾恭天成命」〔註54〕，《泰誓中》相關文句為：「雖有周親，不如仁人」，「百姓有過，在予一人」〔註55〕。墨子敘述文王武王之事，與《泰誓》《武成》皆有聯繫，或墨子熟知《書》學內容，於議論之時雜糅而成。

　　在《兼愛下》篇中，墨子舉禹湯文武四位聖王親行兼相愛、交相利之道，作為其兼愛理論的依據，曰：

　　　　《泰誓》曰：「文王若日若月乍照，光于四方，于西土。」即此言文王之兼愛天下之博大也，譬之日月兼照天下之無有私也，即此文王兼也。

　　　　且不唯《泰誓》為然，雖《禹誓》即亦猶是也。禹曰：「濟濟有眾，咸聽朕言，非惟小子敢行稱亂，蠢茲有苗，用天之罰，若予既率爾群對諸群以征有苗。」

　　　　且不唯《禹誓》為然，雖《湯說》即亦猶是也。湯曰：「惟予小子履，敢用玄牡，告於上天后曰：『今天大旱，即當朕身履，未知得罪于上下。有善不敢蔽，有罪不敢赦，簡在帝心。萬方有罪，即當朕身，朕身有罪，無及萬方。』」

　　　　且不惟《誓命》與《湯說》為然，《周詩》即亦猶是也。《周詩》曰：「王道蕩蕩，不偏不黨，王道平平，不黨不偏。其直若矢，其易若底，君子之所履，小人之所視。」（《兼愛下》）〔註56〕

　　此四段之中，每段皆與《尚書》有聯繫。第一段明說引自《泰誓》，其文於上述事例已經闡明，《兼愛》兩引《泰誓》文句，這說明在墨子之時，確實已有《泰誓》之文存在。《禹誓》之文，孫詒讓引畢沅之說認為此即「《大禹

〔註53〕《尚書正義》，第 417 頁。
〔註54〕《尚書正義》，第 433～434 頁。
〔註55〕《尚書正義》，第 411～412 頁。
〔註56〕《墨子閒詁》，第 120～123 頁。

謨》文。云《禹誓》者，禹之所誓也。」孫氏又云：「今《大禹謨》出偽古文，即採此書為之。惠棟云：『《皋陶謨》言「苗頑弗即功」，則舜陟後，禹當復有征苗誓師之事。』」〔註57〕案今本《大禹謨》有相關文句，「濟濟有眾，咸聽朕命：蠢茲有苗，昏迷不恭，侮慢自賢，反道敗德。君子在野，小人在位。民棄不保，天降之咎。肆予以爾眾士奉辭伐罪。」〔註58〕《湯說》內容，與今本《湯誥》有相似之處，「肆台小子將天命明威，不敢赦。敢用玄牡，敢昭告于上天神后，……俾予一人，輯寧爾邦家。茲朕未知獲戾于上下，慄慄危懼，若將隕于深淵。凡我造邦，無從匪彝，無即慆淫，各守爾典，以承天休。爾有善，朕弗敢蔽；罪當朕躬，弗敢自赦，惟簡在上帝之心。其爾萬方有罪，在予一人。予一人有罪，無以爾萬方。」〔註59〕但細考文本內容，則《湯說》是因天大旱而求禱之辭，《湯誥》是商湯向諸侯昭告奉天命討伐夏桀的道理，二者存在較大的差異。與《墨子》引文相似的內容還見於《呂氏春秋・順民》篇，其云：「昔者湯克夏而正天下，天大旱，五年不收，湯乃以身禱於桑林，曰：『余一人有罪，無及萬夫。萬夫有罪，在余一人。無以一人之不敏，使上帝鬼神傷民之命。』」〔註60〕同時，《國語・周語上》也有記載，即「在《湯誓》曰：『余一人有罪，無以萬夫；萬夫有罪，在余一人。』」〔註61〕《兼愛》所引稱為《周詩》者，其內容卻與《洪範》相似：「無偏無黨，王道蕩蕩；無黨無偏，王道平平」〔註62〕。馬士遠教授「疑此處『詩』可能為『書』字之誤」〔註63〕，孫詒讓認為「古《詩》《書》亦多互稱，《戰國策・秦策》引《詩》云『大武遠宅不涉』，即《逸周書・大武》篇所云『遠宅不薄』，可以互證。」〔註64〕筆者認為，在墨子所處的戰國初期，《詩》《書》作為六藝之學散在民間，各學派均有自己的學術脈絡，且《詩》《書》並未定型形成統一的版本，故《詩》《書》混稱現象不免時有發生，墨子引《周詩》或許可用此種原因解釋。

〔註57〕《墨子閒詁》，第120頁。

〔註58〕《尚書正義》，第137頁。

〔註59〕《尚書正義》，第297～299頁。

〔註60〕《呂氏春秋新校釋》，第485頁。

〔註61〕徐元誥撰，王樹民、沈長雲點校：《國語集解》，北京：中華書局，2002年版，第32頁。

〔註62〕《尚書正義》，第464頁。

〔註63〕馬士遠：《周秦〈尚書〉學研究》，北京：中華書局，2008年版，第136頁。

〔註64〕《墨子閒詁》，第123頁。

4.《非攻》

春秋戰國之際，諸侯爭霸，戰爭頻繁，而墨子認為這些都是非正義的侵略戰爭。「非」指非議、譴責，「攻」指侵略戰爭。《非攻》三篇，採取由小到大層層推進的方式，論證了進攻別國是盜竊行為。上篇以竊人桃李、攘人犬豕、取人牛馬、殺不辜人為例，論說戰爭的不義性。接著中篇討論戰爭對人對己的不利性，以吳王闔閭和晉國智伯之事說明戰爭不能取信於民眾，必然導致滅亡，最後引古語以證，云：

> 古者有語曰：「君子不鏡於水，而鏡於人。鏡於水見面之容，鏡於人則知吉與凶。」（《非攻中》）〔註65〕

孫詒讓引蘇時學之說：「《書・酒誥》篇云『古人有言曰：人無於水監，當於民監。』《太公金匱陰謀》有《武王鏡銘》云『以鏡自照見形容，以人自照見吉凶』，二書所云與此合，蓋古語也。」案今本《酒誥》篇與此相似，但鄭傑文《中國墨學通史》、馬士遠《周秦〈尚書〉學研究》均未將其列出，大概是因為此句與《酒誥》在文句、語義上有所差別。又《國語・吳語》云：「王盍亦鑒於人，無鑒於水」〔註66〕，韋昭注此句亦以為出於《酒誥》，且曰：「以人為鏡，見成敗；以水為鏡，見形而已。」筆者以為，在先秦時代曾經流傳這麼一句俗語，而各家在整理載入書籍之時，必然會產生不同的文字記載，但其意義卻是相近相通的，所以，《非攻》篇此句與《酒誥》篇之間應當有一定的聯繫。

5.《天志》

天志，即天意，墨子認為天有意志，只有順從天意，才能得到上天的幫助，使國家強盛，人民安定。其實在《尚書》之中，尤其是《周書》部分，稱「天」或「天命」的篇目有很多，如《大誥》「天降威，用寧王遺我大寶龜，紹天明」，《康誥》「天乃大命文王」，《召誥》「天既遐終大邦殷之命，茲殷多先哲王在天」。墨家傳習六藝之學，亦當吸收《書》學關於「天」的概念。庶民乃至天子，雖然高貴且有智慧，但天貴且智要超越天子，即墨子所說：

> 天子有疾病禍祟，必齋戒沐浴，潔為酒醴粢盛，以祭祀天鬼，則天能除去之。……不止此而已矣，又以先王之書《馴天明不解》

〔註65〕《墨子閒詁》，第138頁。

〔註66〕徐元誥撰，王樹民、沈長雲點校：《國語集解》（修訂本），北京：中華書局，2002年版，第541頁。

之道也知之〔註67〕。曰：「明哲維天，臨君下土。」則此語天之貴且
知於天子。(《天志中》)〔註68〕

　　《馴天明不解》「明哲維天，臨君下土」，不見於今本《尚書》，但與《詩
經·小雅·小明》「明明上天，照臨下土」〔註69〕相近，可相比照，鄭傑文認
為「這些文句，當係出於春秋戰國時流傳的『上古之《書》』即《尚書》」〔註
70〕，此說固當正確。

　　墨子認為，順天意，得天之賞；反天意，得天之罰，並以商紂王為例說
明：

　　　　《大誓》之道之，曰：「紂越厥夷居，不肯事上帝，棄厥先神祇
　　不祀，乃曰：吾有命，無廖僁其務。天下。天亦縱棄紂而不葆。」
　　察天以縱棄紂而不葆者，反天之意也。(《天志中》)〔註71〕

　　「天下」二字，畢沅曰：「二字疑衍，即下『天亦』二字重文。」案今本
《泰誓上》有曰：「惟受罔有悛心，乃夷居弗事上帝神祇，遺厥先宗廟弗祀。
犧牲粢盛，既于凶盜，乃曰吾有民有命，罔懲其侮。」〔註72〕二者字句有所
差異，但文義相通，其中應有一定聯繫。商紂王自恃受命於天，而不顧民命，
於是上天遺棄他，不保祐他。墨子以商紂王作為反面教材，闡述違反天意必
然受到天的懲罰。

6.《明鬼》

　　墨子認為鬼神是確實存在的，這與孔子對待鬼神的態度有所不同，如「季
路問事鬼神。子曰：『未能事人，焉能事鬼？』曰：『敢問死。』曰：『未知生，
焉知死？』」〔註73〕《述而》篇：「子不語怪，力，亂，神。」〔註74〕墨子生
活的時代已與孔子不同，他想借鬼神以治人事，宣揚鬼神具有賞善懲惡的能
力，故在文中引證三代帝王祭祀鬼神的傳聞和古籍上的述說，以達到其勸善

〔註67〕「馴天明不解」，孫啟治整理《墨子閒詁》未加書名號，今從鄭傑文之說，暫
　　　　予以作「《馴天明不解》」。
〔註68〕《墨子閒詁》，第196～197頁。
〔註69〕（漢）鄭玄箋，（唐）孔穎達正義，朱傑人、李慧玲整理：《毛詩注疏》，上海：
　　　　上海古籍出版社，2013年版，第1146頁。
〔註70〕鄭傑文：《中國墨學通史》，第104頁。
〔註71〕《墨子閒詁》，第204～205頁。
〔註72〕《尚書正義》，第404頁。
〔註73〕楊伯峻：《論語譯注》，北京：中華書局，2009年版，第112頁。
〔註74〕楊伯峻：《論語譯注》，北京，中華書局，2009年版，第71頁。

罰暴的目的。

墨子為證有鬼之說，徵引三代文獻，且以倒序的方式論述，先周、次商、後夏，逐次論說，茲逐段分析如下：

> 《周書・大雅》有之。《大雅》曰：「文王在上，於昭于天。周雖舊邦，其命維新。有周不顯，帝命不時。文王陟降，在帝左右。穆穆文王，令問不已。」若鬼神無有，則文王既死，彼豈能在帝之左右哉？此吾所以知《周書》之鬼也。(《明鬼下》)〔註75〕

此處雖稱《周書》，但其內容卻為《詩經・大雅》之文，孫詒讓云「古者《詩》《書》多互稱」，此說甚確，因為春秋戰國之時，王官之學下移到諸子之學的過程中，卿大夫所執掌的六藝之學散在各諸侯國，諸子按照所見進行傳習，自然會有不同的版本，且《詩》《書》尚未形成定本，故《詩》《書》互稱現象時有發生。

> 且《周書》獨鬼，而《商書》不鬼，則未足以為法也。然則姑嘗上觀乎《商書》。曰：「嗚呼！古者有夏，方未有禍之時，百獸貞蟲，允及飛鳥，莫不比方。矧佳人面，胡敢異心！山川鬼神，亦莫敢不寧。若能共允，佳天下之合，下土之葆。」察山川鬼神之所以莫敢不寧者，以佐謀禹也。此吾所以知《商書》之鬼也。(《明鬼下》)〔註76〕

《商書》所說之文，今不見於《書》篇文獻，惟「山川鬼神，亦莫敢不寧」句與《伊訓》「山川鬼神，亦莫不寧」相似，或此文為《尚書》逸文。

> 且《商書》獨鬼，而《夏書》不鬼，則未足以為法也。然則姑嘗上觀乎《夏書》。《禹誓》曰：「大戰于甘，王乃命左右六人，下聽誓于中軍。曰：有扈氏威侮五行，怠棄三正，天用剿絕其命。有曰：日中，今予與有扈氏爭一日之命。且爾卿大夫庶人，予非爾田野葆士之欲也，予共行天之罰也。左不共于左，右不共于右，若不共命；御非爾馬之政，若不共命。是以賞于祖而僇于社。」……故古聖王必以鬼神為賞賢而罰暴，是故賞必於祖而僇必於社。此吾所以知《夏書》之鬼也。(《明鬼下》)〔註77〕

〔註75〕《墨子閒詁》，第236～237頁。
〔註76〕《墨子閒詁》，第237～238頁。
〔註77〕《墨子閒詁》，第238～240頁。

　　此稱《禹誓》，畢沅云：「此孔書《甘誓》文，文微有不同。《書序》云：『啟與有扈戰於甘之野，作《甘誓》。』與此不同。而《莊子・人間世》云『禹攻有扈』，《呂氏春秋・召類》云『禹攻曹魏、屈驁、有扈，以行其教』，皆與此合。」按畢沅的解釋，則與有扈氏戰於甘的有禹和啟兩種說法，而孫詒讓引《呂氏春秋・先己》篇「夏后柏啟與有扈戰於甘澤而不勝」之文，認為《呂覽》有兩種說法，於是提出了調停的意見：「或禹、啟皆有伐扈之事，故古書或以《甘誓》為《禹誓》與？」針對這一問題，考諸《史記・夏本紀》：「夏后帝啟，禹之子，其母塗山氏之女也。有扈氏不服，啟伐之，大戰於甘。將戰，作《甘誓》。」〔註78〕劉起釪認為，《史記》「它記載這件史事所根據的史料大概只是《尚書》，也可能就是據當時流傳的關於《尚書》的一些解說，這些解說大多是由戰國以來流傳的一些傳說形成的。顯然司馬遷以為這一說法可信，所以就沒有採用《墨子》等書的資料，而採用了這一說法。我們從禹的歷史傳說還較紛歧而開始建立夏王朝者實際是啟這一點來看，傾向於《史記》這一說法。」〔註79〕為此，禹或啟，這只能是古代故事傳說過程中發生分化，造成的傳聞異辭，具體史實已不可考。

　　最後，墨子將三代之《書》作綜合論述，結合以證「鬼神之有」，即：

　　　　故尚者《夏書》，其次商周之《書》，語數鬼神之有也，重有重之。（《明鬼下》）〔註80〕

　　「尚者」，舊本作「尚書」。王念孫云：「《尚書》《夏書》文不成義。尚與上同，『書』當為『者』。言上者則《夏書》，其次則商周之《書》也。此涉上下文『書』字而誤。」對於這一問題，馬士遠教授在其著作《周秦〈尚書〉學研究》一書中結合廖名春、郭沂等學者的觀點，斷定「尚書」與《書》各有所指，「尚書」是指「上古之書」，在此處專指《夏書》，不可能「尚書」與《書》並稱同指六經意義中的《尚書》。〔註81〕其考辨詳細，茲不再贅述。

　　湯之伐桀，武之伐紂，皆是遵奉鬼神之意旨而為之，故能以弱勝強，桀紂雖有勇力強武、堅甲利兵，最終還是兵敗而受誅，墨子引《書》以為證：

〔註78〕（漢）司馬遷：《史記》，北京：中華書局，1982年版，第84頁。

〔註79〕顧頡剛、劉起釪：《尚書校釋譯論》（第二冊），北京：中華書局，2005年版，第865頁。

〔註80〕《墨子閒詁》，第241頁。

〔註81〕馬士遠：《周秦〈尚書〉學研究》，北京：中華書局，2008年版，第28頁。

且《禽艾》之道之曰：「得璣無小，滅宗無大。」則此言鬼神之
所賞，無小必賞之；鬼神之所罰，無大必罰之。（《明鬼下》）〔註82〕

《禽艾》，翟灝云：「《逸周書·世俘解》有禽艾侯之語，當即此《禽艾》。」
《呂氏春秋·報更》篇有「此《書》之所謂『德幾無小』者也」〔註83〕句，
又《說苑·復恩》篇有「此《書》之所謂『德無小』者也」〔註84〕句。稽考
今本《尚書》，則有《伊訓》「爾惟德罔小，萬邦惟慶；爾惟不德，罔大，墜厥
宗」〔註85〕句與《墨子》所引相似，孔傳曰：「苟為不德，無大，言惡有類，
以類相致，必墜失宗廟。此伊尹至忠之訓。」二者文字不同，但語義似有相通
之處。馬王堆漢墓帛書《二三子問》也有相關記載，云：「故曰：『德義無小，
失宗無大』，此之謂也。」〔註86〕與《禽艾》所說基本相同。綜合上述所有材
料，《禽艾》篇應當為戰國時代流傳的《尚書》篇目之一。

7.《非樂》

儒家以「詩書禮樂」作為教化百姓、施行仁政的重要手段，而墨子卻提
出了「非樂」的主張，這與儒家學說是針鋒相對的。墨子認為，音樂舞蹈等娛
樂活動對社會無益，不能解決飢寒、戰爭、欺詐等社會問題。墨子的這一主
張在當時的時代環境下是非常具有特色的，諸子對其都曾有過評論，《莊子·
天子》篇云「作為《非樂》，命之曰《節用》；生不歌，死無服」〔註87〕，《荀
子·富國》篇曰「故墨術誠行則天下尚儉而彌貧，非鬭而日爭，勞苦頓萃而
愈無功，愀然憂戚非樂而日不和」〔註88〕。墨子言政事善於以上古三代之事
作為理論依據，古代聖王治理天下，不以樂舞為要，而若沉湎於康樂，則上
天將降下懲罰。墨子引《書》以證其事：

〔註82〕《墨子閒詁》，第 247 頁。

〔註83〕（戰國）呂不韋著，陳奇猷校釋：《呂氏春秋新校釋》，上海：上海古籍出版
社，2002 年版，第 901 頁。

〔註84〕（漢）劉向撰，向宗魯校證：《說苑校證》，北京：中華書局，1987 年版，第
128 頁。

〔註85〕《尚書正義》，第 307 頁。

〔註86〕廖名春：《馬王堆帛書〈二三子〉》，楊世文、李勇先、吳雨時選編：《易學集
成》，成都：四川大學出版社，1998 年版，第 3026 頁。

〔註87〕（清）郭慶藩撰，王孝魚點校：《莊子集釋》，北京：中華書局，2012 年版，
第 1067 頁。

〔註88〕（清）王先謙撰，沈嘯寰、王星賢點校：《荀子集解》，北京：中華書局，1988
年版，第 188 頁。

先王之書《湯之官刑》〔註89〕有之，曰：「其恒舞于宮，是謂巫風。其刑，君子出絲二衛，小人否，似二伯黃徑。」乃言曰：「嗚乎！舞佯佯，黃言孔章，上帝弗常，九有以亡，上帝不順，降之百𥚩，其家必壞喪。」察九有之所以亡者，徒從飾樂也。於《武觀》曰：「啟乃淫溢康樂，野于飲食，將將銘，莧磬以力，湛濁于酒，渝食于野，萬舞翼翼，章聞于天，天用弗式。」故上者天鬼弗戒，下者萬民弗利。（《非樂上》）〔註90〕

《湯之官刑》，孫詒讓引諸多文獻進行解釋：《左傳·昭六年》「叔向曰：商有亂政，而作《湯刑》」，《竹書紀年》「祖甲二十四年，重作《湯刑》」，《呂氏春秋·孝行覽》云「《商書》曰：刑三百，罪莫重於不孝」，高誘注云：「商湯所制法也。」〔註91〕墨子所言《湯之官刑》，可能為商湯時代制定的刑律，或稱《湯刑》。其中「其恒舞於宮，是謂巫風」句與今本《伊訓》「敢有恆舞于宮、酣歌于室，時謂巫風」〔註92〕相似，二者之間應有一定聯繫。

《武觀》，惠棟云：「此逸《書》，敘武觀之事，即《書敘》之五子也。《周書·嘗麥》曰：『其在夏之五子，忘伯禹之命，假國無正，用胥興作亂，遂凶厥國，皇天哀禹，賜以彭壽，思正夏略。』五子者，武觀也。彭壽者，彭伯也。《五子之歌》，《墨子》述其遺文，《周書》載其逸事，與內、外《傳》所稱無殊。且孔氏逸《書》本有是篇，漢儒習聞其事，故韋昭注《國語》，王符撰《潛夫論》，皆依以為說。」〔註93〕案《五子之歌》書序云：「太康失邦，昆弟五人須于洛汭，作《五子之歌》。」〔註94〕《五子之歌》主要表達了昆弟五人對太康不重德行、沉湎遊樂而失去帝位的指責與怨恨之情。《武觀》所記夏啟之子荒淫享樂、沉湎於酒等事，與《五子之歌》有相合之處，故《武觀》可能是戰國時流傳的《尚書》篇目。

〔註89〕「湯之官刑」，孫啟治整理作「湯之《官刑》」，今據鄭傑文、馬士遠教授斷句而改。
〔註90〕《墨子閒詁》，第258～262頁。
〔註91〕《墨子閒詁》，第258頁。
〔註92〕《尚書正義》，第305頁。
〔註93〕《墨子閒詁》，第260頁。
〔註94〕《尚書正義》，第261頁。

8.《非命》

孔子很少談到天命的話題，《論語‧子罕》：「子罕言利與命與仁。」〔註95〕但墨子據《憲問》「子曰：『道之將行也與，命也；道之將廢也與，命也。公伯寮其如命何！』」〔註96〕《堯曰》「孔子曰：『不知命，無以為君子也。』」〔註97〕的記載，斷定儒家「有命」之說，並以此非難，《公孟》篇載：「子墨子謂程子曰：『儒之道足以喪天下者，四政焉。……又以命為有，貧富壽夭、治亂安危有極矣，不可損益也。為上者行之，必不聽治矣；為下者行之，必不從事矣，此足以喪天下。』」〔註98〕

墨子在《非命》三篇中提出了「三表法」，即「有本之者，有原之者，有用之者。於何本之？上本之於古者聖王之事。於何原之？下原察百姓耳目之實。於何用之？廢以為刑政，觀其中國家百姓人民之利。此所謂言有三表也。」〔註99〕這一概念的提出，將「本、原、用」三者作為衡量事物的標準，對中國古代認識論的發展具有重要意義。

墨子認為主張「有命」的言論是「暴人之道」，上世之民，惰於從事，飢寒凍餒，上世暴王，亡失國家，顛覆社稷，都是「執有命」說的結果，墨子引桀紂之事以證：

> 於《仲虺之告》曰：「我聞于夏人，矯天命，布命于下，帝伐之惡，龔喪厥師。」此言湯之所以非桀之執有命也。於《太誓》曰：「紂夷處，不肯事上帝鬼神，禍厥先神禔不祀，乃曰『吾民有命，無廖排漏』，天亦縱棄之而弗葆。」此言武王所以非紂執有命也。
> （《非命上》）〔註100〕

《非命中》篇，繼續駁斥「有命」之說，雖三代暴王、窮民如此，亦即三代之偽民，也會教唆愚笨樸實的人相信「有命」，故墨子又以先王之書批判之：

> 於先王之書《仲虺之告》曰：「我聞有夏人矯天命，布命于下，帝式是惡，用闕師。」此語夏王桀之執有命也，湯與仲虺共非之。

〔註95〕楊伯峻：《論語譯注》，第 85 頁。
〔註96〕楊伯峻：《論語譯注》，第 155 頁。
〔註97〕楊伯峻：《論語譯注》，第 209 頁。
〔註98〕《墨子閒詁》，第 458～459 頁。
〔註99〕《墨子閒詁》，第 265 頁。
〔註100〕《墨子閒詁》，第 271～272 頁。

先王之書《太誓》之言然，曰：「紂夷之居，而不肯事上帝，棄闕其
先神而不祀也，曰：『我民有命，毋僇其務。』天不亦棄縱而不葆。」
此言紂之執有命也，武王以《太誓》非之。有於《三代》、《不國》
有之，曰：「女毋崇天之有命也。」命《三》、《不國》亦言命之無也。
於召公之《執令》於然〔註101〕，且：「敬哉！無天命，惟予二人，
而無造言，不自降天之哉得之。」在於商夏之《詩》《書》曰：「命
者，暴王作之。」（《非命中》）〔註102〕

　　湯武非桀紂矯稱「有命」之事，墨子以為「昔者暴王作之，窮人述之」，
故用先王之書反覆告誡後世子孫，即：

　　　　禹之《總德》有之，曰：「允不著，惟天民不而葆。既防凶心，
天加之咎，不慎厥德，天命焉葆？」《仲虺之告》曰：「我聞有夏人
矯天命于下，帝式是增，用爽厥師。」彼用無為有，故謂矯，若有
而謂有，夫豈為矯哉。昔者，桀執有命而行，湯為《仲虺之告》以
非之。《太誓》之言也，於《去發》曰：「惡乎君子！天有顯德，其
行甚章，為鑒不遠，在彼殷王。謂人有命，謂敬不可行，謂祭無益，
謂暴無傷。上帝不常，九有以亡，上帝不順，祝降其喪。惟我有周，
受之大帝。」昔紂執有命而行，武王為《太誓》《去發》以非之。曰：
子胡不尚考之乎商周虞夏之記，從十簡之篇以尚皆無之，將何若者
也？（《非命下》）〔註103〕

　　《非命》三篇，皆引《仲虺之告》《太誓》三次，在一章之中如此頻繁徵引
《書》篇文獻，在諸子之書中是罕見的。案三篇《仲虺之告》文見於今傳《尚
書》之《仲虺之誥》，即「夏王有罪，矯誣上天，以布命于下。帝用不臧，式商
受命，用爽厥師。簡賢附勢，實繁有徒。」〔註104〕在文句、語詞方面雖有差異，
但語序、語義上卻相同。對於《墨子》稱引三次同一段文本，馬士遠教授認為
「這一現象不僅對學界考辨《墨子》成書的複雜性有重要的意義，而且對考察
《墨子》時代《尚書》版本的傳播史實亦有重要的參考價值。」〔註105〕而鄭傑
文也認為「這些基本相同的或者有意義關聯的文句，證明了先秦所傳《尚書》

〔註101〕《墨子閒詁》作「於召公之執令於然」，今據《周秦〈尚書〉學研究》改。
〔註102〕《墨子閒詁》，第275～277頁。
〔註103〕《墨子閒詁》，第280～282頁。
〔註104〕《尚書正義》，第291～292頁。
〔註105〕馬士遠：《周秦〈尚書〉學研究》，第127頁。

中確有《仲虺之誥》存在及此一類語義的內容在流傳。」〔註106〕

《非命》所引《太誓》之文，有可與今傳《泰誓》比較之處，《非命》上中二篇所引，見於今本《泰誓上》「乃夷居弗事上帝神祇，遺厥先宗廟弗祀。犧牲粢盛，既于凶盜，乃曰吾有民有命，罔懲其侮。」〔註107〕《非命下》所言《太誓》《去發》之文，見於《泰誓中》「謂己有天命，謂敬不足行，謂祭無益，謂暴無傷。厥監惟不遠，在彼夏王。天其以予乂民，朕夢協朕卜，襲于休祥，戎商必克。」〔註108〕《泰誓下》「上帝弗順，祝降時喪。」〔註109〕劉起釪認為「《泰誓》一題襲原有今文中《太誓》篇題，但由馬融的揭發知漢《太誓》為偽篇，便重新搜集先秦資料第二次偽造《泰誓》三篇。……再從當時所傳先秦歷史文獻中搜集一些文句，以剿襲方式拼湊成二十二篇。」〔註110〕但鄭傑文卻有不同意見，其云：「《墨子》中可與今傳《泰誓》比對的文句，說明先秦所傳《太誓》中確有此一類語義的內容與今傳《泰誓》同，今傳《泰誓》自有保存部分失傳先秦典籍的文獻價值。而《墨子》中所引為今傳《泰誓》所無的文句，說明梅賾『古文《尚書》』之《泰誓》並沒有從《墨子》中『剿襲』文句。」〔註111〕

《三代》《不國》所稱之文，今不可考，孫詒讓謂「『不』疑當作『百』，《三代》《百國》，或皆古史記之名。《隋書·李德林傳》引墨子云『吾見百國春秋』。」此說可備參考。「召公之《執令》」，亦不見於今傳文獻典籍。孫詒讓認為「此有脫誤，疑當作『於召公之非執命亦然』。召公蓋即召公奭，亦《周書》佚篇之文。」《執令》之前，墨子先引《仲虺之告》，次引《太誓》，又有《三代》《不國》之文，故《執令》亦當為墨子時代流傳的《書》篇文獻。「禹之《總德》」，不見於今傳文獻典籍，蘇時學云「《總德》，蓋逸《書》篇名。」按照《非命》行文方式，《總德》出現在《仲虺之告》之前，或許也是戰國時代的《尚書》篇目，其未可知。

（二）《墨子》餘篇引《書》考述

《墨子》徵引《尚書》篇目、文句，除去「十論」中所考述的，尚有《七

〔註106〕鄭傑文：《中國墨學通史》，第99頁。
〔註107〕《尚書正義》，第404頁。
〔註108〕《尚書正義》，第410頁。
〔註109〕《尚書正義》，第416頁。
〔註110〕劉起釪：《尚書學史》，第186頁。
〔註111〕鄭傑文：《中國墨學通史》，第100頁。

患》篇有所涉及，同時《墨子》書中多有稱述「先王之書」一類者，今予以考論如下。

1.《七患》引《書》考述

《七患》篇論述了治國理政存在的七種危險，也是諸侯國內政外交方面的弊端，文章指出了克服這些弊端的途徑，其中著重討論了農業生產與糧食儲備對治國安邦的決定性作用。

墨子認為即使上古時代的聖王，也不能保證五穀豐收，而那時的人民能夠免於挨餓受凍的原因在於努力耕作，節儉用度，此即《七患》所云：

> 故雖上世之聖王，豈能使五穀常收，而旱水不至哉？然而無凍餓之民者，何也？其力時急，而自養儉也。故《夏書》曰「禹七年水」，《殷書》曰「湯五年旱」，……且夫食者，聖人之所寶也。故《周書》曰：「國無三年之食者，國非其國也；家無三年之食者，子非其子也。」此之謂國備。(《七患》)〔註112〕

「禹七年水」，「湯五年旱」之文，多見於先秦文籍，畢沅曾考證諸子之文云：「《管子・權數》云『管子曰：湯七年旱，禹五年水』，與此文互異。《莊子・秋水》云『湯之時八年七旱』，《荀子・王霸》云『禹十年水，湯七年旱』，賈誼《新書・憂民》云『禹有十年之蓄，故免九年之水。湯有十年之積，故勝七年之旱』，《淮南子・主術》云『湯之時七年旱』，又異。」孫詒讓補充畢沅的考證，引《呂氏春秋・順民》篇云：「昔者湯克夏而正天下，天大旱，五年不收，湯乃以身禱於桑林。」所言與《殷書》「湯五年旱」吻合。又王充《論衡・感虛》篇云：「書傳言湯遭七年旱，或言五年。」孫氏據此以為「是古書本有二說也」。〔註113〕按照二人徵引諸多先秦兩漢文籍來看，確實存在過這一類的傳說，但在傳播過程中不可避免地演化出不同的版本，就《尚書》而言，這些引文可能是春秋戰國之際流傳的《書》篇文獻。

《七患》所引《周書》文句，今本《尚書》與之無可比對者，但《逸周書・文傳解》有與之文義相近的句子，即「《夏箴》曰：『小人無兼年之食，遇天饑，妻子非其有也；大夫無兼年之食，遇天饑，臣妾輿馬非其有也。』」〔註114〕畢

〔註112〕《墨子閒詁》，第28～30頁。
〔註113〕《墨子閒詁》，第28頁。
〔註114〕黃懷信：《逸周書校補注譯》(修訂本)，西安：三秦出版社，2006年版，第116頁。

沅引此段謂「墨蓋夏教，故義略同。」若從《墨子》一書行文規律考察，此段先引《夏書》《殷書》之說，再引《周書》之文，則三者之間必有一定的聯繫，如果《夏書》《殷書》之文果真為春秋戰國時的《書》篇，則《周書》也應與之類似。但在流傳過程中，《夏箴》之文未被編入《尚書》之中，而保存在《逸周書》中，此即我們現在能夠看到《墨子》引文與之略同的可能原因。

2.「先王之言」類稱考述

《墨子》中有一些「先王之言」等稱謂，劉起釪認為這是「一些用某種特用稱法引述文句的，例如『先王之教』等等，……可以視同《書》類。」〔註115〕這裡姑且統稱為「先王之言」，其主要有以下數例：

（1）《尚賢中》：故先王之言曰：「此道也，大用之天下則不窕，小用之則不困，脩用之則萬民被其利，終身無已。」〔註116〕

（2）《非命上》：先王之憲亦嘗有曰「福不可請，而禍不可諱，敬無益，暴無傷」者乎？

（3）《非命上》：先王之刑亦嘗有曰「福不可請，禍不可諱，敬無益，暴無傷」者乎？

（4）《非命上》：先王之誓亦嘗有曰「福不可請，禍不可諱，敬無益，暴無傷」者乎？〔註117〕

（5）《公孟》：故先王之書《子亦》有之曰：「亓傲也，出於子，不祥。」此言為不善之有罰，為善之有賞。〔註118〕

案以上五條引文，稱謂雖不同，但通常皆指所謂的「先王之書」，故按其性質可歸入逸《書》類，其所引文，應當與春秋戰國時代流傳的《尚書》有關。

三、《墨子》引《書》概說

對於《墨子》引《書》的問題探究，前代學者多從《墨子》一書援引《尚書》的篇章、引用方式等方面著手，且已經取得較為成熟的成果，如劉起釪、鄭傑文、馬士遠等諸位專家，故本文不再在此領域探究，而是著重於《墨子》與《尚書》在流傳版本、傳承思想等方面的探討，茲分為如下兩節：《墨子》

〔註115〕劉起釪：《尚書學史》，第 44 頁。
〔註116〕《墨子閒詁》，第 63～64 頁。
〔註117〕《墨子閒詁》，第 266 頁。
〔註118〕《墨子閒詁》，第 455 頁。

引《書》版本問題、《墨子》引《書》無斷章取義之嫌。

（一）《墨子》引《書》版本問題

《墨子》書中有關《尚書》文句與伏生所傳今文《尚書》、孔壁古文《尚書》、梅賾所獻《尚書》等存在不少差異，由此引發《墨子》所援引《尚書》是何版本的問題。茲先舉羅根澤《由〈墨子〉引經推測儒墨兩家與經書之關係》為例說明，其云：

> 統上二十六則，非不見於今古文《尚書》，即與今古文《尚書》大異。與今古文《尚書》雖字句有異同，而大體無殊者止有三則，而此三則又止在《呂刑》一篇。故概括言之，即謂《墨子》所引《書》與今古文《尚書》全殊，亦無不可也。古人引書，不沾沾於舊文，故字句每有改竄，然懸殊至此，則不能一委於引者所改竄也。〔註119〕

羅氏概括《墨子》引《書》共計二十六則，然此二十六則幾乎與今古文《尚書》全異，雖然古人有引書易文之習慣，但於此不能認為是古人引書竄改字句所致，羅氏亦未曾說明原因。

劉起釪在《〈尚書〉源流及傳本考》一書中，針對《墨子》引《書》的具體例子就彼此分歧的原因予以考辨，云：

> 先秦諸子所引用書篇，彼此分歧也很大，例如儒家的本子中有《甘誓》，《墨子·明鬼下》也有《甘誓》，兩篇中心內容也完全相同，但文句卻有很大的出入。又即是墨子一家所引同一篇書，也互有分歧，例如《非命·上、中、下》三篇都引《仲虺之誥》，文字卻各有出入；又《天志·中》及《非命·上、中、下》都引《太誓》文句也有很大的歧異。根據俞樾說因為墨子學派分為相里、相夫、鄧陵三家，所以《墨子》每篇皆分為上、中、下。那麼這就是三家所傳的本子的不同，當然與儒家《孟子》及《左傳》所引的《太誓》更有出入了。這是由於各家彼此按著竹簡傳抄，既容易有錯簡、脫簡，傳抄中又易有錯字、脫字、增字及誤寫等等，於是就自然造成很多分歧。〔註120〕

〔註119〕羅根澤編著：《古史辨》（第四冊），上海：上海古籍出版社，1982年版，第279頁。

〔註120〕劉起釪：《〈尚書〉源流及傳本考》，瀋陽：遼寧大學出版社，1997年版，第21～22頁。

按照劉起釪引俞樾的說法，墨子之後，墨學分為相里氏、相夫氏、鄧陵氏三家，而三家傳本各有不同。同時，劉起釪指出各家在傳抄過程中由於錯寫、脫字等原因造成的文字分歧。

鄭傑文教授統計《墨子》引《書》共計四十節，通過與《尚書》各版本比較，認為「墨家所傳先王之《書》，自有獨自的選本系統。先王之《書》是春秋戰國時期廣為流傳的記載先王言論兼及少量行事的上古典籍，孔子及其弟子曾予整理，成為戰國時流傳最廣的選本；同時，也有此種選本之外的本子或散篇在流傳。墨家所傳先王之《書》，便是儒家選本之外的墨家選編本。」〔註121〕

鄭傑文此言的重點在於說明，春秋戰國時代，《尚書》尚未形成定本，即便是孔子及其弟子整理過《尚書》之後，在社會上仍然有不同的版本在流傳，這也就解釋了為什麼《墨子》中的《書》篇文本與後世的《尚書》版本均有不同之處，其根本就在於從王官之學轉移到諸子之學的過程中，《書》學授受源流發生變化，墨家所傳的先王之《書》有自己的選編版本，而這又是獨立於儒家之外的《書》學系統，故兩家的《書》篇文獻不盡相同，這為闡釋戰國墨學文獻提供了新的研究思路，同時也展現了戰國《書》學流傳的多樣面貌。

（二）《墨子》引《書》無斷章取義之嫌

墨子之學源出儒家，但在對《書》學進行闡釋發揮時，卻有著與儒家後學不同的做法。孟子、荀子雖然也引《書》經以證其說，然大多附以己說，使《書》經原義不符合其所論之事，即所謂斷章取義之嫌。《墨子》徵引《書》篇文獻，只是作為其論理的依據，並未加以附會說教。綜合《墨子》引《書》的全部事例分析，其以《尚書》為史料，多用以證明上古三代聖王之故事，藉以論說其中的微言大義。茲舉數例以說明墨子用《書》無斷章取義之嫌。

1. 《尚賢中》主張尚賢使能為治國理政之根本，墨子在提出這一理論之後，接著援引先王之書為立言根據，「且以尚賢為政之本者，……此聖王之道，先王之書《距年》之言也，《傳》曰：『求聖君哲人，以裨輔而身。』《湯誓》曰：『聿求元聖，與之戮力同心，以治天下。』則此言聖王之不失以尚賢使能

為政也。」〔註122〕尋求聖哲之人，輔佐治理天下，墨子所引恰與「尚賢使能為政」之說吻合。

2. 《尚賢中》墨子為證禹、稷、皋陶為賢能之人，引《呂刑》言之，即「先王之書《呂刑》道之曰：皇帝清問下民，有辭有苗。曰：群后之肆在下，明明不常，鰥寡不蓋。德威維威，德明維明。乃名三后，恤功於民。伯夷降典，哲民維刑。禹平水土，主名山川。稷隆播種，農殖嘉穀。三后成功，維假於民。」墨子引《呂刑》所述禹、稷、皋陶事蹟之後，對其行為進行發揮闡釋，「則此言三聖人者，謹其言，慎其行，精其思慮，索天下之隱事遺利以上事天，則天鄉其德，下施之萬民，萬民被其利，終身無已。」〔註123〕墨子評介三聖之事，均與《呂刑》文義契合。

3. 《尚賢下》論及選擇賢能之人作為僚屬輔佐，引《呂刑》與《豎年》之文，曰：「於先王之書《呂刑》之書然，王曰：『於！來，有國有土，告女訟刑。在今而安百姓，女何擇言人？何敬不刑？何度不及？』」選擇人才，敬用刑典，堯舜禹湯文武聖明之世也可達到。又言「於先王之書《豎年》之言然，曰：『晞夫聖武知人，以屏輔而身。』」〔註124〕尋求聖人、武士、智者來輔佐自己，這是先王治理天下的道理，墨子之言無不與之相合。

四、小結

通過對《墨子》引《書》的分析，我們可以得到以下幾個方面的認識。首先，《墨子》所引《書》篇文獻與今傳《尚書》存在較大差異，原因在於春秋戰國之時，王官之學下移，六藝之學散在各地方諸侯國，士階層成為文化的繼承者和擔當者，諸子之學由此勃興，但各家學派在徵引六經之時各依其所需而行，作為六經之一的《尚書》在先秦時代尚未形成統一的名稱，其文本內容也未定型，故《尚書》存在諸多版本，墨學當有其自己的《書》學源流。

其次，墨子援引《書》篇內容論述其學說，在闡釋發揮時俱以《書》經原義為根柢，其論理依據一以所引《書》篇為要義，不曾有斷章取義之嫌，這與儒家後學《孟子》《荀子》之書存在較大差異。

〔註122〕《墨子閒詁》，第56～57頁。
〔註123〕《墨子閒詁》，第62～63頁。
〔註124〕《墨子閒詁》，第69～70頁。

第三，墨子之學雖源出儒學，但在演變發展過程中形成了自己的思想體系，必然有與儒家思想不合之處。儒家以《詩》、《書》、禮、樂四者為教育之途徑，旨在恢復歌舞升平的聖王之世。而墨子提出「非樂」主張，認為鐘鳴鼓瑟之聲不能解決飢寒、戰爭等實際的社會問題，這源於墨子對現實情況和歷史教訓的雙重總結。墨子「非樂」主張，是時代背景發生變化所致，同時也有其階級因素在內，是階級意志在思想方面的反映和體現。

第二節 《孟子》引《書》考論

一、孟子生平及學術淵源

關於孟子的生平事蹟，趙岐《孟子題辭》云：

> 孟子，鄒人也。名軻，字則未聞也。鄒本春秋邾子之國，至孟子時改曰鄒矣。國近魯，後為魯所并；又言邾為楚所并，非魯也。今鄒縣是也。或曰：「孟子，魯公族孟孫之後，故孟子仕於齊，喪母而歸葬於魯也。三桓子孫，既以衰微，分適他國。」孟子生有淑質，夙喪其父，幼被慈母三遷之教。〔註125〕

孟子學術概況，司馬遷在《史記》之中記載云：

> 孟軻，騶人也。受業子思之門人。道既通，游事齊宣王，宣王不能用。適梁，梁惠王不果所言，則見以為迂遠而闊於事情。……天下方務於合從連衡，以攻伐為賢，而孟軻乃述唐、虞、三代之德，是以所如者不合。退而與萬章之徒序《詩》《書》，述仲尼之意，作《孟子》七篇。（《孟子荀卿列傳》）〔註126〕

又《漢書·儒林傳》記載：

> 至於威、宣之際，孟子、孫卿之列咸遵夫子之業而潤色之，以學顯於當世。〔註127〕

〔註125〕（清）焦循撰，沈文倬點校：《孟子正義》，北京：中華書局，1987年版，第4～6頁。

〔註126〕（漢）司馬遷撰，（南朝宋）裴駰集解，（唐）司馬貞索隱，（唐）張守節正義：《史記》，北京：中華書局，1982年版，第2343頁。

〔註127〕（漢）班固著，（唐）顏師古注：《漢書》，北京：中華書局，1962年版，第3591頁。

由上述記載可知，孟子之學源出於孔子之門，《韓非子・顯學篇》云自孔子死後，儒學分為八家，其中即「有孟氏之儒」〔註128〕。《孟子》一書多處記述孟子自言其學乃以孔子為淵源，如「予未得為孔子徒也。予私淑諸人也」〔註129〕，「乃所願，則學孔子也」〔註130〕。孟子在《盡心下》中以孔子的繼承者自居，「由孔子而來至於今百有餘歲，去聖人之世若此其未遠也，近聖人之居若此其甚也，然而無有乎爾，則亦無有乎爾！」〔註131〕陳澧《東塾讀書記》卷三：「《孟子》引孔子之言凡二十九，其載於《論語》者八，……蓋孟子之言，本於孔子者多矣。」〔註132〕這是對孟子經學根柢於孔子之學或《論語》的總結性評語。

孟子之學淵源孔子，則其《尚書》學亦傳自孔門之學。孟子師承子思之門人，而子思之學出自曾子，皆是儒家學派之傳承者，故《荀子・非十二子》把子思與孟子列為一處，云：「案往舊造說，謂之五行，甚僻違而無類，幽隱而無說，閉約而無解。案飾其辭而祇敬之曰：此真先君子之言也。子思唱之，孟軻和之，世俗之溝猶瞀儒，嚾嚾然不知其所非也，遂受而傳之，以為仲尼、子游為茲厚於後世，是則子思、孟軻之罪也。」〔註133〕孟子承孔門之《尚書》學，趙岐《孟子題辭》云：「（孟子）長師孔子之孫子思，治儒術之道，通《五經》，尤長於《詩》《書》。……於是退而論集所與高第弟子公孫丑、萬章之徒難疑答問，又自撰其法度之言，著書七篇，……又有《外書》四篇：《性善》《辯文》《說孝經》《為政》。其文不能宏深，不與內篇相似，似非孟子本真，後世依放而託之者也。」〔註134〕

〔註128〕（清）王先慎撰，鍾哲點校：《韓非子集解》，北京：中華書局，1998年版，第456頁。

〔註129〕（清）焦循撰，沈文倬點校：《孟子正義》，北京：中華書局，1987年版，第577頁。

〔註130〕（清）焦循撰，沈文倬點校：《孟子正義》，北京：中華書局，1987年版，第216頁。

〔註131〕（清）焦循撰，沈文倬點校：《孟子正義》，北京：中華書局，1987年版，第1037頁。

〔註132〕（清）陳澧著，楊志剛校點：《東塾讀書記》，北京：三聯書店，1998年版，第48頁。

〔註133〕（清）王先謙撰，沈嘯寰、王星賢點校：《荀子集解》，北京：中華書局，1988年版，第94～95頁。

〔註134〕（清）焦循撰，沈文倬點校：《孟子正義》，北京：中華書局，1987年版，第11～15頁。

　　孟子「尤長於《書》」之說，後世學者多所闡釋，清代王鳴盛《蛾術編》卷八云：「《萬章》篇論堯舜三代事，並他篇中論伊尹、周公，末章論堯舜至文王，皆貫通《尚書》大旨立言。其言注江、注海，不合《禹貢》，蓋約略言之。」〔註 135〕又陳澧《東塾讀書記》卷三曰：「引《書》者十八，……論《書》者一，……又有似引《書》而不言『《書》曰』者，所謂尤長於《詩》《書》者，於此可以窺見矣。……蓋性理之學、政治之學，皆出於《詩》《書》，是乃孟子之學也。」〔註 136〕

　　孟子之學以孔子及其後學為宗師，其學術思想當亦一脈相承。《尚書》乃上古三代政教之書，孟子諸多思想來源其中，《孟子》一書援引《尚書》論理說事，多發揮闡釋《書》篇大義，下文就《孟子》引《尚書》的具體事例進行逐條說明，以揭示孟子與《尚書》學的關係。

二、《孟子》引《書》考辨

　　《孟子》徵引《尚書》情況，陳夢家《尚書通論》統計為十七次〔註 137〕，而劉起釪在《尚書學史》中統計為三十八次〔註 138〕，二者統計結果相差較大，其原因在於對《孟子》書中所援引是否為《尚書》文句存在爭議。董治安在《先秦文獻與先秦文學》書中列有《孟子》引《書》表，統計結果為二十三次之多〔註 139〕，而馬士遠教授通過將《孟子》稱引《尚書》的文句與傳世文獻相比對，認為「《孟子》引《書》二十九次，去其復見一條，凡二十八條。」〔註 140〕茲就《孟子》一書援引《書》篇文獻逐條考辨，以反映《尚書》在戰國中期的存在面貌，窺視《書》篇文獻在戰國時代的流傳情況，亦有助於推動戰國《書》教傳統的研究。

（一）《孟子・梁惠王》引《書》考述

　　《孟子・梁惠王》上下兩篇，徵引《尚書》文句與後世傳本有可比對之處的有三處，現予以考辨如下：

〔註 135〕（清）王鳴盛：《蛾術編》，北京：商務印書館，1958 年版，第 140 頁。
〔註 136〕（清）陳澧著，楊志剛校點：《東塾讀書記》，北京：三聯書店，1998 年版，第 47 頁。
〔註 137〕陳夢家：《尚書通論》，北京：中華書局，2005 年版，第 4～6 頁。
〔註 138〕劉起釪：《尚書學史》，北京：中華書局，1989 年版，第 49 頁。
〔註 139〕董治安：《先秦文獻與先秦文學》，濟南：齊魯書社，1994 年版，第 157 頁。
〔註 140〕馬士遠：《周秦〈尚書〉學研究》，北京：中華書局，2008 年版，第 159 頁。

1.《梁惠王上》

　　孟子見梁惠王，王立於沼上，顧鴻雁麋鹿，曰：「賢者亦樂此乎？」孟子對曰：「賢者而後樂此；不賢者，雖有此不樂也。……文王以民力為臺為沼，而民歡樂之，謂其臺曰靈臺，謂其沼曰靈沼，樂其有麋鹿魚鱉。古之人與民偕樂，故能樂也。《湯誓》曰：『時日害喪？予及汝偕亡！』民欲與之皆亡，雖有臺池鳥獸，豈能獨樂哉？」〔註141〕

趙岐注云：「《湯誓》，《尚書》篇名也。言桀為無道，百姓皆欲與湯共伐之，湯臨士眾而誓之，言是日桀當大喪亡，我及女俱往亡之。」〔註142〕《孟子》所引，見於今本《尚書·湯誓》篇，其文為：

　　王曰：「格，爾眾庶，悉聽朕言：非台小子敢行稱亂，有夏多罪，天命殛之。……今汝其曰夏罪其如台。夏王率遏眾力，率割夏邑，有眾率怠弗協，曰：『時日曷喪？予及汝皆亡！』夏德若茲，今朕必往。」〔註143〕

孔傳曰：「比桀於日，曰是日何時喪？我與汝俱亡。欲殺身以喪桀。」孔穎達正義曰：「所以比桀於日者，以日無喪之理，猶云桀不可喪，言喪之難也。不避其難，與汝俱亡，欲殺身以喪桀，疾之甚也。」並引鄭玄之說云：「桀見民欲叛，乃自比於日，曰：是日何嘗喪乎？日若喪亡，我與汝亦皆喪亡。引不亡之徵，以脅恐下民也。」〔註144〕

又《尚書大傳·湯誓》篇也有相關記載，即：

　　夏人飲酒，醉者持不醉者，不醉者持醉者，相和而歌曰：「盍歸于亳？盍歸于亳？亳亦大矣。」故伊尹退而閑居，深聽歌聲，更曰：「覺兮較兮，吾大命格兮！去不善而就善，何不樂兮？」伊尹入告于桀曰：「大命之亡有日矣。」桀憪然歎，啞然笑曰：「天之有日，猶吾之有民也；日有亡哉？日亡，吾乃亡矣。」是以伊尹遂去夏適湯。〔註145〕

〔註141〕（清）焦循撰，沈文倬點校：《孟子正義》，北京：中華書局，1987年版，第44～50頁。

〔註142〕《孟子正義》，第49頁。

〔註143〕（漢）孔安國傳，（唐）孔穎達正義，黃懷信整理：《尚書正義》，上海：上海古籍出版社，2007年版，第285頁。

〔註144〕《尚書正義》，第287頁。

〔註145〕（清）陳壽祺：《尚書大傳輯校》，《清經解續編》第二冊，上海：上海書店，1988年版，第408頁。

江聲《尚書集注音疏》云：「桀自比於日，民即假日以諭桀，言是日何時喪乎？我寧與女皆亡，甚欲桀之亡也。予者，民自予也。及，與也。女，女日也。假日以諭桀，實則女桀也。」〔註146〕

通過列舉諸家之說，只有趙岐注解此句與各家不同，趙氏把「時日害喪？予及汝偕亡」一句看作是湯之言語，意為湯與士眾俱往亡桀，與下文孟子所言「民欲與之皆亡」句意不合。又《尚書大傳》、鄭玄、江聲皆謂「桀自比於日」，與孔安國、孔穎達謂「民比桀於日」意義不同。考諸《尚書‧湯誓》原文，則「時日曷喪？予及汝皆亡」的主語當為「有眾」，即孟子所謂的「民」，由此可以看出，孟子此處援引《湯誓》符合其本義，而後世諸家解說紛紜複雜，未得《孟子》要義。孟子告誡梁惠王要施行德政，不可安於逸樂，否則就會如桀一般無德，民眾自然會背叛。孫奭疏解此句最為精確，云「引《書》言桀之失德，全在民欲與之皆亡。若作湯諭民往亡桀之辭，無以見桀之失德矣。」〔註147〕

2.《梁惠王下》

王曰：「大哉言矣！寡人有疾，寡人好勇。」對曰：「王請無好小勇。夫撫劍疾視，曰：『彼惡敢當我哉！』此匹夫之勇，敵一人者也。王請大之！《詩》云：『王赫斯怒，爰整其旅，以遏徂莒，以篤周祜，以對于天下。』此文王之勇也。文王一怒而安天下之民。《書》曰：『天降下民，作之君，作之師，惟曰其助上帝寵之。四方有罪無罪惟我在，天下曷敢有越厥志？』一人衡行於天下，武王恥之，此武王之勇也。而武王亦一怒而安天下之民。今王亦一怒而安天下之民，民惟恐王之不好勇也。」〔註148〕

《書》曰內容見於《尚書‧泰誓上》，其文為「天祐下民，作之君，作之師，惟其克相上帝，寵綏四方。有罪無罪，予曷敢有越厥志？」〔註149〕孔穎達正義云：「上天祐助下民，不欲使之遭害，故命我為之君上，使臨政之；為之師保，使教誨之。……我今惟其當能祐助上天，寵安四方之民，使民免於患難。……不問有罪無罪，志在必伐，我何敢有遠其本志而不伐之？」

〔註146〕（清）江聲：《尚書集注音疏》，《清經解》第二冊，（清）阮元編，上海：上海書店，1988 年版，第 866 頁。

〔註147〕（清）焦循：《孟子正義》，第 49 頁。

〔註148〕（清）焦循：《孟子正義》，第 113～117 頁。

〔註149〕《尚書正義》，第 404 頁。

〔註150〕林之奇《尚書全解》云：「天之祐助下民，將欲使之各得其所，而無流離陷溺之患，則必作之君以治之，作之師以教之。君師立，然後斯民無有不得其所者。蓋君師者，所以代天而理民也。」〔註151〕孔氏與林氏將《泰誓上》的文義突出上天之意，強調武王伐紂乃是天意，其次武王講述君師之道，其目的在於安撫民眾，使之各得其所。

《孟子》引文文字、語序與之基本相合，但語義卻有明顯的差別。《尚書》原文中的「天祐下民」變為《孟子》的「天降下民」，則失去了上天祐助下民的意義，而「有罪無罪，予曷敢有越厥志」變為「四方有罪無罪惟我在，天下曷敢有越厥志」，其主語的變化對整個文義的理解產生重大的影響。朱熹謂「我既在此，則天下何敢有過越其心志而作亂者乎？」〔註152〕這是對《孟子》引文文義的恰當理解。因此，二文的翻譯也當據上下文義而定，即《泰誓上》解釋應為：「是否有罪，如何處置，我怎麼敢超越上帝的意志呢？」《孟子》引文的解釋應當為：「四方之大，有罪者和無罪者，都由我負責。普天之下，何人敢超越他的本分胡作非為呢？」

《孟子》引文所表達的含義，需要聯繫上下文才能得知。孟子向齊宣王解釋何為「大勇」，首先援引《詩經》證明文王的勇敢，其後徵引《尚書》以證武王的勇敢。武王的勇在於安定天下百姓，懲罰為非作亂者，故武王的言辭當是針對那些跟隨紂王作亂的諸侯而言，所以引用《尚書》時改變了句子的主語成分。《尚書》原文武王強調上天祐助下民的天意，並有弔民伐罪的思想，而《孟子》引文意在說明武王的勇體現在討伐紂王之事。《孟子》引用《尚書》並非絕對照搬原文，而是按照行文需要加以改動，使之為己所用，這是《孟子》引《書》的一大特點。

3.《梁惠王下》

　　孟子對曰：「臣聞七十里為政於天下者，湯是也。未聞以千里畏人者也。《書》曰：『湯一征，自葛始。』天下信之，東面而征西夷怨，南面而征北狄怨，曰：『奚為後我？』民望之，若大旱之望雲霓也。歸市者不止，耕者不變，誅其君而弔其民，若時雨降，民大悅。

〔註150〕《尚書正義》，第405頁。
〔註151〕（宋）林之奇：《尚書全解》，《景印文淵閣四庫全書》第五十五冊，臺北：臺灣商務印書館，1983年版，第409～410頁。
〔註152〕（宋）朱熹：《四書章句集注·孟子集注》，北京：中華書局，2012年版，第216頁。

《書》曰：『徯我后，后來其蘇。』」〔註153〕

趙岐注曰：「此二篇皆《尚書》逸篇之文也，言湯初征自葛始，誅其君，恤其民，天下信湯之德。」〔註154〕孫奭疏曰：「《書》曰：『湯一征，自葛始，天下信之，東面而征，西夷怨』至『民大悅』者，此皆《尚書》遺亡篇文也。今據《商書·仲虺之誥》篇，則云『乃葛伯仇餉，初征自葛，東征西夷怨，南征北狄怨，曰：奚為後予』。大抵孟子引此者，蓋恐齊王為己之臆說，以引此而證之，欲使齊宣信之也。故言《書》云湯一征，自葛國為始，天下皆信湯王之德。」〔註155〕又「『《書》曰徯我后，后來其蘇』者，注云：自上文與此，皆逸篇之文也。今據《仲虺之誥》有云，大抵孟子引此而言者，又欲齊王知民如此之慕湯而則法湯也，蓋謂民皆喜曰：徯待我君來而蘇息我也。」〔註156〕

案今本《仲虺之誥》篇文為：「乃葛伯仇餉，初征自葛。東征西夷怨，南征北狄怨，曰：『奚獨後予？』攸徂之民，室家相慶，曰：『徯予后，后來其蘇。』民之戴商，厥惟舊哉！」〔註157〕《孟子》所引之文與此相比對，字句有較大差距，但文義相近。然而對於《孟子》此文，清代諸家卻有不同意見，宋翔鳳《孟子趙注補正》云：「《書序》，湯征諸侯，葛伯不祀，湯始征之，作《湯征》。」鄭《注》云：「《湯征》亡。」〔註158〕據此，宋翔鳳認為《孟子》此處引書為逸篇《湯征》之文。與此說相同者有王鳴盛，其《尚書後辨》云：「《書序》云：『湯征諸侯，葛伯不祀，湯始征之，作《湯征》。』則『葛伯仇餉』及『湯一征，自葛始』云云，正《湯征》中語。」〔註159〕更有甚者，認為這些都不是《尚書》中的文字，持此說者以江聲為代表，其在《尚書集注音疏》中云：「天下信之之言，不似《尚書》之文。又《滕文公》篇云『湯始征，自葛載，十一征而無敵於天下，東面而征』云云，云『湯始征，自葛載』與《梁惠王》篇所引小異，而《梁惠王》篇明稱『《書》曰』，《滕文公》篇則否。言『十一征而無敵於天下』，與『天下信之』之文絕殊，信乎皆非《尚書》文

〔註153〕（清）焦循：《孟子正義》，第 152 頁。
〔註154〕（漢）趙岐注，（宋）孫奭疏：《孟子注疏》，北京：北京大學出版社，1999 年版，第 57～58 頁。
〔註155〕（漢）趙岐注，（宋）孫奭疏：《孟子注疏》，第 59 頁。
〔註156〕（漢）趙岐注，（宋）孫奭疏：《孟子注疏》，第 59 頁。
〔註157〕《尚書正義》，第 293 頁。
〔註158〕楊伯峻：《孟子譯注》，北京：中華書局，2010 年版，第 43 頁。
〔註159〕（清）焦循：《孟子正義》，第 152 頁。

也。」〔註160〕而楊伯峻的觀點比較持中,「我們則以為若說『天下信之』以下不是《尚書》之文,是可信的,因為文氣不合《尚書》相似。而這六個字仍應認為是《尚書》逸文。」〔註161〕楊伯峻認為只有「湯一征,自葛始」六字為《尚書》文句,這一說法並未宏觀審視《孟子》引文與《仲虺之誥》的關係,也沒有從《孟子》徵引《書》篇的行文方式方面考慮。孟子之時,《尚書》雖經孔子編纂,成為孔門教學的必備課程,但戰國時代「學在四夷」的社會背景,使得孟子在引論《尚書》之時不一定按照原文一字不差地照搬。《尚書》為上古三代政教之書,孟子議論政事必然以《書》為依託,而在具體議論之時,為使自己的學說主張嚴密細緻,孟子只取《書》中與己說相合之處,甚至有節引、改寫之舉,這些都是極有可能的事情,為此不免出現文字、句式與傳世文本之間的差異。筆者認為,《孟子》明稱「《書》曰」,且引文與《仲虺之誥》在句意上一致,故當為《書》篇文句。《湯征》篇僅存《書序》,雖記載了「湯征葛伯」的史實,但限於正文已無,引文是否為《湯征》之文,今不可考。

　　另有一說,即焦循認為東征南征為周公之事,其以《荀子》和《後漢書》所記為依據,《荀子・王制篇》云:「周公南征而北國怨,曰『何獨不來也?』東征而西國怨,曰『何獨後我也?』」《後漢書》班固奏記:「古者周公,一舉則三方怨,曰『奚為而後已?』」故焦循曰:「然則東西而徵云云,乃本周公事,孟子引以釋《書》耳。」〔註162〕又以為「誅其君而弔其民,若時雨降」等辭,是「孟子釋《書》之辭,蓋當時傳聞如是也。」〔註163〕焦氏意見,可備一家之說。

(二)《孟子・公孫丑》引《書》考述

　　《公孫丑》上下篇徵引《書》篇文句與今本《尚書》可以比對者只有一處,即《公孫丑上》所載:

　　　　孟子曰:「仁則榮,不仁則辱。今惡辱而居不仁,是猶惡濕而居
　　　下也。如惡之,莫如貴德而尊士,賢者在位,能者在職,國家閒暇,
　　　及是時明其政刑,雖大國必畏之矣。《詩》云:『迨天之未陰雨,徹

〔註160〕（清）焦循:《孟子正義》,第152～153頁。
〔註161〕楊伯峻:《孟子譯注》,第43頁。
〔註162〕（清）焦循:《孟子正義》,第153頁。
〔註163〕（清）焦循:《孟子正義》,第154頁。

彼桑土，綢繆牖戶。今此下民，或敢侮予。』孔子曰：『為此詩者，
其知道乎？能治其國家，誰敢侮之。』今國家閒暇，及是時，般樂
怠敖，是自求禍也。禍福無不自己求之者。《詩》云：『永言配命，
自求多福。』《太甲》曰：『天作孽，猶可違。自作孽，不可活。』
此之謂也。」〔註164〕

　　焦循《正義》曰：「《尚書・太甲》三篇，今文古文皆不傳，不在逸書之
列，故趙氏但云『殷王太甲言』，不言逸《書》也。」〔註165〕《太甲》上中下
三篇雖為《尚書》篇名，但不見於伏生所傳今文，也不見於鄭玄所注古文中，
今傳《太甲》三篇乃梅賾所獻偽古文。今本《太甲中》「天作孽，猶可違；自
作孽，不可逭」〔註166〕與引文相似，只有「活」與「逭」的區別。孔《傳》：
「逭，逃也。」《禮記・緇衣》亦引此文，「《太甲》曰：天作孽，可違也；自
作孽，不可以逭。」〔註167〕文字稍有不同，但鄭玄注曰：「逭，逃也。」可知
逭為逃義。焦循謂「與《孟子》所引字雖有異，而大恉無殊。惟逭之與活，義
訓不同。」〔註168〕而楊伯峻以為「此『活』字當是『逭』之借字。」〔註169〕
按照已有材料的解釋，則戰國時代似乎存在「天作孽」之類的《書》篇文句，
孟子於此處勸誡諸侯卿相要實行仁政，貴德尊士，修明政治法典，同時講明
「禍福無不自己求之」的道理，引「天作孽」等文以證其說。

（三）《孟子・滕文公》引《書》考述

　　《滕文公》上下篇引《書》與今本《尚書》相似者共四段，茲分別予以考
述。

1.《滕文公上》

　　　　孟子曰：「世子疑吾言乎？夫道一而已矣。成覸謂齊景公曰：
　　『彼，丈夫也；我，丈夫也；吾何畏彼哉？』顏淵曰：『舜，何人也？
　　予，何人也？有為者亦若是。』公明儀曰：『文王，我師也；周公豈
　　欺我哉？』今滕絕長補短，將五十里也，猶可以為善國。《書》曰：

〔註164〕（清）焦循：《孟子正義》，第223～225頁。
〔註165〕（清）焦循：《孟子正義》，第225頁。
〔註166〕《尚書正義》，第314頁。
〔註167〕（漢）鄭玄注，（唐）孔穎達正義，呂友仁整理：《禮記正義》，上海：上海
　　　　古籍出版社，2008年版，第2117頁。
〔註168〕（清）焦循：《孟子正義》，第226頁。
〔註169〕楊伯峻：《孟子譯注》，第70頁。

『若藥不暝眩，厥疾不瘳。』」〔註170〕

趙岐注：「《書》，逸篇也。」〔註171〕「《書》曰」內容見於《國語·楚語上》引武丁之書，其文為：「武丁於是作書，曰：『以余正四方，余恐德之不類，茲故不言。』如是而又使以夢象旁求四方之賢，得傅說以來，升以為公，而使朝夕規諫，曰：『若金，用女作礪；若津水，用女作舟；若天旱，用女作霖雨。啟乃心，沃朕心。若藥不暝眩，厥疾不瘳。若跣不視地，厥足用傷。』」〔註172〕江聲《尚書集注音疏》云：「賈逵、唐因皆以武丁所作書為《說命》，韋昭曰：『非也，其時未得傅說。』聲按：『以余正四方』云云，不類《尚書》之文，蓋是白公子張說武丁求傅說之意。『若金』以下，則皆命說之辭。《孟子·滕文公》篇引『若藥不暝眩』，明稱『《書》曰』，自是《說命》之文矣。」〔註173〕江氏認為《孟子》所引即為《說命》之文，案今傳《尚書·說命上》「以台正于四方，台恐德弗類，茲故弗言。……若金，用汝作礪；若濟巨川，用汝作舟楫；若歲大旱，用汝作霖雨。啟乃心，沃朕心。若藥弗暝眩，厥疾弗瘳。若跣弗視地，厥足用傷。」〔註174〕因《說命》三篇僅見於梅賾古文《尚書》，故諸家對《孟子》所引是否為《書》篇文獻存在疑問。然而僅就《孟子·滕文公上》一文考慮，其所引「《書》曰」內容當為《書》篇逸文。孟子於此處為何援引該句，孫奭的解釋最為恰當，「『《書》曰：若藥弗暝眩，厥疾不瘳』者，此蓋今之《尚書·說命》之篇文也。孟子引《書》云：若藥之攻人，人服之不以暝眩憒亂，則其疾以不愈也。所以引此者，蓋孟子恐云今滕國絕長補短、將有五十里、猶可為善國，有致世子之所嫌，乃引此而喻之，抑亦所謂良藥苦口、忠言逆耳之意，而解世子又有以勸勉焉。」〔註175〕孫奭的疏解把孟子與世子對話時的處境分析得十分透徹，亦把二人當時的心理狀況描繪了出來，對我們理解孟子引《書》的背景和原因大有幫助。

2.《滕文公上》

夷子曰：「儒者之道，古之人『若保赤子』，此言何謂也？之則

〔註170〕　（清）焦循：《孟子正義》，第319～321頁。

〔註171〕　（漢）趙岐注，（宋）孫奭疏：《孟子注疏》，第128頁。

〔註172〕　徐元誥撰，王樹民、沈長雲點校：《國語集解》（修訂本），北京：中華書局，2002年版，第503～504頁。

〔註173〕　（清）焦循：《孟子正義》，第321～322頁。

〔註174〕　《尚書正義》，第365～367頁。

〔註175〕　（漢）趙岐注，（宋）孫奭疏：《孟子注疏》，第129頁。

以為愛無差等，施由親始。」〔註176〕

「若保赤子」四字，見於今本《康誥》，其文為：「若保赤子，惟民其康
乂。」〔註177〕此處值得注意的是，「若保赤子」出自《康誥》，乃儒家經典著
作，不由孟子道出，卻由墨家弟子提出，用以詰問孟子，於此可見當時儒墨
之辯的程度之深，同時反映出《尚書》在戰國之際流傳之廣，乃至儒墨兩家
論爭都以《書》學為依據，也說明墨家對《尚書》同樣有很深的造詣，甚至可
以用《書》來駁難儒學。朱熹曾針對孟子與夷子的論辯進行闡釋，「『若保赤
子』，《周書·康誥》篇文，此儒者之言也。夷子引之，蓋欲援儒而入於墨，以
拒孟子之非己。又曰『愛無差等，施由親始』，則推墨而附於儒，以釋己所以
厚葬其親之意，皆所謂遁辭也。孟子言人之愛其兄子與鄰之子，本有差等。
《書》之取譬，本為小民無知而犯法，如赤子無知而入井耳。」〔註178〕墨家
的創始者墨子是主張「兼愛」的，夷子用「愛無差等，施由親始」來解釋厚葬
父母，而孟子將之歸結為「惻隱之心」，這也是儒墨長期爭論的一個話題。

3.《滕文公下》

孟子曰：「湯居亳，與葛為鄰。葛伯放而不祀，湯使人問之曰：
『何為不祀？』曰：『無以供犧牲也。』湯使遺之牛羊，葛伯食之，
又不以祀。湯又使人問之曰：『何為不祀？』曰：『無以供粢盛也。』
湯使亳眾往為之耕，老弱饋食。葛伯率其民，要其有酒食黍稻者奪
之，不授者殺之。有童子以黍肉餉，殺而奪之。《書》曰：『葛伯仇
餉』，此之謂也。為其殺是童子而征之，四海之內皆曰：『非富天下
也，為匹夫匹婦復讎也。』湯始征，自葛載，十一征而無敵於天下，
東面而征西夷怨，南面而征北狄怨，曰：『奚為後我？』民之望之，
若大旱之望雨也。歸市者弗止，芸者不變，誅其君，弔其民，如時
雨降，民大悅。《書》曰：『徯我后，后來其無罰！』『有攸不惟臣，
東征綏厥士女，匪厥玄黃，紹我周王見休，惟臣附于大邑周。』其
君子實玄黃於匪以迎其君子，其小人簞食壺漿以迎其小人。救民於
水火之中，取其殘而已矣。《太誓》曰：『我武惟揚，侵于之疆，則

〔註176〕（清）焦循：《孟子正義》，第403頁。
〔註177〕《尚書正義》，第537頁。
〔註178〕（宋）朱熹：《四書章句集注·孟子集注》，北京：中華書局，2012年版，第
266頁。

取于殘，殺伐用張，于湯有光。』不行王政云爾。苟行王政，四海

之內，皆舉首而望之，欲以為君，齊楚雖大，何畏焉？」〔註179〕

此段涉及《尚書》多篇，問題比較複雜，現分別予以論述。

其一，從「《書》曰：『葛伯仇餉』」至「后來其無罰」，趙岐注：「《書》，《尚書》逸篇文。仇，怨也。言湯所以伐殺葛伯，怨其害此餉也。」〔註180〕案今本《仲虺之誥》篇文為：「乃葛伯仇餉，初征自葛。東征西夷怨，南征北狄怨，曰：『奚獨後予？』攸徂之民，室家相慶，曰：『徯予后，后來其蘇。』民之戴商，厥惟舊哉！」〔註181〕相關的論述在上文《梁惠王下》已經有所涉及，此處不再贅述，惟舉王鳴盛《尚書後案》中的記載，其云：「上引仇餉既言《書》曰，則中雖間以釋《書》，至其下引『一征』則不復言《書》曰，至其下『徯我后』，則又加《書》曰，其非一篇甚明。」〔註182〕江氏通過分析《滕文公下》的文章結構，斷定從「《書》曰：『葛伯仇餉』」至「后來其無罰」並非一篇《尚書》文本，此說有值得商榷的地方。《孟子》徵引《書》篇文句，往往有斷章取義之法，對《尚書》文本加以剪裁，使之符合自己的論述觀點，這一點在上文之中已經提到，故王鳴盛僅從《孟子》之文沒有「《書》曰」二字而斷定並非出自同一篇文獻的說法似乎稍有不妥。

其二，「有攸不惟臣，東征綏厥士女，匪厥玄黃，紹我周王見休，惟臣附於大邑周」，趙岐注云：「從『有攸』以下，道周武王伐紂時也，皆《尚書》逸篇之文也。言武王東征，安天下士女，小人各有所執往，無不惟念執臣子之節。」〔註183〕朱熹謂「按《周書・武成》篇載武王之言，孟子約其文如此。然其辭時與今《書》文不類。」〔註184〕江聲對趙岐的注解提出不同的意見，「不類《孟子》之文而大類《尚書》，雖不稱《書》曰，自是《尚書》文也。據《孟子》本文承『大邑周』之下，云『其君子實玄黃于匪』，至『取其殘而已矣』，趙氏《章指》於『而已矣』，乃云『從有攸以下，道武王伐紂時也，皆《尚書》逸篇之文也』，是則統『其君子』以下云云皆為逸《書》文矣。詳繹其文，則『其君子』以下乃孟子申說《書》意，非《尚書》文。」

〔註179〕（清）焦循：《孟子正義》，第431～437頁。

〔註180〕（漢）趙岐注，（宋）孫奭疏：《孟子注疏》，第168頁。

〔註181〕《尚書正義》，第293頁。

〔註182〕（清）焦循：《孟子正義》，第433頁。

〔註183〕（漢）趙岐注，（宋）孫奭疏：《孟子注疏》，第169頁。

〔註184〕（宋）朱熹：《四書章句集注・孟子集注》，第273頁。

〔註185〕江聲的見解首先是對趙岐斷句的指正，其次是對朱熹「然其辭時與今《書》文不類」的反駁，認為該句恰是《尚書》之文。考諸今本《尚書・武成》篇有相似的文句：「恭天成命，肆予東征，綏厥士女。惟其士女，篚厥玄黃，昭我周王。天休震動，用附我大邑周。」〔註186〕二者之間文句、字詞雖多有出入，但馬士遠教授認為「二者顯然有一定的聯繫」〔註187〕。綜合各家之說，《孟子》所引可能為《尚書》逸篇，《武成》篇雖不見於伏生今文《尚書》，但二者之間必然有一定的關係。

其三，「《太誓》曰：『我武惟揚，侵于之疆，則取于殘，殺伐用張，于湯有光。』」趙岐注：「《太誓》，古《尚書》百二十篇之時《泰誓》也。……今之《尚書・泰誓》篇，後得以充學，故不與古《太誓》同。諸傳記引《泰誓》皆古《泰誓》也。」〔註188〕焦循在趙岐觀點的基礎上繼續延伸，謂「蓋伏生所藏百篇，僅存二十八篇，已無《太誓》；其時列於學官二十九篇之《太誓》，乃民間於壁中得之，故云後得以充學也。此文明云《太誓》當時後得之，《太誓》無此文，故趙氏以為是古《太誓》也。後得之《泰誓》，今亦不存，惟《史記・周本紀》載之。」〔註189〕今本《泰誓中》「我武惟揚，侵于之疆，取彼凶殘。我伐用張，于湯有光」〔註190〕，二者除「則取於殘」與「取彼凶殘」不同，「殺」與「我」不同外，其餘皆吻合。但趙岐與焦循考慮到《泰誓》篇乃民間壁內發現，後來才列入《尚書》篇目之中，所以對《孟子》引文是否為古《太誓》篇文句存在懷疑。以筆者意見，在孟子時代，確實存在與今本《泰誓》不同的《太誓》篇目，原因在於戰國時代的《書》篇文獻尚未形成統一的版本，各國之間存在不同系統的《尚書》篇目，孟子引《書》論《書》只取符合己說的觀點，使得流傳下來的文句必然與後世新發現的有所不同，這在典籍流佈傳播過程中是在所難免的。

4.《滕文公下》

孟子曰：「予豈好辯哉？予不得已也。天下之生久矣，一治一亂。

當堯之時，水逆行，泛濫於中國，蛇龍居之，民無所定，下者為巢，

〔註185〕（清）焦循：《孟子正義》，第435頁。
〔註186〕《尚書正義》，第435頁。
〔註187〕馬士遠：《周秦〈尚書〉學研究》，第144頁。
〔註188〕（漢）趙岐注，（宋）孫奭疏：《孟子注疏》，第170頁。
〔註189〕（清）焦循：《孟子正義》，第436～437頁。
〔註190〕《尚書正義》，第412頁。

上者為營窟。《書》曰：『洚水警余。』洚水者，洪水也。使禹治之。
禹掘地而注之海，驅龍蛇而放之菹；水由地中行，江、淮、河、漢是
也。險阻既遠，鳥獸之害人者消，然後人得平土而居之。」〔註191〕

趙岐注：「《尚書》逸篇也。」〔註192〕孫奭《疏》曰：「孟子引之，故自
解之洚水，言洚水則洪大之水也。」〔註193〕朱熹認為「《書》，《虞書·大禹
謨》也。」〔註194〕考諸今《大禹謨》之文，有「降水儆予，成允成功，惟
汝賢」〔註195〕之句，而阮元《校勘記》載「《纂傳》引朱子曰：『降水，洪
水也。古文作洚。』」〔註196〕則古文確實存在「洚水」一詞，但江聲卻有不
同意見，「《堯典》曰『湯湯洪水方割』，孟子釋此洚水，即《堯典》所謂洪
水也。」〔註197〕江聲認為「洚水」出自《堯典》，可能沒有見到古文有「洚
水」一詞。

　　孟子以「洪水」訓釋「洚水」，實際運用聲訓的方法，許慎《說文解字》
「洪，洚水也，從水共聲」，「洚，水不遵道，從水夅聲」，〔註198〕段玉裁《六
書音均表》共聲、夅聲同在第九部。〔註199〕孟子運用聲音相同或相近的方法
訓解字詞，這一方法被漢代的經學家所傳承，並將之發揚光大，成為訓詁學
中的常用方法，因此孟子對開創漢代聲訓一派具有重要作用。

　　　　「堯舜既沒，聖人之道衰，暴君代作，壞宮室以為污池，民無
所安息。棄田以為園囿，使民不得衣食。邪說暴行又作，園囿、污
池、沛澤多而禽獸至。及紂之身，天下又大亂。周公相武王，誅紂
伐奄，三年討其君，驅飛廉於海隅而戮之，滅國者五十，驅虎豹犀
象而遠之，天下大悅。《書》曰：『丕顯哉！文王謨。丕承哉！武王
烈。佑啟我後人，咸以正無缺。』」〔註200〕

〔註191〕（清）焦循：《孟子正義》，第446～447頁。
〔註192〕（漢）趙岐注，（宋）孫奭疏：《孟子注疏》，第177頁。
〔註193〕（漢）趙岐注，（宋）孫奭疏：《孟子注疏》，第179頁。
〔註194〕（宋）朱熹：《四書章句集注·孟子集注》，第275頁。
〔註195〕《尚書正義》，第132頁。
〔註196〕《尚書正義》，第156頁。
〔註197〕（清）焦循：《孟子正義》，第447頁。
〔註198〕（漢）許慎撰，（宋）徐鉉校定：《說文解字》（附音序、筆劃檢字），北京：
　　　　中華書局，2013年版，第228頁。
〔註199〕（清）段玉裁：《說文解字注》，上海：上海古籍出版社，1988年版，第823
　　　　頁。
〔註200〕（清）焦循：《孟子正義》，第448～451頁。

趙岐曰：「《書》，《尚書》逸篇也。」〔註201〕焦循《正義》：「此引《書》，亦不見二十八篇中，是逸《書》也。」〔註202〕然朱熹卻謂「《書》，《周書·君牙》之篇。」〔註203〕楊伯峻認為「梅賾竊以入偽古文《君牙》篇。」〔註204〕今《君牙》有「丕顯哉，文王謨！丕承哉，武王烈！啟佑我後人，咸以正罔缺」〔註205〕之文，但《君牙》篇僅存梅賾《古文尚書》之中，故焦循與楊伯峻對其真實性存在疑問。筆者以為，若斷定梅本《尚書》為偽，僅從《孟子》引《書》考慮，當以趙岐之說為勝，即所引內容應為戰國時代的《書》篇逸文。

（四）《孟子·離婁》引《書》考述

《離婁》上下篇引《書》與今本《尚書》可比對之處共一段，即《離婁上》所載：

> 孟子曰：「不仁者可與言哉？安其危而利其菑，樂其所以亡者。不仁而可與言，則何亡國敗家之有？有孺子歌曰：『滄浪之水清兮，可以濯我纓；滄浪之水濁兮，可以濯我足。』孔子曰：『小子聽之！清斯濯纓，濁斯濯足矣。自取之也。』夫人必自侮，然後人侮之；家必自毀，而後人毀之；國必自伐，而後人伐之。《太甲》曰：『天作孽，猶可違。自作孽，不可活。』此之謂也。」〔註206〕

此段所引《書》與《公孫丑上》所引相同，具體議論已在上文涉及，可參看。孟子援引此句，意在說明安危榮辱皆是人所自得之，當敬慎其事，此即《章指》所謂「人之安危，皆由於己，先自毀伐，人乃攻討，甚於天孽，敬慎而已，如臨深淵，戰戰恐栗也。」〔註207〕

（五）《孟子·萬章》引《書》考述

《萬章》上下篇引《書》與今本《尚書》文句接近者共五段，茲予以考述。

〔註201〕（漢）趙岐注，（宋）孫奭疏：《孟子注疏》，第177頁。
〔註202〕（清）焦循：《孟子正義》，第452頁。
〔註203〕（宋）朱熹：《四書章句集注·孟子集注》，第276頁。
〔註204〕楊伯峻：《孟子譯注》，第144頁。
〔註205〕《尚書正義》，第763頁。
〔註206〕（清）焦循：《孟子正義》，第497～500頁。
〔註207〕（清）焦循：《孟子正義》，第500～501頁。

1.《萬章上》

萬章曰：「舜流共工于幽州，放驩兜于崇山，殺三苗于三危，殛
鯀于羽山，四罪而天下咸服，誅不仁也。象至不仁，封之有庳。有庳
之人奚罪焉？仁人固如是乎？在他人則誅之，在弟則封之。」〔註208〕

焦循《正義》曰：「此《虞書・堯典》文也。」楊伯峻謂「見於今《尚書・
舜典》。」〔註209〕案今傳《舜典》在伏生所傳今文《尚書・堯典》篇內，相關
文句為：「流共工于幽州，放驩兜于崇山，竄三苗于三危，殛鯀于羽山，四罪
而天下咸服。」〔註210〕「殺」與「竄」不同，「故很多訓詁家都以為這『殺』
字不作殺戮解，而是『竄』的假借字」〔註211〕，其餘字句、文義皆一致。《孟
子》中萬章雖未明言引自《書》篇，但卻與《堯典》相同，此句可能為當時社
會上廣泛流傳的諺語之類，萬章能夠信手取來而與孟子問答，足見《書》篇
文本在當時傳播之深遠。

曰：「象不得有為於其國，天子使吏治其國，而納其貢稅焉，故
謂之放。豈得暴彼民哉！雖然，欲常常而見之，故源源而來，『不及
貢，以政接于有庳。』此之謂也。」〔註212〕

趙岐曰：「此『常常』以下，皆《尚書》逸篇之辭。孟子以告萬章，言此
乃象之謂也。」〔註213〕焦循謂「趙氏蓋亦以此文在《舜典》中也」，引江聲
《尚書集注音疏》云：「據云『此之謂也』，則『有庳』以上自是古書成文，當
是《尚書》文矣。其『欲常常』句承『雖然』之下，『雖然』云者，承上轉下
之詞，則『欲常常』二句乃孟子之言，非古書成文矣。斷自『不及貢』始，以
為《尚書》逸文，庶幾近之也。」〔註214〕根據江聲對《孟子》行文方式的判
斷，「不及貢，以政接於有庳」是《尚書》逸文，但稽考今本《尚書》，並未有
與此句相近者，故江氏此說可備參考。

2.《萬章上》

孟子曰：「否。此非君子之言，齊東野人之語也。堯老而舜攝

〔註208〕（清）焦循：《孟子正義》，第 628 頁。

〔註209〕楊伯峻：《孟子譯注》，第 197 頁。

〔註210〕《尚書正義》，第 88～89 頁。

〔註211〕楊伯峻：《孟子譯注》，第 197 頁。

〔註212〕（清）焦循：《孟子正義》，第 631～633 頁。

〔註213〕（漢）趙岐注，（宋）孫奭疏：《孟子注疏》，第 251 頁。

〔註214〕（清）焦循：《孟子正義》，第 633 頁。

也。《堯典》曰：『二十有八載，放勳乃徂落，百姓如喪考妣，三年，四海遏密八音。』孔子曰：『天無二日，民無二王。』舜既為天子矣，又帥天下諸侯以為堯三年喪，是二天子矣。」〔註215〕

朱熹謂：「《堯典》，《虞書》篇名。今此文乃見於《舜典》，蓋古書二篇，或合為一耳。」〔註216〕朱熹之時，對《尚書》真偽及分篇問題的研究並沒有取得很大的進步，所以朱子認為《堯典》《舜典》本為二篇，而合為一篇《堯典》。待清代學者研究《尚書》形成一種風氣之後，經學者考證，朱熹的見解恰與事實相反。毛奇齡《四書賸言》云：「《孟子》『《堯典》曰二十有八載』至『四海遏密八音』，今所行《尚書》在《舜典》中。按伏生《尚書》原只《堯典》一篇，無『粵若稽古帝舜』二十八字，以舊別有《舜典》，而其時已亡，故東晉梅賾獻《尚書》孔傳亦無《舜典》。至齊建武年，吳興姚方興於大航頭得孔氏傳古文，始分《堯典》為二，以『慎徽五典』至末謂之《舜典》，而加二十八字於其中，此偽書也。……自偽書一出，而群然改從，則是古書一篇而今誤分之，非古書二篇而今誤合之也。」〔註217〕毛氏的考證是對朱子的駁正，這對於我們研究《尚書》諸種版本的分合源流變化具有重要價值。

曰：「是詩也，非是之謂也。勞於王事而不得養父母也。曰：『此莫非王事，我獨賢勞也。』故說詩者，不以文害辭，不以辭害志。以意逆志，是為得之。如以辭而已矣，《雲漢》之詩曰：『周餘黎民，靡有孑遺。』信斯言也，是周無遺民也。孝子之至，莫大乎尊親；尊親之至，莫大乎以天下養。為天子父，尊之至也；以天下養，養之至也。《詩》曰：『永言孝思，孝思惟則。』此之謂也。《書》曰：『祗載見瞽瞍，夔夔齋栗，瞽瞍亦允若。』是為父不得而子也。」〔註218〕

趙岐認為該段是《尚書》逸篇，孫奭謂「據今《大禹謨》有云此，非特止於逸篇文也已矣。」〔註219〕朱熹也認為是《大禹謨》之文，但焦循認為出自《舜典》，云「此引《書》，不見二十八篇之中，故為逸篇，蓋亦《舜典》文

〔註215〕（清）焦循：《孟子正義》，第634～637頁。
〔註216〕（宋）朱熹：《四書章句集注・孟子集注》，第311頁。
〔註217〕（清）焦循：《孟子正義》，第635頁。
〔註218〕（清）焦循：《孟子正義》，第637～641頁。
〔註219〕（漢）趙岐注，（宋）孫奭疏：《孟子注疏》，第255頁。

也。」〔註220〕考查今本《尚書・大禹謨》，有「祗載見瞽瞍，夔夔齋慄，瞽亦允若」〔註221〕句，字詞基本相同。但今本《堯典》《舜典》二篇之中皆沒有與之相關的文句，焦循認為此句出自《舜典》，大概是因為上文《孟子》所引《堯典》之文實際出自今本《舜典》，且因為《大禹謨》乃梅賾古文《尚書》，故焦循不從孫奭之說而依憑文章內容分析，這種治學的方法是值得注意的。筆者以為，在有足夠材料證明此段出自《大禹謨》或《舜典》之前，當以《孟子》所引乃戰國時代的《書》篇文句為恰。

3.《萬章上》

> （孟子）曰：「使之主祭，而百神享之，是天受之。使之主事，而事治，百姓安之，是民受之也。天與之，人與之，故曰：天子不能以天下與人。舜相堯二十有八載，非人之所能為也，天也。堯崩，三年之喪畢，舜避堯之子於南河之南，天下諸侯朝覲者，不之堯之子而之舜；訟獄者，不之堯之子而之舜；謳歌者，不謳歌堯之子而謳歌舜，故曰天也。夫然後之中國，踐天子位焉。而居堯之宮，逼堯之子，是篡也，非天與也。《泰誓》曰：『天視自我民視，天聽自我民聽。』此之謂也。」〔註222〕

案今本《泰誓中》有此句，「天視自我民視，天聽自我民聽」〔註223〕，二者文句、文義皆相同。楊伯峻謂「今本《泰誓》為梅氏偽古文，此兩語亦為所採。」〔註224〕關於《泰誓》的相關內容，在《滕文公下》一章中已有論述，茲不再贅言。

孟子在此處徵引該句，意在說明天命是君權得失的根本，而天命如何顯示卻在於民意，舜禪位於禹，百姓從之；禹禪位於益，而百姓歸之啟，則是民意使然。孟子借《書》篇文句表明其民本思想，可見《書》學對戰國時代《孟子》學的影響之深。

4.《萬章上》

> 萬章問曰：「人有言『伊尹以割烹要湯』，有諸？」

〔註220〕（清）焦循：《孟子正義》，第 641 頁。
〔註221〕《尚書正義》，第 140 頁。
〔註222〕（清）焦循：《孟子正義》，第 644～646 頁。
〔註223〕《尚書正義》，第 412 頁。
〔註224〕楊伯峻：《孟子譯注》，第 204 頁。

孟子曰：「否，不然。伊尹耕於有莘之野，而樂堯舜之道焉。非其義也，非其道也，祿之以天下，弗顧也。繫馬千駟，弗視也。非其義也，非其道也，一介不以與人，一介不以取諸人。……其自任以天下之重如此，故就湯而說之以伐夏救民。吾未聞枉己而正人者也，況辱己以正天下者手？聖人之行不同也，或遠或近，或去或不去，歸絜其身而已矣。吾聞其以堯舜之道要湯，未聞以割烹也。《伊訓》曰：『天誅造攻自牧宮，朕載自亳。』」〔註225〕

趙岐注：「《伊訓》，《尚書》逸篇名。」孫奭曰：「云《伊訓》逸篇之名，蓋今之《尚書》亦有《伊訓》之篇，乃其文則曰：『造攻自鳴條，朕哉自亳。』」〔註226〕焦循《正義》云：「伏生今文二十九篇無《伊訓》，孔安國古文五十八篇有《伊訓》，次《咸有一德》《典寶》之後，為今文所無，故為逸篇。」〔註227〕《伊訓》一文，不見於伏生今文《尚書》，故趙岐認為是《書》逸篇。《孟子》所引《伊訓》與今傳《伊訓》「于其子孫弗率，皇天降災，假手于我有命，造攻自鳴條，朕哉自亳」〔註228〕有相似之處，筆者以為，孟子所引當為戰國時代《伊訓》的不同版本，故存在差異也是可以理解的。

萬章問孟子，伊尹做廚子切肉做菜以向湯有所干求，此事是否真實。孟子認為伊尹以堯舜之道輔佐商湯，使湯能夠討伐夏桀，拯救百姓，並且引用《伊訓》之文總結自己的觀點，證明己說於史有據。

5.《萬章下》

萬章曰：「今有禦人於國門之外者，其交也以道，其餽也以禮，斯可受禦與？」

曰：「不可。《康誥》曰：『殺越人于貨，閔不畏死，凡民罔不譈。』是不待教而誅者也。殷受夏，周受殷，所不辭也。於今為烈，如之何其受之？」〔註229〕

趙岐注曰：「《康誥》，《尚書》篇名，周公戒成王，封康叔。」〔註230〕據《書序》所載，「成王既伐管叔、蔡叔，以殷餘民封康叔，作《康誥》《酒誥》

〔註225〕　（清）焦循：《孟子正義》，第 652～655 頁。
〔註226〕　（漢）趙岐注，（宋）孫奭疏：《孟子注疏》，第 263 頁。
〔註227〕　（清）焦循：《孟子正義》，第 655 頁。
〔註228〕　《尚書正義》，第 303 頁。
〔註229〕　（清）焦循：《孟子正義》，第 698 頁。
〔註230〕　（漢）趙岐注，（宋）孫奭疏：《孟子注疏》，第 280 頁。

《梓材》。」〔註231〕《書序》載封康叔、作《康誥》者乃成王，而趙岐謂周公之事，焦循《正義》曰：「趙氏以為周公戒成王封康叔者，《康誥》云：『王若曰：孟侯，朕其弟，小子封。』鄭注云：『依《略說》，太子十八為孟侯，而呼成王。』引王鳴盛《尚書後案》云：「成王即位年十三，至是六年，十八矣。十八為孟侯。此伏生《書傳·略說》義也。」〔註232〕鄭玄與王鳴盛以為孟侯指周成王而言，但據《史記·衛康叔世家》記載：「周公旦以成王命興師伐殷，殺武庚祿父、管叔，放蔡叔，以武庚殷餘民封康叔為衛君，居河、淇間故商墟。周公旦懼康叔齒少，乃申告康叔曰：『必求殷之賢人君子長者，問其先殷所以興，所以亡，而務愛民。』」〔註233〕又《漢書·地理志》云：「周公誅之，盡以其地封弟康叔，號曰孟侯，以夾輔王室。」顏師古注曰：「孟，長也。言為諸侯之長。」〔註234〕又《尚書》孔傳曰：「周公稱成王命，順康叔之德，命為孟侯。孟，長也。」〔註235〕據此，孟侯當指康叔而言。稱「王若曰」者，曾運乾謂「攝王代誥，猶言王意云然也。」〔註236〕《康誥》之文，當是周公居攝稱王時的誥詞，史官載錄此事，故稱「王若曰」。

今本《康誥》有「凡民自得罪：寇攘奸宄，殺越人于貨，暋不畏死，罔弗憝」〔註237〕句，《孟子》引文與之在文句、語義方面基本相同。孟子所見《康誥》當為戰國時期的《尚書》版本，這對探究《康誥》篇的流傳演變情況具有重要意義。

（六）《孟子·告子》引《書》考述

《告子》上下篇只有《告子下》中一處與今本《尚書》相關者，即：

> 孟子居鄒，季任為任處守，以幣交，受之而不報。處於平陸，儲子為相，以幣交，受之而不報。他日，由鄒之任，見季子；由平陸之齊，不見儲子。屋廬子喜曰：「連得間矣。」問曰：「夫子之任，見季子；之齊，不見儲子，為其為相與？」
>
> 曰：「非也。《書》曰：『享多儀，儀不及物曰不享，惟不役志于

〔註231〕《尚書正義》，第529頁。

〔註232〕（清）焦循：《孟子正義》，第699頁。

〔註233〕（漢）司馬遷：《史記》，第1589～1590頁。

〔註234〕（漢）班固：《漢書》，北京：中華書局，1962年版，第1647～1648頁。

〔註235〕《尚書正義》，第532頁。

〔註236〕曾運乾：《尚書正讀》，上海：華東師範大學出版社，2011年版，第168頁。

〔註237〕《尚書正義》，第540頁。

享。』為其不成享也。」〔註238〕

趙岐注：「孟子曰非也，非以儲子為相，故不見。《尚書‧洛誥》篇曰：『享多儀』，言享見之禮多儀法也。物，事也。儀不及事，謂有闕也，故曰不成享禮。儲子本禮不足，故我不見也。」〔註239〕今本《洛誥》有「汝其敬識百辟享，亦識其有不享。享多儀，儀不及物，惟曰不享。惟不役志于享，凡民惟曰不享，惟事其爽侮」〔註240〕句，鄭玄注曰：「朝聘之禮至大，其禮之儀不及物，謂所貢篚多而威儀簡也。威儀既簡，亦是不享也。」〔註241〕江聲《尚書集注音疏》謂「言當識別諸侯之享與不享。《孟子‧告子》篇引此經，趙岐訓物為事，不若鄭注義長。」〔註242〕季任與儲子同樣以幣交孟子，而孟子見季任不見儲子，屋廬子問是否因為儲子擔任卿相的緣故，孟子用《洛誥》之文回答他，其原因就在於儲子沒有重視禮節。朱熹引徐氏之言曰：「季子為君居守，不得往他國以見孟子，則以幣交而禮意已備。儲子為齊相，可以至齊之境內而不來見，則雖以幣交，而禮意不及其物也。」〔註243〕孟子深諳《尚書》典故，在回答弟子疑問時以《洛誥》文句解其疑惑，同時可見孟子對《尚書》所體現出的禮學要義也有很深的造詣，繼承《書》篇禮學精神而加以闡釋發揮。

（七）《孟子‧盡心》引《書》考述

《盡心》上下篇與今本《尚書》有可比對者共三處，茲討論如下。

1.《盡心上》

> 公孫丑曰：「伊尹曰：『予不狎于不順，放大甲於桐，民大悅。大甲賢，又反之，民大悅。』賢者之為人臣也，其君不賢，則固可放與？」孟子曰：「有伊尹之志則可，無伊尹之志則篡也。」〔註244〕

江聲謂「自是《尚書》文，而不稱《書》曰。」朱熹謂「『予不狎于不順』，《太甲》篇文。」〔註245〕案今本《太甲上》有「伊尹曰：『茲乃不義，習與性

〔註238〕（清）焦循：《孟子正義》，第826～827頁。

〔註239〕（漢）趙岐注，（宋）孫奭疏：《孟子注疏》，第327頁。

〔註240〕《尚書正義》，第599頁。

〔註241〕《尚書正義》，第600頁。

〔註242〕（清）焦循：《孟子正義》，第827頁。

〔註243〕（宋）朱熹：《四書章句集注‧孟子集注》，第348頁。

〔註244〕（清）焦循：《孟子正義》，第925頁。

〔註245〕（宋）朱熹：《四書章句集注‧孟子集注》，第366頁。

成。予弗狎于弗順，營于桐宮，密邇先王其訓，無俾世迷。』」〔註246〕二者在語義方面存在較大差異，《太甲上》是伊尹對太甲的訓誡之辭，而《盡心上》則是伊尹的敘述語言，但本章所引伊尹的話，應當是《尚書》在戰國時代的文字。

2.《盡心下》

> 孟子曰：「盡信《書》，則不如無《書》。吾於《武成》，取二三策而已矣。仁人無敵於天下，以至仁伐至不仁，而何其血之流杵也？」〔註247〕

趙岐曰：「《武成》，逸《書》之篇名，言武王誅紂，戰鬥殺人，血流舂杵。孟子言武王以至仁伐至不仁，殷人簞食壺漿而迎其師，何乃至於血流漂杵乎？故吾取《武成》兩三簡策可用者耳，其過辭則不取之也。」〔註248〕朱熹引程子之言曰：「載事之辭，容有重稱而過其實者，學者當識其義而已；苟執於辭，則時或有害於義，不如無《書》之愈也。」朱子又言「《武成》言武王伐紂，紂之『前徒倒戈，攻于後以北，血流漂杵』。孟子言此則其不可信者。然《書》本意，乃謂商人自相殺，非謂武王殺之也。孟子之設是言，懼後世之惑，且長不仁之心耳。」〔註249〕

《尚書·武成》曾記周武王牧野之戰「血流漂杵」的故事，其云：「甲子昧爽，受率其旅若林，會于牧野。罔有敵于我師，前徒倒戈，攻于後，以北，血流漂杵。」〔註250〕商周牧野之役，孟子從仁君無敵於天下的視角出發，對《武成》篇所記內容不以為然。筆者以為，孟子之時，《武成》篇已經相當成熟，故孟子可以就其內容發表自己的見解。考諸《史記·周本紀》關於此次戰役的記載：「帝紂聞武王來，亦發兵七十萬人距武王。……紂師雖眾，皆無戰之心，心欲武王亟入。紂師皆倒兵以戰，以開武王。武王馳之，紂兵皆崩畔紂」〔註251〕，可知牧野之役，雙方各出動軍隊數十萬人，經過激戰，血流之多甚至浮起舂杵的史實大體是可以相信的。但孟子堅信仁者無敵，仁義之師可以所向披靡，這種弔民伐罪、除暴安良的正義戰爭是不會造成大規模傷害

〔註246〕《尚書正義》，第312頁。
〔註247〕（清）焦循：《孟子正義》，第959頁。
〔註248〕（漢）趙岐注，（宋）孫奭疏：《孟子注疏》，第382頁。
〔註249〕（宋）朱熹：《四書章句集注·孟子集注》，第372～373頁。
〔註250〕《尚書正義》，第435頁。
〔註251〕（漢）司馬遷：《史記》，北京：中華書局，1982年版，第124頁。

的，孟子質疑牧野之戰的真實性，恰恰反映了孟子理想化的道德觀念和仁政思想。

3.《盡心下》

> 孟子曰：「有人曰：『我善為陳，我善為戰。』大罪也。國君好仁，天下無敵焉。南面而征，北夷怨；東面而征，西夷怨，曰：『奚為後我？』武王之伐殷也，革車三百兩，虎賁三千人。王曰：『無畏，寧爾也，非敵百姓也。』若崩厥角稽首。」〔註252〕

孟子此處所引涉及今本《牧誓》與《泰誓中》的文句，即《牧誓》書序「武王戎車三百兩，虎賁三百人」〔註253〕，《泰誓中》「罔或無畏，寧執非敵。百姓懍懍，若崩厥角」〔註254〕。《牧誓》與《盡心下》有「百」與「千」的差別，《泰誓中》與《盡心下》所引在字詞方面雖不盡相同，但二者之間有一定的聯繫，《孟子》所用文本當是戰國時代的《書》篇文獻。

（八）《孟子》引《書》不見於後世篇目者

《孟子》一書中，有多處引文似是戰國時代的《尚書》文本，但不見於後世版本篇目，茲列舉如下，以備參考。

1.《梁惠王下》

> 晏子對曰：「善哉問也！天子適諸侯曰巡狩。巡狩者，巡所守也。諸侯朝于天子曰述職。述職者，述所職也。無非事者。春省耕而補不足，秋省斂而助不給。《夏諺》曰：『吾王不遊，吾何以休？吾王不豫，吾何以助？一遊一豫，為諸侯度。』」〔註255〕

2.《滕文公上》

> 然友反命，定為三年之喪。父兄百官皆不欲，曰：「吾宗國魯先君莫之行，吾先君亦莫之行也。至於子之身而反之，不可。且《志》曰：『喪祭從先祖。』」曰：「吾有所受之也。」〔註256〕

3.《滕文公上》

> 當堯之時，天下猶未平，洪水橫流，泛濫於天下，草木暢茂，

〔註252〕（清）焦循：《孟子正義》，第962頁。
〔註253〕《尚書正義》，第418頁。
〔註254〕《尚書正義》，第413頁。
〔註255〕（清）焦循：《孟子正義》，第122頁。
〔註256〕（清）焦循：《孟子正義》，第325～328頁。

禽獸繁殖，五穀不登，禽獸偪人，獸蹄鳥跡之道交於中國。堯獨憂之，舉舜而敷治焉。舜使益掌火，益烈山澤而焚之，禽獸逃匿。禹疏九河，瀹濟、漯而注諸海，決汝、漢，排淮、泗而注之江，然後中國可得而食也。當是時也，禹八年於外，三過其門而不入，雖欲耕，得乎？〔註257〕

4.《滕文公上》

后稷教民稼穡，樹藝五穀；五穀熟而民人育。人之有道也，飽食、煖衣、逸居而無教，則近於禽獸。聖人有憂之，使契為司徒，教以人倫，父子有親，君臣有義，夫婦有別，長幼有敘，朋友有信。放勳曰勞之來之，匡之直之，輔之翼之，使自得之，又從而振德之。聖人之憂民如此，而暇耕乎？〔註258〕

5.《滕文公下》

陳代曰：「不見諸侯，宜若小然。今一見之，大則以王，小則以霸。且《志》曰：『枉尺而直尋』，宜若可為也。」〔註259〕

三、《孟子》引《書》概說

通過對《孟子》徵引《書》篇文獻的梳理，我們可以從不同的角度對孟子《尚書》學進行考察，對孟子引《書》、釋《書》、用《書》的特點進行總結，同時，借助《尚書》這一媒介，可以從側面窺探孟子的思想。

（一）《孟子》引《書》節引文本，改寫字句

《孟子》引用《尚書》文本，多對其進行改造，使之作為議論政事的歷史依據。《尚書》作為上古三代的政治文獻資料，孟子借用其中的史事加以利用，而在闡述學說的論述過程中，對《尚書》文辭進行一定程度的改寫，改變文義符合己說。如《說命上》「若藥弗瞑眩，厥疾弗瘳」，《滕文公上》作「若藥不瞑眩，厥疾不瘳」；《太甲中》「天作孽猶可違，自作孽不可逭」，《公孫丑上》和《離婁上》作「天作孽猶可違，自作孽不可活」。又如《舜典》「二十有八載，帝乃殂落，百姓如喪考妣，三載，四海遏密八音」，《萬章上》作「二十有八載，放勳乃殂落，百姓如喪考妣，三年，四海遏密八音」；《仲虺之誥》

〔註257〕（清）焦循：《孟子正義》，第374～377頁。
〔註258〕（清）焦循：《孟子正義》，第383～391頁。
〔註259〕（清）焦循：《孟子正義》，第409頁。

「葛伯仇餉。初征自葛。東征西夷怨，南征北狄怨，曰：『奚獨後予？』攸徂
之民，室家相慶，曰：『徯予后，后來其蘇。』」《梁惠王下》作「湯一征，自
葛始」，「東面而征，西夷怨；南面而征，北狄怨。曰：『奚為後我？』」，「徯我
后，后來其蘇。」

　　對於這一問題，馬士遠教授認為「到孟子之時，事實是除孔子所編次的
《書》外，還存有其他系統的《書》，而且單篇的《書》亦有流傳的可能，孟
子若繼續以孔子所編次之《書》授徒，其篇目的侷限性便逐漸顯現出來，故
孟子及萬章之屬便在孔子所編次《書》的基礎上，網羅各種《書》篇重新進行
編次，這種類型的編次是以《書》為教、以《書》為用之《尚書》學發展的必
然要求。」〔註260〕

　　孟子在援引《尚書》之時，並非一字不差地原文抄錄，而是根據所需加
以變動，使之為己所用，這一做法其實是繼承了春秋戰國時代的斷章取義之
法，也是戰國時代士人引用古籍的共同習慣。孟子引《書》改造字句，引申、
闡釋《書》文大義的做法，對孟子論述其學術思想具有極大的影響作用。

（二）《孟子》與《書》序問題

　　《孟子》一書稱引篇目與梅賾所傳古文《尚書》篇名相合者有八：《湯誓》
《太誓》《堯典》《康誥》《伊訓》《武成》《太甲》，而這八篇全見於古文《尚
書》書序，故前代學者認為《書》序編纂與《孟子》引文有一定聯繫，甚至
《孟子》徵引《尚書》的行文方式為《書》序所仰承，持該觀點的學者以陳夢
家為代表，其在《尚書通論》中曾多次論及，如認為孟子時對《書》的改進之
中有一條即為：「述《書》本事如『葛伯仇餉』、『洚水警余』、『丕顯哉文王謨』，
實為《書》序的濫觴」。又「《孟子》引《書》多帶敘文，《滕文公》下各條亦
如是」。〔註261〕在《書序的年代》一節中，陳氏特舉《孟子》為例，對二者之
間的關係進行補充：「自孟子以來，引述《尚書》者往往附述作《書》當時的
歷史背境和作書原由，實為書序的濫觴。秦、漢之際和西漢初的《尚書大傳》
和書序，並非憑空製造的，也多有所本。」〔註262〕

　　陳夢家把《書》序問題講得透徹明瞭，但細考《孟子》文本，尚有幾條記
載可資補綴，茲詳列如下：

〔註260〕馬士遠：《周秦〈尚書〉學研究》，第237頁。
〔註261〕陳夢家：《尚書通論》，北京：中華書局，2005年版，第6頁。
〔註262〕陳夢家：《尚書通論》，北京：中華書局，2005年版，第97頁。

其一，《滕文公下》：「《太誓》曰：『我武惟揚，侵于之疆，則取于殘，殺伐用張，于湯有光。』」〔註263〕其上有「其君子實玄黃於匪以迎其君子，其小人簞食壺漿以迎其小人。救民於水火之中，取其殘而已矣」〔註264〕，以「取其殘」解釋「則取於殘」，是對引文的進一步闡釋說明，亦表明引《書》緣由。

其二，同篇孟子云：「當堯之時，水逆行，泛濫於中國，蛇龍居之，民無所定，下者為巢，上者為營窟。」〔註265〕接著又引《書》曰：「洚水警余」，上文敘述堯帝之時洪水泛濫的背景，為下文引《書》做好行文鋪設。

所謂《書》序「多帶敘文」，即每篇之前皆有解題，敘明篇章的歷史背景與寫作緣由，既而以「作某篇」結束，這與《孟子》書中引《書》體例相合，故《書》序在編纂過程中借鑒《孟子》的行文方式是可以徵信的，同時亦有助於斷定《書》序的寫作年代，前代學者認為《書》序非孔子所作而成於秦漢之際解經人之手的說法無疑是正確的。

（三）孟子推尊周制

孔子以實現周代的文化禮儀為終生志向，孟子以繼承孔子之業為職志，故孟子對於周代的傳統制度，大體上持擁護態度。茲舉禪讓制為例，說明堯舜禪讓，是孟子理想的政治制度。

關於禪讓制度，《論語》之中僅有一條記載，《堯曰》篇載：「堯曰：『咨！爾舜！天之曆數在爾躬，允執其中。四海困窮，天祿永終。』舜亦以命禹。」朱熹注曰：「此堯命舜，而禪以帝位之辭。……舜後遜位於禹，亦以此辭命之。」〔註266〕堯禪讓帝位於舜，其事在《舜典》之中記載尤為詳細，舜在即位前經受各種考驗，之後制定刑法，選賢授能，成為後世仁君的模範，孟子借堯舜禪讓之事，發揮己見，極力推崇禪讓之制。《萬章上》云：

> 堯老而舜攝也。《堯典》曰：「二十有八載，放勳乃徂落，百姓
> 如喪考妣。三年，四海遏密八音。」……而舜既為天子矣。〔註267〕

孟子徵引此文見於偽古文《舜典》篇，除改「帝」為「放勳」，「三載」為

〔註263〕（清）焦循：《孟子正義》，第 436 頁。
〔註264〕（清）焦循：《孟子正義》，第 434 頁。
〔註265〕（清）焦循：《孟子正義》，第 447 頁。
〔註266〕（宋）朱熹：《四書章句集注・論語集注》，第 194 頁。
〔註267〕（清）焦循：《孟子正義》，第 635～637 頁。

「三年」外，其餘《孟子》之文皆與《尚書》同，據此可推斷孟子之時，《堯典》篇章已經成型，且在社會上流傳極廣，以致於作為新興士階層的孟子能夠熟讀此文，並徵引該文作為自己論辯的歷史依據。堯崩之後，舜受禪為帝而攝政，孟子又云：

> 舜相堯二十有八載，非人之所能為也，天也。堯崩，三年之喪畢，舜避堯之子於南河之南，天下諸侯朝覲者不之堯之子而之舜，訟獄者不之堯之子而之舜，謳歌者不謳歌堯之子而謳歌舜，故曰天也。夫然後之中國，踐天子位焉。〔註268〕

孟子基於基本的歷史史實而摻以己說，使上古三代的禪讓制度在戰國時期的亂世之中綻放出理想的光彩，同篇又記載禹受禪讓之事：

> 昔者舜薦禹於天，十有七年。舜崩。三年之喪畢，禹避舜之子於陽城，天下之民從之，若堯崩之後不從堯之子而從舜也。……孔子曰：「唐虞禪，夏后、殷、周繼，其義一也。」〔註269〕

堯舜禹三代帝王具有仁德，雖禪讓而百姓擁護之。孟子贊成禪讓制度，同時對周文王、武王的功業表示推崇和擁護。《滕文公下》孟子議論武王伐紂一事，引《書》曰：「丕顯哉！文王謨。丕承哉！武王烈。佑啟我後人，咸以正無缺。」〔註270〕周初之人稱頌讚揚先祖，其文獻載於《書》篇中，孟子引《書》以論事，反映出他對周初史事的順從與推重。

四、小結

孟子引《書》釋《書》有其特定的歷史背景。戰國之際，中國思想史進入「軸心時代」，原有的社會秩序被打破，周王室的衰微使上層貴族所執掌的知識、文化與思想流入諸侯國乃至民間，即「天子失官，學在四夷」。在這樣的時代潮流之中，孟子為使自己的學說在百家爭鳴中取得一席之地，必然大量徵引《書》篇內容為己說論證。孟子多角度、多層次地引用《書》篇，其宣揚的文化輿論推動了《尚書》在社會上的流佈與傳播，同時宏觀呈現了《尚書》學在戰國時代的存在面貌，從文化史、經學史方面考慮，對探究戰國《書》教傳統的流變、闡釋也有重要的價值和影響。

〔註268〕（清）焦循：《孟子正義》，第 644 頁。
〔註269〕（清）焦循：《孟子正義》，第 647～652 頁。
〔註270〕（清）焦循：《孟子正義》，第 451 頁。

第三節　《莊子》引《書》考論

一、莊周事略及學術淵源

關於莊周的生平事蹟，《史記・老子韓非列傳》載於老子之後，全文為：

> 莊子者，蒙人也，名周。周嘗為蒙漆園吏，與梁惠王、齊宣王同時。其學無所不闚，然其要本歸於老子之言。故其著書十餘萬言，大抵率寓言也。作《漁父》《盜跖》《胠篋》，以詆訿孔子之徒，以明老子之術。《畏累虛》《亢桑子》之屬，皆空語無事實。然善屬書離辭，指事類情，用剽剝儒、墨，雖當世宿學不能自解免也。其言洸洋自恣以適己，故自王公大人不能器之。
>
> 楚威王聞莊周賢，使使厚幣迎之，許以為相。莊周笑謂楚使者曰：「千金，重利；卿相，尊位也。子獨不見郊祭之犧牛乎？養食之數歲，衣以文繡，以入大廟。當是之時，雖欲為孤豚，豈可得乎？子亟去，無污我。我寧游戲污瀆之中自快，無為有國者所羈，終身不仕，以快吾志焉。」〔註271〕

莊子的著作，《漢書・藝文志・諸子略》道家類載：「《莊子》五十二篇」，班固自注：「名周，宋人。」〔註272〕今《莊子》殘存三十三篇，其中內篇七，外篇十五，雜篇十一。晉司馬彪注本是《莊子》最早的注本，此後，郭象《莊子注》三十卷，唐代成玄英《莊子疏》，清代郭慶藩依據郭注成疏作《莊子集釋》，是較為流行的版本。

根據《史記》所載梁惠王、齊宣王、楚威王之事，莊子似與孟子處於同時代，但二人在《莊子》與《孟子》之中均未提及對方。對於此事，章太炎認為：「道家的莊子以時代論，比荀子早些，和孟子同時，終沒曾見過一面。莊子是宋人，宋和梁接近。惠子又為梁相，孟子在梁頗久，本有會面的機會，但孟子本性不歡喜和人家往來，彼此學問又不同，就不會見了。」〔註273〕馮友蘭對此也有自己的觀點，「據《史記》所說，莊子與梁惠王、齊宣王同時，似

〔註271〕（漢）司馬遷撰，（南朝宋）裴駰集解，（唐）司馬貞索隱，（唐）張守節正義：《史記》，北京：中華書局，1982 年版，第 2143～2145 頁。

〔註272〕（漢）班固著，（唐）顏師古注：《漢書》，北京：中華書局，1962 年版，第 1730 頁。

〔註273〕章太炎講演，曹聚仁整理：《國學概論》，上海：上海古籍出版社，2008 年版，第 30 頁。

亦與孟子同時。……孟子與莊子同時，然二人似均未相辯駁，似甚可疑。然莊子之學為楊朱之學之更進步者，則自孟子之觀點言之，莊子亦楊朱之徒耳。莊子視孟子，亦一孔子之徒。孟子之『距楊、墨』，乃籠統『距』之；莊子之『剺剝儒墨』，亦籠統『剺剝』之。故孟子但舉楊朱，莊子但舉孔子。孟子、莊子二人，必各不相知也。」〔註274〕章太炎與馮友蘭從不同的視角闡述了莊子與孟子未曾相見的原因，限於資料的缺失，二人只是做了理論上的推測，並未深究其根本，關於這一問題，有待學術界進一步討論研究。

　　莊子的學術淵源，當是源於春秋時代的王官之學。王官之學的核心要旨是六藝之學，而諸子之學皆是六藝之學的分支流派，此即班固所云「皆起於王道既微，諸侯力政，時君世主，好惡殊方，是以九家之術蜂出並作，各引一端，崇其所善，以此馳說，取合諸侯。其言雖殊，辟猶水火，相滅亦相生也。」〔註275〕至於莊子所屬的道家，班固謂「道家者流，蓋出於史官，歷記成敗存亡禍福古今之道，然後知秉要執本，清虛以自守，卑弱以自持，此君人南面之術也。」〔註276〕道家是先秦時代的顯學，而莊子一派又是道家的顯學，故莊子之學淵源於六藝之術。莊子對於儒家學說常譏諷詆毀，由此可反證莊子於儒家理論必然相當熟悉，得儒學之精髓要義而知其弊端所在，這一點恰與墨子有相似之處。

　　莊子精通儒者之學，蓋所聞於卜子夏之儒學。韓愈《送王秀才序》云：「蓋子夏之學，其後有田子方；子方之後，流而為莊周，故周之書，喜稱子方之為人。」〔註277〕近人劉異《孟子春秋說微》採用韓愈之說，云：「莊生學本子夏。《史記・儒林傳》『田子方受業於子夏』，韓愈《送王秀才序》『子夏之後有田子方，子方之後流而為莊周』。閻若璩《困學紀聞注》『子方侍坐魏文侯，自稱其師東郭順子為真人為天人，正莊周所宗尚者。』由此類推，則莊子《春秋》之說，亦必有所本。」〔註278〕案《史記・魏世家》「文侯受子夏經藝，客

〔註274〕馮友蘭：《中國哲學史》，重慶：重慶出版社，2009年版，第186頁。

〔註275〕（漢）班固著，（唐）顏師古注：《漢書》，北京：中華書局，1962年版，第1746頁。

〔註276〕（漢）班固著，（唐）顏師古注：《漢書》，北京：中華書局，1962年版，第1732頁。

〔註277〕（唐）韓愈撰，馬其昶校注，馬茂元整理：《韓昌黎文集校注》，上海：上海古籍出版社，1986年版，第261頁。

〔註278〕劉異：《孟子春秋說微》，《國立武漢大學文哲季刊》，1935年第3期，第509頁。

段干木，……是以東得卜子夏、田子方、段干木。此三人者，君皆師之。」〔註279〕又《儒林傳》載「如田子方、段干木、吳起、禽滑釐之屬，皆受業於子夏之倫，為王者師。」〔註280〕據此，田子方為莊周之師，而田子方、魏文侯等人皆是出於子夏之後學。章學誠《文史通義·經解上》對此曾有論斷：「莊子曰：『孔子言治《詩》《書》《禮》《樂》《易》《春秋》六經。』又曰：『繙十二經，以見老子。』荀莊皆出子夏門人，而所言如是。」〔註281〕《莊子》一書多次稱道六經，解讀儒家經義能夠得其要旨，故章氏斷定莊子之學源出於子夏。

　　莊子之學作為戰國中期道家學派的顯學，其學以老子思想為宗。《史記》載莊子事蹟在老子之後，說莊子「其學無所不闚，然其要本歸於老子之言」。對於儒學之態度，二者一致，《老子傳》謂「世之學老子者則絀儒學」，《莊子傳》曰：「作《漁父》《盜跖》《胠篋》，以詆訿孔子之徒，以明老子之術」，對儒學均持譏諷批評的態度。《莊子·天下》篇敘述關尹老聃之學，對老子之學極為讚歎，「關尹老聃乎！古之博大真人哉！」成玄英《疏》云：「關尹老子，古之大聖，窮微極妙，冥真合道；教則浩蕩而弘博，理則廣大而深玄，莊子庶幾，故有斯嘆也。」〔註282〕莊子虛靜無為思想皆是出自老子思想，胡適謂「莊子的學說，只是一個『出世主義』。他雖與世俗處，卻『獨與天地精神往來，……上與造物者遊，而下與外生死無終結者為友』。中國古代的出世派哲學至莊子始完全成立。」〔註283〕對於老子的思想，莊子並沒有完全接受，郭沫若在《十批判書》中認為「在莊子或其後學自然是以關尹、老聃為合乎他們所理想的人格了。然而從莊子的思想上看來，他只採取了關尹、老聃清靜無為的一面，而把他們的關於權變的主張揚棄了。」〔註284〕馮友蘭也有相同的見解，「吾人可見《老》學猶注意於先後、雌雄、榮辱、虛實等分別。知『堅則毀』、『銳則挫』，而注意於求不毀不挫之術。莊學則『外死生，無終始』。《老》學所注意之事，實莊學所認為不值注意者也。」〔註285〕

〔註279〕（漢）司馬遷：《史記》，第 1839～1840 頁。

〔註280〕（漢）司馬遷：《史記》，第 3116 頁。

〔註281〕（清）章學誠著，葉瑛校注：《文史通義校注》，北京：中華書局，1985 年版，第 93 頁。

〔註282〕（清）郭慶藩撰，王孝魚點校：《莊子集釋》，北京：中華書局，2012 年版，第 1091 頁。

〔註283〕胡適：《中國哲學史大綱》，上海：上海古籍出版社，1997 年版，第 184 頁。

〔註284〕郭沫若：《十批判書》，北京：東方出版社，1996 年版，第 205 頁。

〔註285〕馮友蘭：《中國哲學史》，重慶：重慶出版社，2009 年版，第 143 頁。

莊周之學是對老子之學的揚棄，近代學者已然辯駁明白，茲不再贅述。

二、莊子《尚書》學考述

關於莊子徵引《尚書》的研究，近代學者只有劉起釪做過相關統計，認為《莊子》引用《尚書》只有三次，分別見於《天運》《天道》《盜跖》三篇。〔註286〕馬士遠教授《周秦〈尚書〉學研究》有引《書》論《書》釋《書》統計表，認為《莊子》涉及《尚書》的有關內容共七處。〔註287〕本文通過對《莊子》引《書》、論《書》文本的考究，試圖考察莊子對《尚書》的態度以及莊子的《書》學觀點。

（一）《莊子》引《書》考述

1.《天道》

> 故《書》曰：「有形有名。」形名者，古人有之，而非所以先也。古之語大道者，五變而形名可舉，九變而賞罰可言也。驟而語形名，不知其本也；驟而語賞罰，不知其始也。倒道而言，忤道而說者，人之所治也，安能治人。驟而語形名賞罰，此有知治之具，非知治之道；可用於天下，不足以用天下；此之謂辯士，一曲之人也。禮法數度，形名比詳，古人有之，此下之所以事上，非上之所以畜下也。〔註288〕

劉起釪認為此句乃是逸《書》內容，而據唐代成玄英《疏》云：「書者，道家之書，既遭秦世焚燒，今檢亦無的據。」〔註289〕成玄英認為此「書」乃是道家的典籍，且在唐代之時，成玄英已經對「有形有名」出自何篇無所稽考，而將其原因歸結於秦朝的焚書。王先謙《莊子集解》卻釋「書」為「古書也」。〔註290〕筆者以為，將「有形有名」放在《天道》篇進行考查，聯繫上下文義，旨在強調帝王無為、臣下有為的主張，闡明一切政治活動都應遵循固

〔註286〕劉起釪：《尚書學史》，北京：中華書局，1989年版，第49頁。

〔註287〕馬士遠：《周秦〈尚書〉學研究》，北京：中華書局，2008年版，第322頁。

〔註288〕（清）郭慶藩撰，王孝魚點校：《莊子集釋》，北京：中華書局，2012年版，第477頁。

〔註289〕（清）郭慶藩撰，王孝魚點校：《莊子集釋》，北京：中華書局，2012年版，第478頁。

〔註290〕（清）王先謙撰，沈嘯寰點校：《莊子集解》，北京：中華書局，1987年版，第116頁。

有的規律，為帝王統治尋求合乎自然的治世哲理。《天道》篇所闡述的「形名」思想在《尚書》之中並未體現，故筆者以為此「《書》曰」內容並非《尚書》逸篇文本。

2.《天運》

> 巫咸袑曰：「來！吾語女。天有六極五常，帝王順之則治，逆之則凶。九洛之事，治成德備，監照下土，天下戴之，此謂上皇。」
> 〔註291〕

劉起釪認為此乃概括稱引《洪範》內容。〔註292〕案成玄英《疏》云：「六極，謂六合，四方上下也。五常，謂五行，金木水火土，人倫之常性也。言自然之理，有此六極五常，至於日月風雲，例皆如此，但當任之，自然具足，何為措意於其間哉！」又言：「夫帝王者，上符天道，下順蒼生，垂拱無為，因循任物，則天下治矣。」俞樾《諸子平議》釋「六極五常」為《尚書·洪範》第九疇之「五福六極」，云：「常與祥，古字通。《儀禮·士虞禮》『薦此常事』，鄭注曰：『古文常為祥』，是其證也。《說文·示部》：『祥，福也。』然則五常即五福也。下文曰『九洛之事，治成德備』，其即謂禹所受之《洛書》九類乎！」〔註293〕「九洛」，王先謙《莊子集解》引明代楊慎曰：「九洛，九疇《洛書》。」〔註294〕郭慶藩《集釋》云：「家世父曰：九洛之事，即禹所受之九疇也。莊子言道有不詭於聖人者，此類是也。」〔註295〕

關於「九洛之事」，陳鼓應認為主要有兩種解釋，一為成玄英《疏》中所謂「九州聚落之事也」，一為楊慎的「《洛書》九疇之事」。「九疇」，見於《尚書·洪範》，指九類大法：一、五行，二、五事，三、八政，四、五紀，五、皇極，六、三德，七、稽疑，八、庶徵，九、五福六極。〔註296〕

〔註291〕（清）郭慶藩撰，王孝魚點校：《莊子集釋》，北京：中華書局，2012 年版，第 499 頁。

〔註292〕劉起釪：《尚書學史》，第 18 頁。

〔註293〕（清）郭慶藩撰，王孝魚點校：《莊子集釋》，北京：中華書局，2012 年版，第 499 頁。

〔註294〕（清）王先謙撰，沈嘯寰點校：《莊子集解》，北京：中華書局，1987 年版，第 122 頁。

〔註295〕（清）郭慶藩撰，王孝魚點校：《莊子集釋》，北京：中華書局，2012 年版，第 500 頁。

〔註296〕（漢）孔安國傳，（唐）孔穎達正義，黃懷信整理：《尚書正義》，上海：上海古籍出版社，2007 年版，第 449～450 頁。

「巫咸」，見於《尚書·君奭》篇，「在太戊，時則有若伊陟、臣扈，格於上帝，巫咸乂王家」，孔《傳》曰：「巫咸治王家，言不及二臣。」〔註297〕則巫咸是商王朝的賢臣，而成玄英謂「巫咸，神巫也」，本文以為成《疏》所言不確。《莊子·天運》篇所載巫咸祒即是《君奭》中的賢臣巫咸，而《天運》「六極五常」、「九洛之事」，未必就一定是《洪範》內容。筆者以為，戰國中期，社會上可能流傳著此一類的謠語或文辭，莊子或莊子後學在編纂《天運》篇時，採擷這些文句以入其書，《天運》所言雖非必然是出自《洪範》，但二者之間應該有一定的聯繫。

3.《盜跖》

　　　滿苟得曰：「小盜者拘，大盜者為諸侯。諸侯之門，義士存焉。昔者桓公小白殺兄入嫂而管仲為臣，田成子常殺君竊國而孔子受幣。論則賤之，行則下之，則是言行之情悖戰於胸中也，不亦拂乎！故《書》曰：『孰惡孰美？成者為首，不成者為尾。』」〔註298〕

劉起釪認為「《書》曰」內容是沒有篇名的逸《書》〔註299〕，但成玄英《疏》云：「所引之《書》，並遭燒滅，今並無本也。」〔註300〕考諸《盜跖》篇的大義，似乎《尚書》之中沒有與之思想相合者。此處涉及子張和滿苟得的對話，子張主張仁義禮信，倡導貴賤倫理秩序，以求顯榮利達；滿苟得則主張士人的行為應順著自然的本性，批評「田成子常殺君竊國而孔子受幣。論則賤之，行則下之」，指出儒者言行常相違背，同時，用「堯殺長子，舜流母弟，疏戚有倫乎」對儒家的等級倫理思想進行批判。故筆者以為，《盜跖》篇所引內容，大概與《尚書》無關。

4.《在宥》

　　　昔者黃帝始以仁義攖人之心，堯舜於是乎股無胈，脛無毛，以養天下之形，愁其五藏以為仁義，矜其血氣以規法度。然猶有不勝也，堯於是放讙兜於崇山，投三苗於三峗，流共工於幽都，此不勝天下也。夫施及三王而天下大駭矣。下有桀跖，上有曾史，而儒墨

〔註297〕《尚書正義》，第647頁。
〔註298〕（清）郭慶藩撰，王孝魚點校：《莊子集釋》，北京：中華書局，2012年版，第997頁。
〔註299〕劉起釪：《尚書學史》，第42頁。
〔註300〕（清）郭慶藩撰，王孝魚點校：《莊子集釋》，北京：中華書局，2012年版，第998頁。

畢起。〔註301〕

　　成玄英《疏》云：「《尚書》有殛鯀，此文不備也。四人皆包藏凶惡，不遵堯化，故投諸四裔，是堯不勝天下之事。放四凶由舜，今稱堯者，其時舜攝堯位故耳。」〔註302〕成玄英認為此處與《尚書·舜典》存在聯繫，案今本《舜典》「流共工于幽州，放驩兜于崇山，竄三苗于三危，殛鯀于羽山，四罪而天下咸服」〔註303〕，可見《在宥》文句確實化用了《舜典》之文而成。成《疏》謂：「夫黃帝非為仁義也，直與物冥，則仁義之跡自見。跡自見，則後世之心必自殉之，是亦黃帝之跡使物攖也。」〔註304〕黃帝垂拱而王天下，而堯舜勞身苦形，有為而治，於治理天下卻不能勝任，延及驩兜、三苗、共工擾亂天下。儒家稱道堯舜以仁義治理天下，莊子託名黃帝無為而治，一為頌揚堯舜，一為非議堯舜，二家之思想差異性於此可見一斑。

（二）《莊子》論《書》考述

1.《天道》

　　　　世之所貴道者書也，書不過語，語有貴也。語之所貴者意也，意有所隨。意之所隨者，不可以言傳也，而世因貴言傳書。世雖貴之，我猶不足貴也，為其貴非其貴也。故視而可見者，形與色也；聽而可聞者，名與聲也。悲夫，世人以形色名聲為足以得彼之情！〔註305〕

　　馬士遠教授認為此處是宏觀論《書》的文辭，但筆者卻有不同意見，案成玄英《疏》云：「書者，文字。世俗之人，識見浮淺，或託語以通心，或因書以表意，持誦往來，以為貴重，不知無足可言也。」〔註306〕《天道》篇在此處的大義為：世人所珍貴的道載見於書，書不過是語言，語言有它的可貴

〔註301〕（清）郭慶藩撰，王孝魚點校：《莊子集釋》，北京：中華書局，2012年版，第382～383頁。

〔註302〕（清）郭慶藩撰，王孝魚點校：《莊子集釋》，北京：中華書局，2012年版，第384頁。

〔註303〕《尚書正義》，第88頁。

〔註304〕（清）郭慶藩撰，王孝魚點校：《莊子集釋》，北京：中華書局，2012年版，第383頁。

〔註305〕（清）郭慶藩撰，王孝魚點校：《莊子集釋》，北京：中華書局，2012年版，第492頁。

〔註306〕（清）郭慶藩撰，王孝魚點校：《莊子集釋》，北京：中華書局，2012年版，第492頁。

處。語言所可貴的是意義，意義有所指向。意義所指向的，卻不能用語言來表達，而世人因為珍貴語言才傳之於書。〔註307〕主旨在於指出「意之所隨者，不可以言傳」的道理，因而世之所貴的書，並不可貴。文章圍繞的中心點還是「形」與「名」的關係問題，而這些均未見於《尚書》思想，故此處所指的「書」並非專指《尚書》，而應當理解為書簡、書籍。

2.《天運》

> 孔子謂老聃曰：「丘治《詩》《書》《禮》《樂》《易》《春秋》六經，自以為久矣，孰知其故矣；以奸者七十二君，論先王之道而明周召之跡，一君無所鉤用。甚矣夫！人之難說也，道之難明邪？」老子曰：「……夫六經，先王之陳跡也，豈其所以跡哉！」
> 〔註308〕

此處出現《詩》《書》《禮》《樂》《易》《春秋》六經並稱，「六經」之名出現，以《天運》篇為最早。1993 年湖北郭店楚墓竹簡的發現，佐證了《天運》「六經」之名的準確。李學勤等人認為楚墓主人「東宮之師」曾任楚太子的老師，「參考墓的年代，這位太子當即懷王太子橫，後來的頃襄王，墓主的死在頃襄王即位以前。」〔註309〕據《史記》記載，莊子與梁惠王、齊宣王同時，而楚頃襄王即位已經是戰國末期，所以楚墓竹簡埋葬之時，晚於莊子的生平，但距離莊子並不十分遙遠。故兩相比較，可以對「六經」之名進行確定。茲列舉《郭店楚墓竹簡》中涉及《詩》《書》《禮》《樂》《易》《春秋》的內容，以備參考。

> 《詩》《書》《禮》《樂》，其始出皆生於人。《詩》，有為為之也；《書》，有為言之也；《禮》《樂》，有為舉之也。（《性自命出》）
> 〔註310〕

> 仁者，子德也。故夫夫、婦婦、父父、子子、君君、臣臣，六者各行其職，而讒諂無由作也。觀諸《詩》《書》則亦在矣，觀諸《禮》

〔註307〕陳鼓應：《莊子今注今譯》，北京：商務印書館，2007 年版，第 414 頁。

〔註308〕（清）郭慶藩撰，王孝魚點校：《莊子集釋》，北京：中華書局，2012 年版，第 533 頁。

〔註309〕李學勤：《先秦儒家著作的重大發現》，載於《郭店楚簡研究》，《中國哲學》第二十輯，瀋陽：遼寧教育出版社，1999 年版，第 14 頁。

〔註310〕荊門市博物館：《郭店楚墓竹簡》，北京：文物出版社，1998 年版，第 179 頁。

《樂》則亦在矣，觀諸《易》《春秋》則亦在矣。(《六德》)〔註311〕

　　《易》所以會天道人道也。《詩》所以會古今之恃也者。《春秋》所以會古今之事也。《禮》，交之行述也。《樂》，或生或教者也。……者也。〔註312〕(《語叢一》)〔註313〕

3.《徐无鬼》

　　徐无鬼出，女商曰：「先生獨何以說吾君乎？吾所以說吾君者，橫說之則以《詩》《書》《禮》《樂》，從說之以《金板》《六弢》，奉事而大有功者不可為數，而吾君未嘗啟齒。」〔註314〕

成玄英《疏》云：「《詩》《書》《禮》《樂》，六經。《金板》《六弢》，《周書》篇名也，或言秘讖也。本有作韜字者，隨字讀之，云是太公兵法，謂文武虎豹龍犬《六弢》也。……武侯好武而惡文，故以兵法為從，以六經為橫也。」〔註315〕

　　此處《詩》《書》並論，說明了「四經」的致用功能。然而聯繫上下文義，女商平時和武侯談《詩》《書》《禮》《樂》，卻未嘗見武侯啟齒，而徐无鬼拜見魏武侯，用相馬之術引發了武侯的喜悅，藉以譏諷《詩》《書》《禮》《樂》的無用，諷刺意味極強。其實，這正符合莊子嘲諷儒家的思想，《詩》《書》乃是儒家立言處世的根本，是儒學的歸旨所在，莊子一派抓住儒家學說的要義加以批判，是熟稔於儒學內涵而知其弊端所在的反映。

4.《天下》

　　古之人其備乎！配神明，醇天地，育萬物，和天下，澤及百姓，明於本數，係於末度，六通四辟，小大精粗，其運無乎不在。其明而在數度者，舊法世傳之史尚多有之。其在於《詩》《書》《禮》《樂》者，鄒魯之士、搢紳先生多能明之。《詩》以道志，《書》以道事，《禮》以道行，《樂》以道和，《易》以道陰陽，《春秋》以道名分。

〔註311〕荊門市博物館：《郭店楚墓竹簡》，北京：文物出版社，1998年版，第188頁。

〔註312〕裘錫圭按：此條可能是關於《書》的殘簡，故附於此。

〔註313〕荊門市博物館：《郭店楚墓竹簡》，北京：文物出版社，1998年版，第194～195頁。

〔註314〕（清）郭慶藩撰，王孝魚點校：《莊子集釋》，北京：中華書局，2012年版，第815頁。

〔註315〕（清）郭慶藩撰，王孝魚點校：《莊子集釋》，北京：中華書局，2012年版，第815～816頁。

其數散於天下而設於中國者，百家之學時或稱而道之。〔註316〕

成《疏》謂：「史者，《春秋》《尚書》，皆古史也。數度者，仁義名法等也。古舊相傳，顯明在世者，史傳書籍，尚多有之。言仁義名法佈在《六經》者，鄒魯之地儒服之人能明之也。夫《詩》道情志，《書》道世事，《禮》道心行，《樂》道和適，《易》明卦兆，通達陰陽，《春秋》褒貶，定其名分。《六經》之跡，散在區中，風教所覃，不過華壤。百家諸子，依稀五德，時復稱說，不能大同也。」〔註317〕《天下》篇文極其精要地評述了先秦各家的學說，從莊子學派的觀點出發，對各家學派作出褒貶，同時對莊子思想也作了高度的概括，是最早的一篇中國學術史。此處總述古代學術思想的演變，對六經的功能和價值予以深刻的分析，這一觀點對後世儒家學者產生了深遠的影響，解讀六經，皆以《天下》篇所言為根柢。

《禮記·經解》篇論述六經要義，文旨同《天下》一致，云：

> 孔子曰：入其國，其教可知也。其為人也，溫柔敦厚，《詩》教也；疏通知遠，《書》教也；廣博易良，《樂》教也；絜靜精微，《易》教也；恭儉莊敬，《禮》教也；屬辭比事，《春秋》教也。
> 〔註318〕

《荀子·儒效》篇於戰國末期議論六經要義，沿用《天下》說法，云：

> 《詩》言是，其志也；《書》言是，其事也；《禮》言是，其行也；《樂》言是，其和也；《春秋》言是，其微也。〔註319〕

漢代學者繼《荀子》之後討論六經價值，依然襲用《莊子》旨意，司馬遷於《史記·太史公自序》云：

> 《易》著天地陰陽四時五行，故長於變；《禮》經紀人倫，故長於行；《書》記先王之事，故長於政；《詩》記山川谿谷禽獸草木牝牡雌雄，故長於風；《樂》樂所以立，故長於和；《春秋》辯是非，故長於治人。是故《禮》以節人，《樂》以發和，《書》以道事，《詩》

〔註316〕（清）郭慶藩撰，王孝魚點校：《莊子集釋》，北京：中華書局，2012年版，第1062頁。

〔註317〕（清）郭慶藩撰，王孝魚點校：《莊子集釋》，北京：中華書局，2012年版，第1063～1064頁。

〔註318〕（漢）鄭玄注，（唐）孔穎達正義，呂友仁整理：《禮記正義》，上海：上海古籍出版社，2008年版，第1903頁。

〔註319〕（清）王先謙撰，沈嘯寰、王星賢點校：《荀子集解》，北京：中華書局，1988年版，第133頁。

以達意，《易》以道化，《春秋》以道義。〔註320〕

《史記》所言是對《禮記・經解》篇的詳細論證，以闡明六經的功用乃是道志、事、行、和、陰陽、名分，這一論點被後世廣泛採用，如上引唐代成玄英的疏解，至清代皮錫瑞作《經學歷史》，還對《莊子》此說加以評判，曰：「蒙叟荒唐，解道《詩》《書》《禮》《樂》」〔註321〕，於此可見《天下》所論六經要義之影響至深至遠。

三、小結

春秋戰國時期，周天子勢微，諸侯強大，周初以來的宗法制政治、經濟、文化體系逐漸崩潰，為尋求治國治世的良策，諸子百家紛然並起。諸子從各自的思想立場出發，互相爭鳴非難，形成百家爭鳴的局面，各學派之間由此形成了互相評論和闡釋的關係。經過不同學術觀點的激烈交鋒，到莊子之時，各學派按照自身的發展邏輯，吸收其他學派的思想成果來充實自己。《尚書》作為上古三代政教之書，記載了大量先王政治活動和施政言論，是儒家開科授徒的政治教科書。莊子學派對儒家之《書》學思想進行積極闡釋，吸納其中的精髓，加以改造利用，以引《書》、釋《書》的形式充實自己的理論體系，同時借《書》學內容對儒家本身的思想進行駁難，衍化出儒莊不同的《書》學脈絡體系。

《莊子》論《書》包涵於討論「六經」的範疇之內，《天運》《徐无鬼》《天下》三篇論述「四經」或「六經」的大義主旨，對《書》教傳統的發生、演變、流傳具有奠基性的作用。《天下》篇所言「《書》以道事」，後代學者沿用其說，《荀子・勸學》：「《書》者，政事之紀也」，《儒效》：「《書》言是其事也」，漢代《史記・滑稽傳》：「《書》以道事」，董仲舒《春秋繁露・玉杯》：「《書》著功，故長於事」，以上諸家在《尚書》乃古史之書，記述先王政事的態度上，意見一致。莊子及其莊學一派，在自身學說發展的過程中引《書》、論《書》，無疑推動了《尚書》在戰國時代的流傳，以此窺見儒家以外的諸子學派對《書》的態度，同時對研究《書》學思想對於不同學派的思想歷程也有積極的意義。

〔註320〕（漢）司馬遷：《史記》，第 3297 頁。
〔註321〕（清）皮錫瑞著，周予同注釋：《經學歷史》，北京：中華書局，2011 年版，第 31 頁。

第四節 《荀子》引《書》考論

一、荀子生平及學術淵源

荀子的生平事蹟與著述情況，見於《史記‧孟子荀卿列傳》：

> 荀卿，趙人。年五十始來游學於齊。……齊襄王時，而荀卿最為老師。齊尚脩列大夫之缺，而荀卿三為祭酒焉。齊人或讒荀卿，荀卿乃適楚，而春申君以為蘭陵令。春申君死而荀卿廢，因家蘭陵。李斯嘗為弟子，已而相秦。荀卿嫉濁世之政，亡國亂君相屬，不遂大道而營於巫祝，信機祥，鄙儒小拘，如莊周等又猾稽亂俗，於是推儒、墨、道德之行事興壞，序列著數萬言而卒。〔註322〕

《史記索隱》云：「名況。卿者，時人相尊而號為卿也。」〔註323〕又《漢書‧藝文志》儒家類班固自注「孫卿子」曰：「名況，趙人，為齊稷下祭酒。」〔註324〕顏師古注：「本曰荀卿，避宣帝諱，故曰孫。」〔註325〕案漢宣帝名劉詢，荀、詢音同，荀、孫音近，故改為孫。馮友蘭謂「孟子以後，儒者無傑出之士。至荀卿而儒家壁壘，始又一新。上文謂中國哲學家中，荀子最善於批評哲學。西漢經師，亦多得荀子傳授。蓋其用力甚勤，學問極博。」〔註326〕荀卿之著作，名為《荀子》，王應麟《漢書藝文志考證》云：「劉向《校讎書錄序》云：『所校讎中《孫卿書》凡三百三十三篇，以相校除複重二百九十篇，定著三十二篇，皆以定殺青簡，書可繕寫。』楊倞分易卷第，更名《荀子》。」〔註327〕

荀卿之學出自孔門一系，《韓非子‧顯學》篇記載自孔子死後，儒學分為八家，其中就有「孫氏之儒」〔註328〕，孫氏即指荀卿。據《漢書‧儒林傳》記載：「至於威、宣之際，孟子、孫卿之列咸遵夫子之業而潤色之，以學顯於

〔註322〕（漢）司馬遷：《史記》，北京：中華書局，1982年版，第2348頁。

〔註323〕（漢）司馬遷：《史記》，北京：中華書局，1982年版，第2348頁。

〔註324〕（漢）班固：《漢書》，北京：中華書局，1962年版，第1725頁。

〔註325〕（漢）班固：《漢書》，北京：中華書局，1962年版，第1728頁。

〔註326〕馮友蘭：《中國哲學史》，重慶：重慶出版社，2009年版，第234頁。

〔註327〕（清）王先謙撰，沈嘯寰、王星賢點校：《荀子集解》，北京：中華書局，1988年版，第7～8頁。

〔註328〕（清）王先慎撰，鍾哲點校：《韓非子集解》，北京：中華書局，1998年版，第456頁。

當世。」〔註329〕荀卿之學源出於孔學無疑。同時，汪中《荀卿子通論》云：「荀卿之學出於孔氏，而尤有功於諸經。……蓋自七十子之徒既沒，漢諸儒未興，中更戰國、暴秦之亂，六藝之傳，賴以不絕者，荀卿也。周公作之，孔子述之，荀卿傳之，其揆一也。……《宥坐》《子道》《法行》《哀公》《堯問》五篇，雜記孔子及諸弟子言行，蓋據其平日之聞於師友者，亦由淵源所漸，傳習有素而然也。故曰：荀卿之學，出於孔氏，而尤有功於諸經。」〔註330〕汪中此說，極力推重荀子之學。

《尚書》作為上古三代的原始文獻資料，蘊含著豐富的教化思想，是禮樂教化的重要載體。孔子開科授徒，以《詩》《書》為教本，即所謂「子所雅言，《詩》、《書》、執禮，皆雅言也。」〔註331〕孔子與《尚書》關係密切，而荀子學派實際出於孔門一系，故荀子論辯多引《書》以發揮闡釋其義，《荀子》稱引《尚書》僅次於用《詩》，大篇幅地徵引《書》篇內容，可見荀子於《尚書》學有獨特的見解。

二、《荀子》引《書》考辨

《荀子》徵引《尚書》情況，陳夢家《尚書通論》統計為十四次〔註332〕，劉起釪《尚書學史》統計為二十二次〔註333〕，二者存在較大的不同。蔣善國《尚書綜述》認為「《荀子》十四條，見今偽古文的二條，見今二十九篇的十一條」〔註334〕，並詳細列舉引《書》十四條的內容。董治安整理有《荀子》引《書》表，統計共十五條。〔註335〕馬士遠教授在各家統計結果的基礎上，通過對《荀子》引《書》相關文句與傳世文獻的比對，認為《荀子》引《書》共二十三次，去其復見兩條，凡二十一條。〔註336〕茲就《荀子》一書援引《書》篇文獻逐條考辨，以反映《尚書》在戰國末期的存在面貌，窺視《書》篇文獻在戰國時代的流傳情況，亦有助於推動戰國《書》教傳統的研究。

〔註329〕（漢）班固：《漢書》，北京：中華書局，1962 年版，第 3591 頁。

〔註330〕（清）汪中：《汪中集》，臺北：中央研究院中國文哲研究所籌備處，2000 年版，第 117～120 頁。

〔註331〕楊伯峻：《論語譯注》，北京：中華書局，2009 年版，第 70 頁。

〔註332〕陳夢家：《尚書通論》，北京：中華書局，2005 年版，第 24 頁。

〔註333〕劉起釪：《尚書學史》，北京：中華書局，1989 年版，第 49 頁。

〔註334〕蔣善國：《尚書綜述》，上海：上海古籍出版社，1988 年版，第 16 頁。

〔註335〕董治安：《先秦文學與先秦文獻》，濟南：齊魯書社，1994 年版，第 158 頁。

〔註336〕馬士遠：《周秦〈尚書〉學研究》，北京：中華書局，2008 年版，第 160 頁。

（一）《荀子》引《書》見於今本篇目者

1.《修身》

> 君子之求利也略，其遠害也早，其避辱也懼，其行道理也勇。君子貧窮而志廣，富貴而體恭，安燕而血氣不惰，勞勧而容貌不枯，怒不過奪，喜不過予。君子貧窮而志廣，隆仁也；富貴而體恭，殺執也；安燕而血氣不惰，柬理也；勞勧而容貌不枯，好交也。怒不過奪，喜不過予，是法勝私也。《書》曰：「無有作好，遵王之道；無有作惡，遵王之路。」此言君子之能以公義勝私欲也。〔註337〕

《修身》篇的旨意是強調提高品德修養的途徑在於遵循禮義。此處引《書》，楊倞注：「《書》，《洪範》之辭也。」〔註338〕案今本《洪範》之文：「無有作好，遵王之道；無有作惡，遵王之路」，孔穎達《正義》云：「無有亂為私好，謬賞惡人，動循先王之正道；無有亂為私惡，濫罰善人，動循先王之正路；無偏私、無阿黨，王家所行之道蕩蕩然開闢矣。」〔註339〕荀子將「作好」、「作惡」比作私欲，先王之道、路比作公義，君子若能以公義勝私欲作為刑罰的準則，就能以公滅私，即楊倞所云：「以公滅私，故賞罰得中也。」荀子借《洪範》之言說明法勝私的道理。

2.《王制》

> 分均則不偏，執齊則不壹，眾齊則不使。有天有地而上下有差，明王始立而處國有制。夫兩貴之不能相事，兩賤之不能相使，是天數也。執位齊而欲惡同，物不能澹則必爭，爭則必亂，亂則窮矣。先王惡其亂也，故制禮義以分之，使有貧富貴賤之等，足以相兼臨者，是養天下之本也。《書》曰：「維齊非齊。」此之謂也。〔註340〕

荀子認為天下相爭而亂窮的原因在於沒有貴賤等級之分，只有以禮義分貴賤等次，才能使天下大治，並引《書》以證其說。考諸《呂刑》原文：「刑罰世輕世重，惟齊非齊，有倫有要」〔註341〕，周秉鈞釋「齊」為同，「維齊非齊」

〔註337〕（清）王先謙撰，沈嘯寰、王星賢點校：《荀子集解》，北京：中華書局，1988年版，第35～36頁。
〔註338〕（清）王先謙撰，沈嘯寰、王星賢點校：《荀子集解》，北京：中華書局，1988年版，第36頁。
〔註339〕《尚書正義》，第463～464頁。
〔註340〕（清）王先謙：《荀子集解》，第152頁。
〔註341〕《尚書正義》，第788頁。

即同與不同，言刑罰隨世輕重，同與不同，皆有道理有要求也。〔註342〕楊倞謂此句「言維齊一者乃在不齊，以論有差等然後可以為治也。」〔註343〕則荀子釋上「齊」為「齊一」，釋「非齊」為富貴貧賤無差等，其意義與《呂刑》文本相去甚遠。從訓詁學視角考察，荀子開闢了附會傳說、己意解經的先河。

> 故古之人有以一國取天下者，非往行之也，修政其所莫不願，
> 如是而可以誅暴禁悍矣。故周公南征而北國怨，曰：「何獨不來也？」
> 東征而西國怨，曰：「何獨後我也？」孰能有與是鬥者與？安以其國
> 為是者王。〔註344〕

相關文句見於今《仲虺之誥》，「乃葛伯仇餉，初征自葛。東征西夷怨，南征北狄怨，曰：『奚獨後予？』攸徂之民，室家相慶，曰：『徯予后，后來其蘇。』民之戴商，厥惟舊哉！」〔註345〕《仲虺之誥》的主人公為仲虺與商湯，而《王制》所引乃是周公之事，筆者以為，戰國時代可能在社會上流傳著《仲虺之誥》一類的傳說，諸子各家在徵引以證其事的過程中，往往根據自己的見聞與理解加以闡釋發揮，為此存在不同版本的故事系統。

3.《富國》

> 足國之道，節用裕民而善臧其餘。節用以禮，裕民以政。彼裕
> 民，故多餘。裕民則民富，民富則田肥以易，田肥以易則出實百倍。
> 上以法取焉，而下以禮節用之，餘若丘山，不時焚燒，無所臧之，
> 夫君子奚患乎無餘？……此無它故焉，不知節用裕民也。《康誥》
> 曰：「弘覆乎天，若德裕乃身。」此之謂也。〔註346〕

此處明稱《康誥》之文，今本文辭為：「弘于天若，德裕乃身，不廢在王命。」〔註347〕二者雖然在文辭上有相似之處，但細考文義卻不盡相同。孔傳云：「又闡大於天之道，而為順德，又加之寬容，則汝身不見廢，常在王命。」其義當為：弘揚了上帝的旨意，自己實行德政，我們統治天下的大命就不會被廢棄了。〔註348〕而荀子引此語的旨意是上文所說的：君主裕民，則自己也

〔註342〕周秉鈞：《尚書易解》，上海：華東師範大學出版社，2010年版，第283頁。
〔註343〕（清）王先謙：《荀子集解》，第152頁。
〔註344〕（清）王先謙：《荀子集解》，第173頁。
〔註345〕《尚書正義》，第293頁。
〔註346〕（清）王先謙：《荀子集解》，第177～178頁。
〔註347〕《尚書正義》，第534頁。
〔註348〕李民、王健：《尚書譯注》，上海：上海古籍出版社，2004年版，第261頁。

會有富厚之積。「裕」，在《尚書》中是寬容、寬裕的意思，荀子於《富國》篇中斷章取義，表示富裕之義，以與「足國之道，節用裕民而善臧其餘」的文章主題相應。

> 無它故焉，忠信調和均辨之至也。故君國長民者欲趨時遂功，
> 則和調累解，速乎急疾；忠信均辨，說乎賞慶矣；……三德者誠乎
> 上，則下應之如景嚮，雖欲無明達，得乎哉！《書》曰：「乃大明服，
> 惟民其力懋和，而有疾。」此之謂也。〔註349〕

引文見《康誥》篇，今本文辭為：「王曰：『嗚呼！封，有敘時，乃大明服，惟民其敕懋和。若有疾，惟民其畢棄咎。』」〔註350〕二者在文字方面有相似之處，但文義卻不同。楊倞注曰：「言君大明以服下，則民勉力為和調而疾速，以明效上之急也。」根據《富國》上下文義，荀子引《書》意在說明君主如果能夠做到調和無為、忠信公平、正人先正己這三種德行，那麼臣民就會如影隨形、如響隨聲。而《康誥》原義卻是：慎重嚴明地使用刑罰，民眾就會心悅誠服，和睦相處。就像醫治疾病，民眾完全去除罪惡。荀子引《書》時斷章取義，與《尚書》的句讀、意義均不合。

4.《君道》

> 有亂君，無亂國；有治人，無治法。羿之法非亡也，而羿不世
> 中；禹之法猶存，而夏不世王。故法不能獨立，類不能自行，得其
> 人則存，失其人則亡。法者，治之端也；君子者，法之原也。……
> 故君人者勞於索之，而休於使之。《書》曰：「惟文王敬忌，一人以
> 擇。」此之謂也。〔註351〕

「《書》曰」內容，今本《康誥》「惟文王之敬忌。乃裕民曰：『我惟有及。』則予一人以懌」〔註352〕與之有相似之處，但《康誥》多出「乃裕民曰我惟有及則予」等字，且「擇」與「懌」不同。案《康誥》文義當為周公告誡康叔要像文王那樣心懷敬畏，教導百姓，周公才會感到高興。而荀子在《君道》篇引《書》是為了說明選賢任能的重要性。荀子於此處斷章取義，以此來說明選擇宰輔的意義，證明「君子者，法之原也」的道理，故文字、含義均與原文不同。

〔註349〕（清）王先謙：《荀子集解》，第190～191頁。
〔註350〕《尚書正義》，第537頁。
〔註351〕（清）王先謙：《荀子集解》，第230頁。
〔註352〕《尚書正義》，第543頁。

至道大形，隆禮至法則國有常，尚賢使能則民知方，纂論公察則民不疑，賞克罰偷則民不怠，兼聽齊明則天下歸之。然後明分職，序事業，材技官能，莫不治理，則公道達而私門塞矣，公義明而私事息矣。如是，則德厚者進而佞說者止，貪利者退而廉節者起。《書》曰：「先時者殺無赦，不逮時者殺無赦。」人習其事而固，人之百事如耳目鼻口之不可以相借官也，故職分而民不探，次定而序不亂，兼聽齊明而百事不留。〔註353〕

《夏書‧胤征》有此文曰：「羲、和尸厥官，罔聞知。昏迷于天象，以干先王之誅。政典曰：『先時者殺無赦，不及時者殺無赦。』」〔註354〕《胤征》意在強調羲氏、和氏不理政事，觸犯了先王的誅殺刑律。分析《君道》上下文義，則旨在說明「隆禮至法」、「尚賢使能」的重要性，只有百姓的職務、等級劃分明確，各項工作才能順利完成。荀子引《書》與《胤征》原義不符。

5.《臣道》

恭敬而遜，聽從而敏，不敢有以私決擇也，不敢有以私取與也，以順上為志，是事聖君之義也。……《書》曰：「從命而不拂，微諫而不倦，為上則明，為下則遜。」此之謂也。〔註355〕

楊倞注曰：「《書》，《伊訓》也。」而盧文弨與郝懿行皆認為是逸《書》文句。〔註356〕案《伊訓》確實存在相關文句，「先王肇修人紀，從諫弗咈，先民時若。居上克明，為下克忠」〔註357〕，二者在文字方面有相似之處。《伊訓》存於梅賾古文《尚書》，而楊倞在唐代注解《荀子》之時，見《荀子》引《書》內容，必然以梅賾古文《尚書》為參考。到盧文弨與郝懿行時，已經意識到梅本《尚書》為偽書，故認為《荀子》所引乃是逸《書》文句。筆者以為，《荀子》明稱《書》，蓋其所引當是戰國時代流傳的《書》篇文句，因當時《尚書》存在不同的版本，故與後來梅賾所獻古文《尚書》存在一定差異。

6.《致士》

臨事接民而以義，變應寬裕而多容，恭敬以先之，政之始

〔註353〕（清）王先謙：《荀子集解》，第238～239頁。

〔註354〕《尚書正義》，第272頁。

〔註355〕（清）王先謙：《荀子集解》，第252～253頁。

〔註356〕（清）王先謙：《荀子集解》，第253頁。

〔註357〕《尚書正義》，第304頁。

也；……用其終為始，則政令不行而上下怨疾，亂所以自作也。

《書》曰：「義刑義殺，勿庸以即，女惟曰『未有順事』。」言先教也。〔註358〕

楊倞注曰：「《書》，《康誥》。言雖義刑義殺，亦勿用即行之，當先教後刑也。雖先後不失，尚謙曰：『我未有順事，故使民犯法』，『躬自厚而薄責於人』也。」據楊倞所解，荀子言此的目的是強調「先教後刑」的意義。《康誥》篇有「用其義刑義殺，勿庸以次汝封。乃汝盡遜，曰時敘，惟曰：未有遜事。」孔傳曰：「用舊法典刑宜於時世者以刑殺，勿用以就汝封之心所安。乃使汝所行盡順，曰是有次敘，惟當自謂未有順事。君子將興，自以為不足。」〔註359〕《康誥》本義是判刑要依據法律，給予合理的判決，不要以康叔封個人的意志為準則。故《荀子》所引與《康誥》意義不同。

7.《議兵》

故以詐遇詐，猶有巧拙焉；以詐遇齊，鬭之猶以錐刀墮太山也，非天下之愚人莫敢試，故王者之兵不試。湯、武之誅桀、紂也，拱把指麾而彊暴之國莫不趨使，誅桀、紂若誅獨夫。故《泰誓》曰：『獨夫紂』，此之謂也。〔註360〕

此處明稱《泰誓》，案今本《泰誓下》有「獨夫受，洪惟作威」〔註361〕之句，「紂」即「受」，《荀子》引《泰誓》之文以證商湯、武王討伐夏桀、商紂時從容指揮，如同除掉孤獨的一個人一樣，這與《泰誓下》文義正同。

8.《天論》

萬物為道一偏，一物為萬物一偏，愚者為一物一偏，而自以為知道，無知也。慎子有見於後，無見於先；老子有見於詘，無見於信；墨子有見於齊，無見於畸；宋子有見於少，無見於多。有後而無先，則群眾無門；有詘而無信，則貴賤不分；有齊而無畸，則政令不施；有少而無多，則群眾不化。《書》曰：「無有作好，遵王之道；無有作惡，遵王之路。」此之謂也。〔註362〕

〔註358〕（清）王先謙：《荀子集解》，第262頁。

〔註359〕《尚書正義》，第539頁。

〔註360〕（清）王先謙：《荀子集解》，第275頁。

〔註361〕《尚書正義》，第416頁。

〔註362〕（清）王先謙：《荀子集解》，第319～320頁。

楊倞注曰：「《書》，《洪範》。以喻偏好則非遵王道也。」案今本《洪範》之文：「無有作好，遵王之道；無有作惡，遵王之路」，孔穎達《正義》云：「無有亂為私好，謬賞惡人，動循先王之正道；無有亂為私惡，濫罰善人，動循先王之正路；無偏私、無阿黨，王家所行之道蕩蕩然開闢矣。」〔註363〕荀子在《天論》篇中批評了慎子、老子、墨子、宋子的諸多觀點，認為要全面認識萬事萬物的自然規律，而不能只看到事物的一個方面。最後引用《尚書》以證其說，但《洪範》之文似乎與荀子所言並沒有太大的聯繫。

9.《正論》

> 故主道利明不利幽，利宣不利周。故主道明則下安，主道幽則下危。故下安則貴上，下危則賤上。故上易知則下親上矣，上難知則下畏上矣。下親上則上安，下畏上則上危。故主道莫惡乎難知，莫危乎使下畏己。傳曰：「惡之者眾則危。」《書》曰：「克明明德。」《詩》曰：「明明在下。」故先王明之，豈特玄之耳哉！〔註364〕

楊倞注曰：「《書·多方》曰：『成湯至於帝乙，罔不明德慎罰。』」楊倞認為「克明明德」與《多方》「明德慎罰」相類似。但劉起釪認為《正論》該句出自《康誥》篇〔註365〕，與《康誥》「克明德慎罰」接近。馬士遠教授將之與《堯典》「克明俊德」相比較，認為「俊」通「晙」，是明的意思，故「俊德」即「明德」。〔註366〕筆者以為，荀子之時，社會上應該流傳著「克明明德」或「克明俊德」一類的《書》篇文句，《正論》篇用來說明古代聖王彰明賢明的美德。

> 昔者武王伐有商，誅紂，斷其首，縣之赤旂。夫征暴誅悍，治之盛也。殺人者死，傷人者刑，是百王之所同也，未有知其所由來者也。刑稱罪則治，不稱罪則亂。故治則刑重，亂則刑輕，犯治之罪固重，犯亂之罪固輕也。《書》曰：「刑罰世輕世重。」此之謂也。〔註367〕

刑罰因時變易思想在《呂刑》之中稱為「刑罰世輕世重」，指刑罰要根據具體的社會情況而決定輕重，即《孔傳》所云：「言刑罰隨世輕重也。刑新國

〔註363〕《尚書正義》，第463～464頁。
〔註364〕（清）王先謙：《荀子集解》，第322頁。
〔註365〕劉起釪：《尚書學史》，第19頁。
〔註366〕馬士遠：《周秦〈尚書〉學研究》，第154頁。
〔註367〕（清）王先謙：《荀子集解》，第328頁。

用輕典，刑亂國用重典，刑平國用中典。」〔註368〕但楊倞注云：「治世刑必行，則不敢犯，故重；亂世刑不行，則人易犯，故輕。李奇注《漢書》曰：『世所以治，乃刑重；所以亂，乃刑輕也。』」又曰：「治世家給人足，犯法者少，有犯則眾惡之，罪固當重也。亂世人迫於飢寒，犯法者多，不可盡用重典，當輕也。」〔註369〕從楊倞和李奇的注解分析，荀子對於「刑罰世輕世重」的理解與《呂刑》所記完全相反，荀子雖引《書》論證，但以己意解經，不合本義，是《荀子》一書釋《書》論《書》的一大特點。

10.《解蔽》

> 昔者舜之治天下也，不以事詔而萬物成。處一之危，其榮滿側；養一之微，榮矣而未知。故《道經》曰：「人心之危，道心之微。」危微之幾，惟明君子而後能知之。〔註370〕

所謂《道經》，今不可考，但其文辭卻與今本《大禹謨》「人心惟危，道心惟微，惟精惟一，允執厥中」〔註371〕有相似之處。孔傳曰：「危則難安，微則難明，故戒以精一，信執其中。」蔡沈《書集傳》謂「心者，人之知覺主於中而應於外者也。指其發於形氣者而言，則謂之人心；指其發於義理者而言，則謂之道心。人心易私而難公，故危；道心難明而易昧，故微。」〔註372〕此處應指人的思想而言，即人心自私危險，道心幽昧微明，只有精研專一，誠信地遵循中道。《道經》所言，聯繫上下文義，旨在說明固守、培養專心於道的品德，人的思想才能達到精妙的境界。二者在強調人的思想方面具有一致的意義，故《荀子》所引與《大禹謨》之文可能為戰國時代流傳的文獻資料或諺語之類，只是在形成文字之時，二者載記有所不同。

11.《君子》

> 聖王在上，分義行乎下，則士大夫無流淫之行，百吏官人無怠慢之事，眾庶百姓無奸怪之俗，無盜賊之罪，莫敢犯大上之禁。天下曉然皆知夫盜竊之人不可以為富也，皆知夫賊害之人不可以為壽也，皆知夫犯上之禁不可以為安也。由其道，則人得其所好焉；不

〔註368〕《尚書正義》，第788頁。

〔註369〕（清）王先謙：《荀子集解》，第328頁。

〔註370〕（清）王先謙：《荀子集解》，第400頁。

〔註371〕《尚書正義》，第132頁。

〔註372〕（宋）蔡沈著，錢宗武、錢忠弼整理：《書集傳》，南京：鳳凰出版社，2010年版，第24頁。

由其道，則必遇其所惡焉。是故刑罰綦省而威行如流。世曉然皆知
夫為奸則雖隱竄逃亡之由不足以免也，故莫不服罪而請。《書》曰：
「凡人自得罪。」此之謂也。〔註373〕

　　楊倞注曰：「言人人自得其罪，不敢隱也。與今《康誥》義不同，或斷章
取義與？」案今《康誥》：「凡民自得罪：寇攘奸宄，殺越人于貨，暋不畏死，
罔弗憝。」〔註374〕周秉鈞《尚書易解》謂「自，由也。自得罪，由此事得罪，
指下文所言。」〔註375〕《康誥》文義為凡是百姓因以下這些事而犯罪的。《君
子》篇引《書》是為了證明「莫不服罪而請」，即無不伏法認罪而主動請求懲
處。二者在意義上差距較大，楊倞認為《君子》篇所引《康誥》乃是斷章取義
之辭，可謂精審之見。

　　　　古者刑不過罪，爵不踰德，故殺其父而臣其子，殺其兄而臣其
弟。刑罰不怒罪，爵賞不踰德，分然各以其誠通。是以為善者勸，
為不善者沮，刑罰綦省而威行如流，政令致明而化易如神。《傳》曰：
「一人有慶，兆民賴之。」此之謂也。〔註376〕

　　今本《呂刑》文字與此相似，「一人有慶，兆民賴之，其寧惟永。」〔註
377〕近年來出土文獻的發現，為我們研究《尚書》提供了嶄新的材料。郭店
簡《緇衣》引《呂刑》作「一人有慶，萬民購（賴）之」。〔註378〕而今本《禮
記·緇衣》作「《甫刑》曰：『一人有慶，兆民賴之。』」〔註379〕又有上博簡
《緇衣》亦涉及此句，「一人有慶，萬民訍之。」校釋者謂：「訍，從言從大，
《說文》未見。」〔註380〕出土文獻皆稱「《呂刑》」，今本《緇衣》卻引作「《甫
刑》」，《荀子》引作「《傳》曰」，這對探究《呂刑》名稱的變化具有一定意
義。

〔註373〕（清）王先謙：《荀子集解》，第450～451頁。

〔註374〕《尚書正義》，第540頁。

〔註375〕周秉鈞：《尚書易解》，上海：華東師範大學出版社，2010年版，第165頁。

〔註376〕（清）王先謙：《荀子集解》，第451頁。

〔註377〕《尚書正義》，第781頁。

〔註378〕荊門市博物館編：《郭店楚墓竹簡》，北京：文物出版社，1998年版，第129頁。

〔註379〕（漢）鄭玄注，（唐）孔穎達正義，呂友仁整理：《禮記正義》，上海：上海古籍出版社，2008年版，第2105頁。

〔註380〕馬承源主編：《上海博物館藏戰國楚竹書（一）》，上海：上海古籍出版社，2001年版，第182～183頁。

12.《大略》

> 舜曰：「維予從欲而治。」故禮之生，為賢人以下至庶民也，非
> 為成聖也，然而亦所以成聖也。不學不成：堯學於君疇，舜學於務
> 成昭，禹學於西王國。〔註381〕

楊倞注曰：「《虞書》舜美皋陶之辭。言皋陶明五刑，故舜得從欲而治。引之以喻禮能成聖，亦猶舜賴皋陶也。」但郝懿行卻有不同的意見，謂「此語今《書》以入《大禹謨》，『維』字作『俾』，荀所稱則未知出何書也。……此引『舜曰』，彼援《道經》，皆不稱《書》。」俞樾對楊倞的說法也持批評意見：「楊氏誤據古文《尚書》為說，乃曰『引之以喻禮能成聖，亦猶舜賴皋陶也』，失之矣。」〔註382〕郝懿行與俞樾不贊成楊倞的說法，根本原因就在於對「舜曰」內容是否為《大禹謨》文辭存在疑問。案今本《大禹謨》「俾予從欲以治」〔註383〕，二者文字稍有不同。考諸文義，《尚書》本義是皋陶用五刑來輔助五教，使民眾合於中道，則帝舜能夠如願地治理天下。荀子引用此文，斷章取義，用以說明禮能使人成為聖人，掌握了禮就能「從欲而治」。

13.《宥坐》

> 孔子為魯司寇，有父子訟者，孔子拘之，三月不別。其父請止，
> 孔子舍之。季孫聞之不說，曰：「是老也欺予，語予曰：『為國家必
> 以孝。』今殺一人以戮不孝，又舍之。」冉子以告。孔子慨然歎曰：
> 「嗚呼！上失之，下殺之，其可乎？不教其民而聽其獄，殺不辜也。
> 三軍大敗，不可斬也；獄犴不治，不可刑也，罪不在民故也。嫚令
> 謹誅，賊也；今生也有時，斂也無時，暴也；不教而責成功，虐也。
> 已此三者，然後刑可即也。《書》曰：『義刑義殺，勿庸以即，予維
> 曰未有順事。』言先教也。」〔註384〕

楊倞曰：「《書》，《康誥》。言周公命康叔，使以義刑義殺，勿用以就汝之心，不使任其喜怒也。維刑殺皆以義，猶自謂未有使人可順守之事，故有抵犯者。自責其教之不至也。」按照《宥坐》上下文義，荀子在此說明「先教後

〔註381〕（清）王先謙：《荀子集解》，第489頁。
〔註382〕（清）王先謙：《荀子集解》，第489頁。
〔註383〕《尚書正義》，第130頁。
〔註384〕（清）王先謙：《荀子集解》，第521～522頁。

刑」的道理，而《康誥》原義是判刑要依據法律，給予適合的刑殺懲處，不能以個人意願為準則。二者在文字與含義方面都不盡相同。

14.《堯問》

> 吳起對曰：「楚莊王謀事而當，群臣莫逮，退朝而有憂色。申公巫臣進問曰：『王朝而有憂色，何也？』莊王曰：『不穀謀事而當，群臣莫能逮，是以憂也。其在《中蘬之言》也，曰：諸侯自為得師者王，得友者霸，得疑者存，自為謀而莫己若者亡。」〔註385〕

楊倞謂：「中蘬，與仲虺同，湯左相也。」今本《仲虺之誥》「予聞曰：『能自得師者王，謂人莫己若者亡。好問則裕，自用則小。』」〔註386〕郝懿行云：「今《書・仲虺之誥》亦缺此句，可知梅氏無識，不知此句不可缺也。」〔註387〕劉起釪謂「偽古文采此簡為二句。」〔註388〕郝懿行與劉起釪都認為梅賾節引《堯問》文句而羼入偽古文《尚書》。陳夢家謂：「《呂覽・驕恣篇》『《仲虺》有言，不穀說之，曰：諸侯之德能自為取師者王，能自取友者存，其所擇而莫如己者亡』，與此大略相同。」〔註389〕馬士遠教授認為「諸侯」與「自」不同，意味著言說主體的不同。〔註390〕考慮二者出現的語境，都表明得到他人幫助的重要性，剛愎自用就會導致滅亡的深刻教訓。筆者以為，即使《仲虺之誥》為梅賾偽作，但也至少表明曾經在戰國時代流傳著類似的語料，故《荀子》所引應當有所出處。

（二）《荀子》引《書》不見於今本篇目者

在《荀子》一書中，有多處引文似乎與《尚書》有關，但又無具體的《尚書》文句與之對比，茲列舉如下。

1.《成相》

> 堯授能，舜遇時，……妻以二女任以事。……禹勞心力，堯有德，干戈不用三苗服。……得后稷，五穀殖，夔為樂正鳥獸服。契為司徒。〔註391〕

〔註385〕（清）王先謙：《荀子集解》，第547～548頁。
〔註386〕《尚書正義》，第295頁。
〔註387〕（清）王先謙：《荀子集解》，第548頁。
〔註388〕劉起釪：《尚書學史》，第27頁。
〔註389〕陳夢家：《尚書通論》，第25頁。
〔註390〕馬士遠：《周秦〈尚書〉學研究》，第157頁。
〔註391〕（清）王先謙：《荀子集解》，第462～463頁。

劉起釪謂「實以韻語引《堯典》內容。」〔註392〕

2.《成相》

> 禹有功，抑下鴻，辟除民害逐共工。北決九河，通十二渚疏三
> 江。〔註393〕

劉起釪謂「以韻語引敘《禹貢》。」〔註394〕

3.《大略》

> 湯旱而禱曰：「政不節與？使民疾與？何以不雨至斯極也！宮
> 室榮與？婦謁盛與？何以不雨至斯極也！苞苴行與？讒夫興與？
> 何以不雨至斯極也！」〔註395〕

劉起釪謂「為旱禱之詞異文。可能荀卿據原文發揮寫成。」〔註396〕

4.《儒效》

> 武王之誅紂也，行之日以兵忌，東面而迎太歲，至氾而氾，至
> 懷而壞，至共頭而山隧。霍叔懼曰：「出三日而五災至，無乃不可
> 乎？」周公曰：「剖比干而囚箕子，飛廉、惡來知政，夫又惡有不可
> 焉？」〔註397〕

此處霍叔與周公的對話可能為戰國時代的《書》篇文句，荀子引文以入
其書。

（三）《荀子》論《書》考述

陳夢家在《尚書通論》中認為《荀子》討論《詩》《書》有兩個特點，即
「定《書》之界說」與「《詩》《書》《禮》《樂》並舉」。〔註398〕茲按照陳氏觀
點，將《荀子》論《書》的記載列舉如下，以備學者參考。

1. 定《書》之界說

> 故《書》者，政事之紀也；《詩》者，中聲之所止也；《禮》者，
> 法之大分，類之綱紀也，故學至乎《禮》而止矣。夫是之謂道德之

〔註392〕劉起釪：《尚書學史》，第 15 頁。
〔註393〕（清）王先謙：《荀子集解》，第 463 頁。
〔註394〕劉起釪：《尚書學史》，第 16 頁。
〔註395〕（清）王先謙：《荀子集解》，第 504 頁。
〔註396〕劉起釪：《尚書學史》，第 34 頁。
〔註397〕（清）王先謙：《荀子集解》，第 134～135 頁。
〔註398〕陳夢家：《尚書通論》，第 25 頁。

極。《禮》之敬文也,《樂》之中和也,《詩》《書》之博也,《春秋》之微也,在天地之間者畢矣。(《勸學》)〔註399〕

《禮》《樂》法而不說,《詩》《書》故而不切,《春秋》約而不速。(《勸學》)〔註400〕

故《詩》《書》《禮》《樂》之歸是矣。《詩》言是,其志也;《書》言是,其事也;《禮》言是,其行也;《樂》言是,其和也;《春秋》言是,其微也。(《儒效》)〔註401〕

2.《詩》《書》《禮》《樂》並舉

上不能好其人,下不能隆禮,安特將學雜識志,順《詩》《書》而已耳,則末世窮年,不免為陋儒而已。(《勸學》)〔註402〕

不道禮憲,以《詩》《書》為之,譬之猶以指測河也,以戈舂黍也,以錐飧壺也,不可以得之矣。(《勸學》)〔註403〕

況夫先王之道,仁義之統,《詩》《書》《禮》《樂》之分乎。(《榮辱》)〔註404〕

夫《詩》《書》《禮》《樂》之分,固非庸人之所知也。(《榮辱》)〔註405〕

略法先王而足亂世術,繆學雜舉,不知法後王而一制度,不知隆禮義而殺《詩》《書》。(《儒效》)〔註406〕

法後王,一制度,隆禮義而殺《詩》《書》,其言行已有大法矣。(《儒效》)〔註407〕

三、《荀子》引《書》概說

通過對《荀子》徵引《書》篇文獻的梳理,我們可以從不同的角度對荀

〔註399〕（清）王先謙:《荀子集解》,第11~12頁。
〔註400〕（清）王先謙:《荀子集解》,第14頁。
〔註401〕（清）王先謙:《荀子集解》,第133頁。
〔註402〕（清）王先謙:《荀子集解》,第15頁。
〔註403〕（清）王先謙:《荀子集解》,第16~17頁。
〔註404〕（清）王先謙:《荀子集解》,第68頁。
〔註405〕（清）王先謙:《荀子集解》,第69頁。
〔註406〕（清）王先謙:《荀子集解》,第138頁。
〔註407〕（清）王先謙:《荀子集解》,第140頁。

子《尚書》學進行考察，對荀子引《書》特點進行分析，這對我們瞭解先秦《尚書》的原貌和戰國時代《尚書》的流傳情況具有重要的意義。

（一）《荀子》引《書》化用語句

荀子師承孔門一派，遠紹孔子，得儒家經學要義而加以引申闡釋，對重於政教的《尚書》學更是熟稔於心，在論述學說過程中對《書》學文獻多加以改造，而化用《書》篇語句。

《王制》篇「元惡不待教而誅」，《康誥》篇有「元惡大憝，矧惟不孝不友」句，《王制》「元惡」一詞實際化用自《康誥》。

《臣道》篇「若養赤子」，《尚書‧康誥》作「若保赤子」，劉起釪認為《臣道》此句乃《康誥》句稍變而來。〔註408〕

《君子》篇「以族論罪，以世舉賢」，《泰誓上》有「罪人以族，官人以世」句，二者在文義上一致，且文句形式相近，二者之間存在一定的聯繫。

《成相》篇「明德慎罰」，《康誥》「克明德慎罰」，《多方》「罔不明德慎罰」，荀子節引《尚書》文本而成其辭。

（二）《荀子》引《書》斷章取義

《尚書》作為上古三代時期的文獻資料彙編，其中的文句都有一定的歷史背景，理解《尚書》文義應根據具體的語境而加以斟酌。但荀子援引《書》篇文句，將其作為論理說事的依據，在闡釋時隨意發揮，使引文脫離《尚書》原義，甚至存在斷章取義的現象。

《王制》篇云：「《書》曰：『維齊非齊。』此之謂也。」《呂刑》此句原義是懲罰犯罪的輕重要靈活掌握，刑罰的輕重可以根據當時的社會狀況來決定，因時制宜，靈活調整。而荀子認為天下相爭而亂窮的原因在於沒有貴賤等級之分，只有以禮義分貴賤等次，才能使天下大治。荀子釋上「齊」為「齊一」，釋「非齊」為富貴貧賤無差等，其意義與《呂刑》文本相去甚遠。

《富國》篇云：「足國之道，節用裕民而善臧其餘。……《康誥》曰：『弘覆乎天，若德裕乃身。』此之謂也。」《康誥》此句的原義當為：弘揚了上帝的旨意，自己實行德政，我們統治天下的大命就不會被廢棄了。荀子引此語的旨意則是承上文而言：君主裕民，則自己也會有富厚之積。「裕」，在《尚書》中是寬容、寬裕的意思，荀子於《富國》篇中斷章取義，表示富裕之義，

以與「足國之道，節用裕民而善臧其餘」的文章主題相應。

《致士》篇云：「《書》曰：『義刑義殺，勿庸以即，女惟曰未有順事。』言先教也。」楊倞注曰：「言雖義刑義殺，亦勿用即行之，當先教後刑也。雖先後不失，尚謙曰：『我未有順事，故使民犯法』，『躬自厚而薄責於人』也。」據楊倞所解，荀子言此的目的是強調「先教後刑」的意義。《康誥》本義是判刑要依據法律，給予合理的判決，不要以康叔封個人的意志為準則。故《荀子》所引與《康誥》意義不同。

通過對上述三例的分析，《荀子》引《書》多對《尚書》原意進行改造，使之符合己說而與《書》篇要義相去甚遠。《荀子》引《書》斷章取義，使《尚書》作為政教文本的教化意義逐漸淡薄，從某種意義上說，這是對儒家經典文化的解構，是荀子對儒家政治哲學的重新闡釋，使儒家所強調的禮義教化在闡釋學方面具有了微言大義的功能，同時，荀子徵引《尚書》斷章取義，使《尚書》所獨有的史學意義不斷下降，這也是值得注意的一點。

（三）《荀子》引《書》的價值

探究《荀子》引《書》的價值問題，對我們認識戰國末期《尚書》的流變情況具有十分重要的意義，同時，可以從經學史、思想史方面對荀子思想及荀子《書》學思想進行考辨。

首先，《荀子》引《書》是研究先秦諸子引用《尚書》體例的重要例證。先秦典籍在徵引《書》篇文句的過程中，形成了各自獨特的徵引風格，就《荀子》一書而言，其特點更為顯著，形成了固定的模式：先引後議或先議後引，句式為「此之謂也」。《荀子》引《書》在繼承春秋以來逐漸定型的「此之謂也」的固定方式之後，將議論與引證進一步密切結合。先引後議的例子如《修身》篇「《書》曰：『無有作好，遵王之道；無有作惡，遵王之路。』此言君子之能以公義勝私欲也。」荀子先徵引《書》篇，闡發其大義，然後對《書》中原義進行發揮引申，而與《書》篇本義相去甚遠。先議後引的例子如《王制》篇載「故制禮義以分之，使有貧富貴賤之等，足以相兼臨者，是養天下之本也。《書》曰：『維齊非齊。』此之謂也。」這種方式借用「此之謂也」的句式來完成對所議論之事和引《書》闡述的論證。

其次，通過分析《荀子》與《書》經的關係，有助於探析荀子在《尚書》流傳過程中所起的作用。荀子在論理說事時，大量援引《書》篇文獻，可知荀子對《書》十分熟悉，故荀子本人及荀子學派在先秦《書》學的傳授流變中應

當起著積極的作用。余英時認為：「在先秦儒學史上，儒家經典為孔子所手定，而其傳授之功，見於文獻可考者，則前歸子夏，後歸荀子，他們二人在傳授儒家經典方面皆有卓越的表現。」〔註409〕荀子對漢代《書》學的流傳也產生了重要影響，蔣善國云：「我們雖不能遽以此斷定伏生治《書》受過荀子的傳授，可是伏生既然是齊國人，而荀子在齊國做了三次祭酒，自難免有些淵源。如果這個推測不錯，那麼荀子不但與《書》的編纂有關，並且與《書》的傳授也有影響。……那麼，秦季儒家或博士整編《尚書》定為官本，受了荀卿的影響，是很自然的事。」〔註410〕為此，《荀子》引《書》曾在《書》學流傳過程中產生過深遠的影響。

四、小結

通過對《荀子》引《書》、論《書》的分析考論，荀子在運用《尚書》為己說論證之時往往脫離原義，甚至斷章取義，這與荀子對《尚書》學以述為作的特點有很大的聯繫。

《尚書》是上古三代的政教之書，在被儒家經典化的過程中形成了影響後世深遠的《書》教傳統。戰國時代，百家爭鳴成為社會的主題，在這樣的歷史背景之下，荀子一派為求掌握政治上、文化上的話語權必須對流傳已久的《尚書》進行符合己說的闡釋、延伸。荀子多層次、多角度地徵引《尚書》，突破了孔孟側重徵引《書》中歷史史實的界限，注重分析《書》中所蘊含的義理，極大地拓寬了《尚書》的引用空間。荀子加深對《書》的闡釋力度，賦予新的哲學意義，對我們窺探戰國《書》學的原貌和瞭解先秦《書》學的流變，都有重要的價值。《荀子》引《書》、論《書》推動了《尚書》在社會上的傳播，同時有助於促進戰國《書》教傳統的形成、演變。

第五節 《韓非子》引《書》考論

一、韓非子事略及學術淵源

韓非子的生平事蹟及學術脈絡，載於《史記・老子韓非列傳》，其云：

〔註409〕余英時：《中國思想傳統及其現代變遷》，桂林：廣西師範大學出版社，2004年版，第184頁。
〔註410〕蔣善國：《尚書綜述》，上海：上海古籍出版社，1988年版，第16頁。

韓非者，韓之諸公子也。喜刑名法術之學，而其歸本於黃老。非為人口吃，不能道說，而善著書。與李斯俱事荀卿，斯自以為不如非。

非見韓之削弱，數以書諫韓王，韓王不能用。於是韓非疾治國不務脩明其法制，執勢以御其臣下，富國彊兵而以求人任賢，反舉浮淫之蠹而加之於功實之上。以為儒者用文亂法，而俠者以武犯禁。寬則寵名譽之人，急則用介冑之士。今者所養非所用，所用非所養。悲廉直不容於邪枉之臣，觀往者得失之變，故作《孤憤》《五蠹》《內外儲》《說林》《說難》十餘萬言。〔註411〕

韓非子的著作，《漢書·藝文志·諸子略》法家類載：「《韓子》五十五篇」，班固自注：「名非，韓諸公子，使秦，李斯害而殺之。」〔註412〕張守節《史記正義》引阮孝緒《七錄》載《韓子》二十卷，篇數、卷數皆與今本相符，今《韓非子》二十卷五十五篇。關於《韓非子》的注本，《四庫全書總目提要·子部·法家類》云：「其注不知何人作。考元至元三年何犿本，稱舊有李瓚注，鄙陋無取，盡為削去云云。則注者當為李瓚，然瓚為何代人，犿未之言。王應麟《玉海》已稱《韓子注》不知誰作，諸書亦別無李瓚注《韓子》之文，不知犿何所據也。」〔註413〕清代王先慎《韓非子集解》、近人陳奇猷《韓非子集釋》，是較為精湛的注本，流佈較廣。

（一）韓非之學源出荀子

據《史記》所言，韓非與李斯皆為荀卿之弟子，《李斯列傳》亦載李斯從荀卿學為政之術，「乃從荀卿學帝王之術」〔註414〕。同時，李斯在秦國議論朝政之時，援引荀卿之言和同學韓非之語，如「吾聞之荀卿曰『物禁大盛』」〔註415〕，「故韓子曰：『慈母有敗子而嚴家無格虜』」〔註416〕，「是故韓子曰：

〔註411〕（漢）司馬遷撰，（南朝宋）裴駰集解，（唐）司馬貞索隱，（唐）張守節正義：《史記》，北京：中華書局，1982 年版，第 2146～2147 頁。

〔註412〕（漢）班固著，（唐）顏師古注：《漢書》，北京：中華書局，1962 年版，第 1735 頁。

〔註413〕（清）永瑢等撰：《四庫全書總目提要》第十九冊，王雲五主編，《萬有文庫》本，上海：商務印書館，1935 年版，第 67 頁。

〔註414〕（漢）司馬遷：《史記》，第 2539 頁。

〔註415〕（漢）司馬遷：《史記》，第 2547 頁。

〔註416〕（漢）司馬遷：《史記》，第 2555 頁。

『布帛尋常，庸人不釋，鑠金百溢，盜跖不搏』」〔註417〕，故司馬遷說「斯知六藝之歸，不務明政以補主上之缺」〔註418〕。李斯能夠明知六藝之術的旨歸要義，出於同門的韓非更是以荀卿之學為淵源。荀卿主張「隆禮義而殺《詩》《書》」，效法後王，韓非承繼此說，認為先王之道不足法，云：「然則今有美堯、舜、湯、武、禹之道於當今之世者，必為新聖笑矣。是以聖人不期脩古，不法常可，論世之事，因為之備。」〔註419〕羅根澤《韓非子反古考》〔註420〕列舉大量例證以說明韓非對儒墨兩家之傳統學說的批判，可以參考。荀子主張人性惡之說，認為通過禮義可以改正，韓非子將其理論推向更深層次，認為世人皆自私自利，君主只有通過賞善懲惡之術，運用「法、術、勢」三者的結合，才能達到治世的目的。韓非之學源出荀卿，繼承荀卿學說思想而加以闡揚，形成自己獨有的學術體系。

（二）韓非援儒釋老

　　韓非之學淵源於荀卿，而荀卿乃儒學之集大成者，故韓非闡釋議論不免徵引孔子及儒家學者之言論。《解老》篇是韓非解釋《老子》思想的篇章，但其中不全用道家思想，而夾雜著儒家思想於其間，甚至援引儒學之經義以闡釋老子之道，茲舉例說明之。

> 仁者，謂其中心欣然愛人也。其喜人之有福而惡人之有禍也，
> 生心之所不能已也，非求其報也。故曰：「上仁為之而無以為也。」
> 〔註421〕

　　「上仁為之而無以為」語出《老子》第三十八章〔註422〕，這段話的大義是：仁者愛人是純出於中心的欣喜，是生於人之本心的，不是希求對方的報答。所以說，最高的「仁」，行動起來乃是無所為而為之的。法家嚴而少恩，不言仁義，此與法家思想不合，韓非借儒家之「仁義」解老子之「仁」，對其

〔註417〕（漢）司馬遷：《史記》，第 2555 頁。
〔註418〕（漢）司馬遷：《史記》，第 2563 頁。
〔註419〕（清）王先慎撰，鍾哲點校：《韓非子集解》，北京：中華書局，1998 年版，第 442 頁。
〔註420〕羅根澤：《韓非子反古考》，《古史辨》第六冊，上海：上海古籍出版社，1982 年版，第 31～44 頁。
〔註421〕（清）王先慎撰，鍾哲點校：《韓非子集解》，北京：中華書局，1998 年版，第 131 頁。
〔註422〕（魏）王弼注，樓宇烈校釋：《老子道德經注校釋》，北京：中華書局，2008 年版，第 93 頁。

重新定義，仁是使人不行私鬥，義在於守分不相侵。

> 禮者，所以貌情也，群義之文章也，君臣父子之交也，貴賤
> 賢不肖之所以別也。……功有實而實有光，仁者德之光。光有澤
> 而澤有事，義者仁之事也。事有禮而禮有文，禮者義之文也。故
> 曰：「失道而後失德，失德而後失仁，失仁而後失義，失義而後失
> 禮。」〔註423〕

《老子》作「失道而後德，失德而後仁，失仁而後義，失義而後禮」〔註424〕，根據上下文義，道、德、仁、義、禮五種觀念的關係是相依相生的，是用來處理各種人際關係的制度和儀式。韓非將仁義禮節制度化，是對儒家仁、禮思想的繼續深化和發展。

關於韓非用儒家之言解老子之道，陳澧在《東塾讀書記·諸子書》中曾有論斷，云：「《韓非》此說，……而其解仁、義、禮三字之義，則純乎儒者之言，精邃無匹，是其天資絕高。又其時去聖未遠，所聞仁義禮之說，尚無差謬，而其文又足以達之，使其為儒者解孔子之言，必有可觀者也。《法言》云：『莊周申韓，不乖寡聖人而漸諸篇，則顏氏之子、閔氏之孫其如台。』」〔註425〕陳氏此說是對韓非援儒釋老的精妙見解。

（三）韓非之學歸本老子

馮友蘭在《中國哲學史》中提到「法家中有三派：一重勢，二重術，三重法。」〔註426〕慎到重勢，《韓非子·難勢》篇引慎到曰：「賢智未足以服眾，而勢位足以詘賢者也」〔註427〕，關於慎到的記載，《史記·孟子荀卿列傳》言：「慎到，趙人。……皆學黃老道德之術，因發明序其指意。故慎到著十二論。」〔註428〕重術者以申不害為宗，《韓非子·定法》篇曰：「今申不害言術，……術者，因任而授官，循名而責實，操殺生之柄，課群臣之能

〔註423〕（清）王先慎撰，鍾哲點校：《韓非子集解》，北京：中華書局，1998年版，第132~133頁。

〔註424〕（魏）王弼注，樓宇烈校釋：《老子道德經注校釋》，北京：中華書局，2008年版，第93頁。

〔註425〕（清）陳澧著，楊志剛校點：《東塾讀書記》，北京：三聯書店，1998年版，第255頁。

〔註426〕馮友蘭：《中國哲學史》，重慶：重慶出版社，2009年版，第261頁。

〔註427〕（清）王先慎撰，鍾哲點校：《韓非子集解》，北京：中華書局，1998年版，第388頁。

〔註428〕（漢）司馬遷：《史記》，第2347頁。

者也。」〔註429〕《史記・老子韓非列傳》載曰：「申不害者，京人也，故鄭之賤臣。學術以干韓昭侯，昭侯用為相。內脩政教，外應諸侯，十五年。終申子之身，國治兵彊，無侵韓者。申子之學本於黃老而主刑名。著書二篇，號曰《申子》。」〔註430〕重法者以商鞅為宗，《定法》篇又云：「公孫鞅為法。……法者，憲令著於官府，刑罰必於民心，賞存乎慎法，而罰加乎奸令者也。」〔註431〕韓非子對術、法加以評斷曰：「君無術則弊於上，臣無法則亂於下，此不可一無，皆帝王之具也。」〔註432〕韓非子集慎到之勢、申不害之術、商鞅之法三派之大成，以老子之學為根柢，故能成一家之言。司馬遷斷韓非之學術，「韓子引繩墨，切事情，明是非，其極慘礉少恩。皆原於道德之意，而老子深遠矣。」〔註433〕司馬遷把慎到、申不害、韓非三家的學術要旨都歸宗於老子，是對韓非之學的確見，後世學者多依從此說，蘇軾《韓非論》言：「商鞅、韓非求為其說而不得，得其所以輕天下而齊萬物之術，是以敢為殘忍而無疑。……嘗讀而思之，事固有不相謀而相感者。莊老之後，其禍為申韓。」〔註434〕蘇軾認為老子、莊周之學為一派，其後申不害、韓非繼承其學說而予以發揮闡釋。

　　《韓非子》有《解老》《喻老》兩篇，是對《老子》之學的注箋釋義，可以說是對《老子》進行詮釋的最早之文。章太炎對此極為推贊，《國故論衡・原道上》云：「凡周秦解故之書，今多亡佚，諸子尤寡。《韓子》獨有《解老》《喻老》二篇，後有說《老子》者，宜據《韓非》為大傳，而疏通證明之，其賢於王輔嗣遠矣。」〔註435〕《韓非子》一書直接明稱老子之言，如《存韓》：「故曰：兵者，兇器也。」〔註436〕出自《老子》第三十一章，又

〔註429〕（清）王先慎撰，鍾哲點校：《韓非子集解》，北京：中華書局，1998 年版，第 397 頁。

〔註430〕（漢）司馬遷：《史記》，第 2146 頁。

〔註431〕（清）王先慎撰，鍾哲點校：《韓非子集解》，北京：中華書局，1998 年版，第 397 頁。

〔註432〕（清）王先慎撰，鍾哲點校：《韓非子集解》，北京：中華書局，1998 年版，第 397 頁。

〔註433〕（漢）司馬遷：《史記》，第 2156 頁。

〔註434〕（宋）蘇軾：《蘇東坡集》第十八冊，王雲五主編，《萬有文庫》本，上海：商務印書館，1930 年版，第 65 頁。

〔註435〕章太炎：《國故論衡》，上海：上海古籍出版社，2003 年版，第 108 頁。

〔註436〕（清）王先慎撰，鍾哲點校：《韓非子集解》，北京：中華書局，1998 年版，第 15 頁。

《六反》：「老聃有言曰：知足不辱，知止不殆。」〔註437〕語出《老子》第
四十四章。

　　老子思想以無為而治為要義，韓非吸取老子政治思想的核心內涵，糅合
以法家的法、術、勢進行重新提煉，形成立足法家而歸本黃老的一家。老子
無為而治的基本精神，延及於政治領域，則帝王垂拱而治，百姓自治於下。
韓非認為人皆自私自利，主張人性本惡之說，君主善用法術勢三者，以賞善
罰惡之道治理天下，才能做到「無為而治」的境界。如《大體》篇曰：「寄
治亂於法術，託是非於賞罰。」〔註438〕《揚權》：「夫物者有所宜，材者有
所施。各處其宜，故上下無為。使雞司夜，令狸執鼠，皆用其能，上乃無事。」
〔註439〕韓非所屬之法家之學，受道家思想影響很深，如《莊子‧天道》篇
曰：「夫帝王之德，以天地為宗，以道德為主，以無為為常。無為也，則用
天下而有餘。」〔註440〕馮友蘭對此評價說：「君主任群臣之自為，而自執『二
柄』以責其效。君主之職責，如大輪船上之掌舵者然。但高處深居，略舉手
足，而船自能隨其意而運動。此所謂以一馭萬，以靜制動之道也。」〔註441〕
馮氏將君主之權柄喻作船之掌舵者，是帝王之術以無為為常的反映，帝王施
行此道，方可垂拱而天下治。韓非政治哲學之術，要其根本，則歸宗於黃老
之學。

二、韓非子《尚書》學考述

　　關於《韓非子》引《書》的研究，近代諸家都有所輯錄，如陳夢家《尚
書通論》認為《韓非子》引《書》僅一見，即《說林上》篇引《酒誥》之文。
〔註442〕蔣善國《尚書綜述》認為《韓非子》引《書》共有四條，分別見於
《有度》《說林上》《外儲說左上》三章之內。〔註443〕劉起釪《尚書學史》

〔註437〕（清）王先慎撰，鍾哲點校：《韓非子集解》，北京：中華書局，1998 年版，
　　　　第 422 頁。
〔註438〕（清）王先慎撰，鍾哲點校：《韓非子集解》，北京：中華書局，1998 年版，
　　　　第 209 頁。
〔註439〕（清）王先慎撰，鍾哲點校：《韓非子集解》，北京：中華書局，1998 年版，
　　　　第 44 頁。
〔註440〕（清）郭慶藩撰，王孝魚點校：《莊子集釋》，北京：中華書局，2012 年版，
　　　　第 469 頁。
〔註441〕馮友蘭：《中國哲學史》，重慶：重慶出版社，2009 年版，第 271 頁。
〔註442〕陳夢家：《尚書通論》，北京：中華書局，2005 年版，第 25 頁。
〔註443〕蔣善國：《尚書綜述》，上海：上海古籍出版社，1988 年版，第 17 頁。

輯錄《韓非子》引《書》共七次，〔註444〕馬士遠教授統計共有九次〔註445〕。本文在諸家研究成果的基礎上，就《韓非子》援引《尚書》的情況進行逐條考辨，以反映韓非子引《書》論《書》的特點，藉以考察戰國末期法家思想對《書》學文獻的整理與運用，同時有助於瞭解和審視《尚書》在戰國末期的流傳情況。

（一）《韓非子》明稱《書》篇文獻考述

1.《韓非子·說林上》

> 智伯索地於魏宣子，魏宣子弗予。任章曰：「何故不予？」宣子曰：「無故請地，故弗予。」任章曰：「無故索地，鄰國必恐；彼重欲無厭，天下必懼。君予之地，智伯必驕而輕敵，鄰邦必懼而相親。以相親之兵，待輕敵之國，則智伯之命不長矣。《周書》曰：『將欲敗之，必姑輔之；將欲取之，必姑予之。』君不如予之，以驕智伯。且君何釋以天下圖智氏，而獨以吾國為智氏質乎？」〔註446〕

此處《周書》所言內容不見於今本《尚書》，王先慎引王應麟之說，「疑此為蘇秦所讀《周書》《陰符》之類。」〔註447〕案此句又見於《戰國策·魏策一》「知伯索地於魏桓子」，所載之事與《說林上》相同。王應麟曰：「《周書》云云，此豈蘇秦所讀《周書》《陰符》者歟？老氏之言出於此。朱子曰：『老子為柱下史，故見此書。』」〔註448〕稽考《老子》篇章，有與此相類似的文句，「將欲歙之，必固張之；將欲弱之，必固強之；將欲廢之，必固興之；將欲奪之，必固與之。」〔註449〕聯繫《說林上》文義，智伯向魏宣子索取土地而魏宣子不給，任章勸諫魏宣子給予智伯土地，以使智伯驕傲輕敵，最終智伯在向趙國索取土地時敗亡於晉陽。任章借用《周書》所言之義以說明「智伯必驕而輕敵，鄰邦必懼而相親」的道理，《老子》主張以弱勝強的

〔註444〕劉起釪：《尚書學史》，北京：中華書局，1989 年版，第 50 頁。

〔註445〕馬士遠：《周秦〈尚書〉學研究》，北京：中華書局，2008 年版，第 322 頁。

〔註446〕（清）王先慎撰，鍾哲點校：《韓非子集解》，北京：中華書局，1998 年版，第 172～173 頁。

〔註447〕（清）王先慎撰，鍾哲點校：《韓非子集解》，北京：中華書局，1998 年版，第 173 頁。

〔註448〕（西漢）劉向輯錄，范祥雍箋證，范邦瑾協校：《戰國策箋證》，上海：上海古籍出版社，2011 年版，第 1244 頁。

〔註449〕（魏）王弼注，樓宇烈校釋：《老子道德經注校釋》，北京：中華書局，2008 年版，第 88 頁。

陰柔之術，二者在處世的思維與方式上存在必然的聯繫，故筆者以為，《說林上》中的「《周書》」應與《尚書》無關，而與《老子》存在某些語義上的聯繫。

2.《韓非子‧說林上》

> 紹績昧醉寐而亡其裘，宋君曰：「醉足以亡裘乎？」對曰：「桀以醉亡天下，而《康誥》曰：『毋彝酒。』彝酒者，常酒也。常酒者，天子失天下，匹夫失其身。」〔註450〕

案「毋彝酒」語見今《酒誥》，其文為：「文王誥教小子、有正、有事：無彝酒」〔註451〕，「毋」與「無」，字雖不同，但意義相通。王先慎曰：「今在《酒誥》中。楊子《法言‧問神篇》云：『昔之說《書》者序以百，而《酒誥》之篇俄空焉，今亡夫。』是漢時已無《酒誥》，而《康誥》亦有佚文，後人纂輯《酒誥》，並《康誥》佚句亦併錯入，當據此訂正。」〔註452〕王先慎認為今本《酒誥》乃後人纂輯而成，並將《康誥》中的文句羼入其中，按照王氏的解釋，「毋彝酒」本就是《康誥》內容。筆者以為不然，《康誥》書序云：「成王既伐管叔、蔡叔，以殷餘民封康叔，作《康誥》《酒誥》《梓材》。」〔註453〕鄭玄《周禮‧序》說《盤庚》《康誥》等皆三篇，段玉裁《古文尚書撰異》以為「《酒誥》而繫之《康誥》，蓋周時通《酒誥》《梓材》為《康誥》也。」皮錫瑞《今文尚書考證》亦謂「據此則三篇實同一篇，韓非在焚書之前，其說可據。」〔註454〕《說林上》引文稱《康誥》者，筆者以為，在韓非之時，《尚書》篇名尚未確定，正如段氏與皮氏所言，故《康誥》《酒誥》篇名混稱現象時有發生。

3.《韓非子‧說林下》

> 伯樂教其所憎者相千里之馬，教其所愛者相駑馬。以千里之馬時一有，其利緩；駑馬日售，其利急。此《周書》所謂「下言而上

〔註450〕（清）王先慎撰，鍾哲點校：《韓非子集解》，北京：中華書局，1998年版，第175～176頁。
〔註451〕（漢）孔安國傳，（唐）孔穎達正義，黃懷信整理：《尚書正義》，上海：上海古籍出版社，2007年版，第551頁。
〔註452〕（清）王先慎撰，鍾哲點校：《韓非子集解》，北京：中華書局，1998年版，第176頁。
〔註453〕《尚書正義》，第529頁。
〔註454〕劉起釪：《尚書學史》，北京：中華書局，1989年版，第20頁。

用者，惑也。」〔註455〕

《周書》所言內容不見於今本《尚書》，孫詒讓曰：「此所引蓋《逸周書》佚文，《淮南子・氾論訓》云：『昔者《周書》有言曰：上言者下用也，下言者上用也；上言者常也，下言者權也。』……兩文同出一原，而意恉皆不甚明晰。以高說推之，似謂上言而下用之者為事之常，下言而上用之者則為權時暫用。……韓子引之者，以況『千里馬時一有，其利緩』，猶下言上用之不可為常耳。」〔註456〕針對此句的具體含義，梁啟雄謂「此謂卑下之言而適用於上流社會者，乃時或用之，不可常用也。」〔註457〕陳奇猷認為「伯樂教其所憎者相千里馬，所愛者相駑馬，是反其道而行之，則上言而下用亦當係指反其道而行之。如此，則下言指不智之言，不智之言而上用之，故曰惑也。即《淮南》亦此意，謂明智之言永久可行，愚魯之言權用而已。」〔註458〕

《說林上》與《氾論訓》所言《周書》在文義上不夠明晰，或是韓非子權謀治術的理論，諸家也只是聯繫上下文義進行推測而已。文中所引《周書》內容，文句、語義皆不似《尚書》，故可能為《逸周書》佚文。

4.《韓非子・外儲說左上》

《書》曰：「紳之束之。」宋人有治者，因重帶自紳束也。人曰：「是何也？」對曰：「《書》言之，固然。」

《書》曰：「既雕既琢，還歸其樸。」梁人有治者，動作言學，舉事於文，曰難之，顧失其實。人曰：「是何也？」對曰：「《書》言之，固然。」〔註459〕

程元敏認為此條出自《尚書》文句，云「《尚書》者，明先王之道之載籍也。韓非主法後王，疑先王之言為不信，兼以後世解讀先王書，或有郢書燕

〔註455〕（清）王先慎撰，鍾哲點校：《韓非子集解》，北京：中華書局，1998年版，第186頁。

〔註456〕（清）王先慎撰，鍾哲點校：《韓非子集解》，北京：中華書局，1998年版，第186頁。

〔註457〕梁啟雄：《韓子淺解》，北京：中華書局，1960年版，第198頁。

〔註458〕陳奇猷校注：《韓非子集釋》，上海：上海人民出版社，1974年版，第454頁。

〔註459〕（清）王先慎撰，鍾哲點校：《韓非子集解》，北京：中華書局，1998年版，第279頁。

說之失，於是非乃舉宋、梁誤泥《尚書》文句而致節行迂曲者兩件。」〔註460〕
然而，陳奇猷認為此處之「書」未必一定指《尚書》而言，謂「書，即書策之
書，非必謂《尚書》也。」〔註461〕筆者以為，就文義而言，第一條是宋人望
文生義，誤解書意，用重複的腰帶來捆束自己的腰。第二條是梁人斷章取義，
採擇書本上的字句作為教條，固執於文義而不問客觀實際。又聯繫《尚書》
語言特點，這兩句似與《書》篇文句的行文方式不符合，故本文從陳說，不必
以為是《尚書》文句。

5.《韓非子·難勢》

> 夫勢者，非能必使賢者用己，而不肖者不用己也。賢者用之
> 則天下治，不肖者用之則天下亂。人之情性賢者寡而不肖者眾，
> 而以威勢之利濟亂世之不肖人，則是以勢亂天下者多矣，以勢治
> 天下者寡矣。夫勢者，便治而利亂者也。故《周書》曰：「毋為虎
> 傅翼，將飛入邑，擇人而食之。」夫乘不肖人於勢，是為虎傅翼
> 也。〔註462〕

此句不見於今本《尚書》，卻見於《逸周書·寤儆解》，其文為「無虎傅
翼，將飛入邑，擇人而食」〔註463〕，二文相比對，只有少數文字的不同。《難
勢》篇藉此句以責難辯駁勢治學說，探討勢治問題在政治中的地位和作用，
認為權勢具有治理天下與擾亂天下的雙面性；《寤儆解》是武王恐伐商不能而
求誠於周公，周公告誠要遵順天命，服從天地人三德的法則，鑒戒成敗的經
驗教訓，用此句以教導武王不驕橫、不吝嗇。由此可見，二文出現的語義環
境不同，即所表達的政治意義側重點不同。

（二）《韓非子》暗引《書》篇文獻考述

1.《韓非子·有度》

> 先王之法曰：「臣毋或作威，毋或作利，從王之指；毋或作惡，
> 從王之路。」古者世治之民，奉公法，廢私術，專意一行，具以待

〔註460〕程元敏：《先秦經學史（下）》，臺北：臺灣商務印書館，2013 年版，第 757
　　　　頁。
〔註461〕陳奇猷校注：《韓非子集釋》，上海：上海人民出版社，1974 年版，第 650 頁。
〔註462〕（清）王先慎撰，鍾哲點校：《韓非子集解》，北京：中華書局，1998 年版，
　　　　第 389～390 頁。
〔註463〕黃懷信：《逸周書校補注譯》（修訂本），西安：三秦出版社，2006 年版，第
　　　　150 頁。

任。〔註464〕

王先慎《集解》引顧廣圻曰：「此下五句文與《洪範》有異，或別有所出，非引彼也。」〔註465〕案《洪範》有「無有作好，遵王之道；無有作惡，遵王之路」〔註466〕句，謂臣民好惡不得出於偏私，一以遵行君王之法則。聯繫《有度》上下文義，韓非認為廉、忠、仁、義、智五者乃是流於亂世的說法，是古代聖明帝王的法令所摒棄的，而古代治世的百姓，奉公守法，拋棄私利，遵循君主的法度，聽候君主的任用。這與《洪範》之文存在意義上的聯繫，對於「惟辟作福，惟辟作威，惟辟玉食。臣無有作福、作威、玉食。臣之有作福、作威、玉食，其害于而家，凶于而國」〔註467〕的解釋，韓非謂「專意一行，具以待任」，強調臣民不得施行刑罰獎賞，此即舊注所云「治世之人，所具意行，不用之於私，惟以待君之任耳。」〔註468〕

筆者以為，《有度》所引與《洪範》文句，二者存在語義上的聯繫，蓋戰國末期存在「先王之法」此一類的語句，韓非作書議論法度的重要性，援引此等文獻材料。兩書皆依據先王之法所標明的格言旨意以論事，故顧廣圻的說法是正確的。

2.《韓非子·忠孝》

> 瞽瞍為舜父而舜放之，象為舜弟而殺之。放父殺弟，不可謂仁；
> 妻帝二女而取天下，不可謂義。〔註469〕

此處乃韓非引據《尚書·堯典》，其文為：「女于時，觀厥刑于二女。釐降二女于媯汭，嬪于虞。」〔註470〕堯以二女妻舜，觀其法度，以治家觀治國之道。韓非子非難儒家之尚賢學說，取《尚書》所載舜娶帝堯二女之事以譏諷

〔註464〕（清）王先慎撰，鍾哲點校：《韓非子集解》，北京：中華書局，1998年版，第36頁。

〔註465〕（清）王先慎撰，鍾哲點校：《韓非子集解》，北京：中華書局，1998年版，第36頁。

〔註466〕（漢）孔安國傳，（唐）孔穎達正義，黃懷信整理：《尚書正義》，上海：上海古籍出版社，2007年版，第463～464頁。

〔註467〕《尚書正義》，第465頁。

〔註468〕（清）王先慎撰，鍾哲點校：《韓非子集解》，北京：中華書局，1998年版，第36頁。

〔註469〕（清）王先慎撰，鍾哲點校：《韓非子集解》，北京：中華書局，1998年版，第467頁。

〔註470〕《尚書正義》，第58頁。

舜為不義之臣。韓非尚法不尚賢，舜既為帝堯之賢臣，而取君之國，娶君之二女，韓非以為不義臣，故堯舜不必尊而先王之道不足法。韓非暗引《尚書》之事，以諷儒家尚賢之說。

3.《韓非子·外儲說右上》

> 堯欲傳天下於舜，鯀諫曰：「不祥哉！孰以天下而傳之於匹夫乎？」堯不聽，舉兵而誅殺鯀於羽山之郊。共工又諫曰：「孰以天下而傳之於匹夫乎？」堯不聽，又舉兵而流共工於幽州之都。〔註471〕

誅殺鯀、流共工之事，見於《尚書·舜典》：「流共工于幽州，放驩兜于崇山，竄三苗于三危，殛鯀于羽山，四罪而天下咸服。」〔註472〕事在堯退位而舜攝政之時，並非堯親自舉兵誅殺鯀、流放共工。《尚書·洪範》「鯀則殛死」，鯀受責遣至羽山，是先殛後死，堯舜並未殺之。且鯀之死在於治水而犯罪，即「鯀堙洪水，汩陳其五行」；共工則以「靜言庸違，象恭滔天」而獲罪。而韓非以為二人因為勸諫帝堯禪位於舜而被殺，或許二人當時確實規勸過帝堯，但帝堯不聽，等到舜攝政，於是殺鯀、流共工。韓非從法家的角度對堯舜時代的政治事件進行解讀，是對儒家所尊奉的聖主仁君形象的顛覆，但從史學的角度考慮，似乎可以對這一歷史事件進行補充，側面反映出歷史的真實性。

4.《韓非子·十過》

> 臣聞昔者堯有天下，飯於土簋，飲於土鉶。其地南至交趾，北至幽都，東西至日月所出入者，莫不賓服。〔註473〕

「南至交趾，北至幽都」，據《尚書·堯典》為「申命羲叔，宅南交。……申命和叔，宅朔方，曰幽都。」〔註474〕「東西至日月所出入者」，即《堯典》：「分命羲仲，宅嵎夷，曰暘谷。寅賓出日，……分命和仲，宅西，曰昧谷。寅餞納日。」〔註475〕韓非認為治國者有十種過錯，其六為「耽於女樂，不顧國

〔註471〕（清）王先慎撰，鍾哲點校：《韓非子集解》，北京：中華書局，1998年版，第324頁。
〔註472〕《尚書正義》，第88～89頁。
〔註473〕（清）王先慎撰，鍾哲點校：《韓非子集解》，北京：中華書局，1998年版，第70頁。
〔註474〕《尚書正義》，第39頁。
〔註475〕《尚書正義》，第38～39頁。

政,亡國之禍也」〔註476〕,戎王由於沉湎於女樂而亡國,韓非勸誡君王要勤勉,借《堯典》之文以曉諭之。

(三)《韓非子》論《書》考述

1.《韓非子・和氏》

> 商君教秦孝公以連什伍,設告坐之過,燔《詩》《書》而明法令,塞私門之請而遂公家之勞,禁游宦之民而顯耕戰之士。〔註477〕

此段韓非子並言《詩》《書》,蓋《詩》《書》乃春秋戰國時代諸家立言治世的理論依據,先秦諸子常《詩》《書》並論。《和氏》篇運用和氏之璧的典故,以寓言體故事的形式,以玉璞喻法術,把卞和喻作法術之士,用刖足比喻法術之士的不幸遭遇。商鞅勸誡秦孝公燔燒《詩》《書》等儒家經典而彰明法令,使孝公能夠「主以尊安,國以富強」,但商鞅仍不免於「車裂於秦」。王先慎引《困學紀聞》曰:「《史記・商君傳》不言『燔《詩》《書》』,蓋《詩》《書》之道廢,與李斯之焚無異也。」〔註478〕據此,秦焚書不待始皇之時已經開始了,陳奇猷對此曾有論述,云:「以《商鞅傳》及《商君書》推之,鞅治秦而焚書之事,似為事實。蓋商鞅之治,在使民喜農而樂戰,而《詩》《書》者,乃儒家之典籍,《詩》《書》不廢,能使民逸而為儒生,甚有害於法治,故《商君書・壹言篇》曰:『賤游學之人。』且儒家之典章制度,多出虛構,旨在復古,宜鞅之治秦而焚《詩》《書》矣。《五蠹篇》曰:『明主之國,無書簡之文,以法為教,無先王之語,以吏為師,無私劍之悍,以斬首為勇』,與此言焚《詩》《書》亦合。韓非乃本商鞅立說。第鞅法行於秦僅十八年,鞅於孝公二十四年被害,其法即廢,而秦處西陲,儒家典籍之傳入當亦甚少,則所燔之書不多,故史闕而不載耳。」〔註479〕儒家之《詩》《書》典籍,重在教民禮樂之事,與商鞅使民喜農樂戰的法治思想相違背,故焚《詩》《書》之事自商鞅變法始。

〔註476〕(清)王先慎撰,鍾哲點校:《韓非子集解》,北京:中華書局,1998年版,第72頁。

〔註477〕(清)王先慎撰,鍾哲點校:《韓非子集解》,北京:中華書局,1998年版,第97頁。

〔註478〕(清)王先慎撰,鍾哲點校:《韓非子集解》,北京:中華書局,1998年版,第97頁。

〔註479〕陳奇猷校注:《韓非子集釋》,上海:上海人民出版社,1974年版,第243頁。

2.《韓非子・姦劫弒臣》

> 且夫世之愚學，皆不知治亂之情；讘諕多誦先古之書，以亂當
> 世之治；智慮不足以避穽井之陷，又妄非有術之士。〔註480〕

此處借「先古之書」以論書之亂天下之治的危害性，王先慎曰：「言愚學溺於所聞，妄談治亂，誦說先古之書，使人主聞之不敢變法而理。」〔註481〕馬士遠教授將此作為《韓非子》論《書》的例證〔註482〕，但筆者以為，此處之「書」，當指上古三代的文獻典籍，並不一定專指《尚書》而言。韓非批評社會上愚蠢的學者，不瞭解國家治亂的實際情況，卻用古代典籍的道德說教，擾亂當代的治理。將世之愚學者與法術之士對比，突出後者能夠彰明法令，明察是非禍亂的根源，符合韓非的法術主張。

三、《韓非子》引《書》概說

通過對《韓非子》一書引據《尚書》篇章文句的研究，可知其徵引方式主要有三種：明稱《書》，暗引《書》，議論《書》。在明稱《書》一類的文獻中，其中三次稱引《周書》，一次稱引《書》，一次稱引《康誥》，分別見於《說林上》《說林下》《外儲說左上》《難勢》四篇，然而所稱《書》或《周書》內容，均不見於今本《尚書》，唯有《說林上》稱引《康誥》之文見於今傳《尚書・酒誥》篇。在暗引《書》一類的文獻中，共有四處或與《尚書》有關，見於《有度》《忠孝》《外儲說右上》《十過》，分別涉及今本《堯典》《舜典》《洪範》諸篇。關於《韓非子》論《書》情況，《和氏》篇並言《詩》《書》，《姦劫弒臣》篇稱「先古之書」，皆是韓非議論《書》之功用的言辭。

韓非子作為戰國末期法家的傑出代表，在先秦諸子中最後興起，祖述商鞅法學精神，相承申不害「術」之衣缽，銜接慎到「勢」之要旨，與老子及道家學派有淵源關係，且熟稔儒家學說之精髓要義，他的思想吸收各家的主要成分，故能對儒墨顯學進行準確地批評。韓非對於儒家的理論研究得十分深入，對儒家的態度是全面反攻，對儒家學說進行嚴厲地反對。堯舜是儒家推崇的聖明君主，而韓非子在《忠孝》篇卻以舜娶帝堯二女，認為是不義之臣。

〔註480〕（清）王先慎撰，鍾哲點校：《韓非子集解》，北京：中華書局，1998 年版，第 102 頁。

〔註481〕（清）王先慎撰，鍾哲點校：《韓非子集解》，北京：中華書局，1998 年版，第 102 頁。

〔註482〕馬士遠：《周秦〈尚書〉學研究》，北京：中華書局，2008 年版，第 322 頁。

諸如此例在《韓非子》書中可謂比比皆是，如《說疑》：「舜逼堯，禹逼舜，湯放桀，武王伐紂，此四王者，人臣弒其君者也。」〔註483〕

《尚書》乃儒家政教之書，自孔子之後，延及孟子、荀子，將《書》教作為儒學思想教育的重要載體，反覆闡釋《書》篇大義，作為立言治世的理論依據。儒者宣揚《尚書》中堯舜禹的聖王形象，而韓非對儒家思想進行反攻，必然涉及對《書》中所記史事的批判。韓非引《書》、論《書》，闡發《書》中的微言大義，作為反詰儒家的利器，從中我們可以看出戰國末期不同於儒家學派對《尚書》的解釋與引申。《書》教傳統是一種動態的文化理論概念，不同學派對《書》教的觀照視角不同，由此產生的詮釋內涵也因各諸子學派的需要而分化、分歧，我們在新的價值體系下研究《書》教傳統，必須對此加以甄別。總之，通過對《韓非子》引《書》、論《書》情況的探究，多角度、多方面呈現了戰國時代的《書》學面貌，有助於全面瞭解戰國《書》學系統，此即韓非子《尚書》學的價值意義所在。

第六節 《呂氏春秋》引《書》考論

一、《呂氏春秋》學術淵源

關於呂不韋的生平事蹟，載於《史記·呂不韋列傳》，其云：

> 呂不韋者，陽翟大賈人也。往來販賤賣貴，家累千金。〔註484〕

> 莊襄王元年，以呂不韋為丞相，封為文信侯，食河南雒陽十萬戶。

> 莊襄王即位三年，薨，太子政立為王，尊呂不韋為相國，號稱「仲父」。〔註485〕

戰國末期，隨著士階層的不斷壯大、發展，私門養客盛行其時，古代知識分子託身私門為仕宦的情況普遍存在，鑒於時勢，呂不韋亦召集賓客著書立說，寫成《呂氏春秋》，即《史記》所載：

〔註483〕（清）王先慎撰，鍾哲點校：《韓非子集解》，北京：中華書局，1998年版，第406頁。

〔註484〕（漢）司馬遷撰，（南朝宋）裴駰集解，（唐）司馬貞索隱，（唐）張守節正義：《史記》，北京：中華書局，1982年版，第2505頁。

〔註485〕（漢）司馬遷：《史記》，北京：中華書局，1982年版，第2509頁。

當是時，魏有信陵君，楚有春申君，趙有平原君，齊有孟嘗君，皆下士喜賓客以相傾。呂不韋以秦之彊，羞不如，亦招致士，厚遇之，至食客三千人。是時諸侯多辯士，如荀卿之徒，著書布天下。呂不韋乃使其客人人著所聞，集論以為八覽、六論、十二紀，二十餘萬言。以為備天地萬物古今之事，號曰《呂氏春秋》。〔註486〕

　　《呂氏春秋》的學術淵源，雜出眾家之手，乃秦相呂不韋集合智略之士而成，如《漢書・藝文志》著錄《呂氏春秋》二十六篇，班固自注曰：「秦相呂不韋輯智略士作。」〔註487〕《漢書・劉向傳》云：「秦相呂不韋集知略之士而造《春秋》，亦言薄葬之義，皆明於事情者也。」〔註488〕又桓譚《新論・本造篇》言：「秦相呂不韋，請迎高妙，作《呂氏春秋》。」〔註489〕正因為《呂氏春秋》不主一家學說，而博採眾家之思想，故班固將其列為雜家類，並對雜家進行批評，「雜家者流，蓋出於議官。兼儒、墨，合名、法，知國體之有此，見王治之無不貫，此其所長也。及盪者為之，則漫羨而無所歸心。」〔註490〕班固認為雜家取法於儒墨名法四家，但具體到《呂氏春秋》而言，則不止於此，陰陽、兵、農、縱橫等家都在稱引之列。

　　對於《呂氏春秋》雜取諸家學說，郭沫若曾有論說，「它對於各家雖然兼收並蓄，但卻有一定的標準。主要的是對於儒家、道家採取儘量攝取的態度，而對於墨家、法家則出以批判。」〔註491〕「它並不『雜』，它是有一定的權衡，有嚴正的去取。在大體上它是折衷著道家與儒家的宇宙觀和人生觀，尊重理性，而對於墨家的宗教思想是摒棄的。它採取著道家的衛生的教條，遵守著儒家的修齊治平的理論，行夏時，重德政，隆禮樂，敦詩書，而反對著墨家的非樂非攻，法家的嚴刑峻罰，名家的詭辯苟察。它主張君主無為，並鼓吹著儒家的禪讓說，和『傳子孫，業萬世』的觀念根

〔註486〕（漢）司馬遷：《史記》，北京：中華書局，1982年版，第2510頁。

〔註487〕（漢）班固著，（唐）顏師古注：《漢書》，北京：中華書局，1962年版，第1741頁。

〔註488〕（漢）班固著，（唐）顏師古注：《漢書》，北京：中華書局，1962年版，第1953頁。

〔註489〕（漢）桓譚撰，朱謙之校輯：《新輯本桓譚新論》，北京：中華書局，2009年版，第2頁。

〔註490〕（漢）班固著，（唐）顏師古注：《漢書》，北京：中華書局，1962年版，第1742頁。

〔註491〕郭沫若：《十批判書》，北京：東方出版社，1996年版，第379頁。

本不相容。」〔註492〕由此可見，《呂氏春秋》在吸收各家觀點之時有所側重，葛兆光謂「《呂氏春秋》確實兼容了孔門一系的儒者學說，假託黃帝的古道家言，墨子一系的墨家思考，老子及莊子一流關於天道與人道的哲理，引用和採納了相當龐雜的古典，也借用了相當豐富的今典。」〔註493〕

《呂氏春秋》雖然雜取諸子各家之言論，但也有主次之分，側重點亦有所不同。徐復觀在《中國經學史的基礎》中認為，從《呂氏春秋》徵引諸子學說的多寡，可以斷定呂書以儒家學說為主，因為全書稱及孔子最多，約二十九次，墨子約十五次，老子約六次，時而孔老或孔墨並稱。〔註494〕對於這一點，高誘注《呂氏春秋》時就主張此書歸宗於儒學，認為呂不韋召集著書的智謀之士都為儒士，且對此書極力讚揚，云：

> 不韋乃集儒士，使著其所聞，為《十二紀》《八覽》《六論》，合十餘萬言，備天地萬物古今之事，名為《呂氏春秋》。……然此書所尚，以道德為標的，以無為為綱紀，以忠義為品式，以公方為檢格，與孟軻、孫卿、淮南、揚雄相表裏也，是以著在錄、略。〔註495〕

《呂氏春秋》在《四庫全書》中位於子部雜家類，但《總目提要》卻認為該書言論醇正，以儒家思想為根柢，其云：

> 而是書較諸子之言獨為醇正，大抵以儒為主，而參以道家墨家，故多引六籍之文與孔子曾子之言。其他如論音則引《樂記》，論鑄劍則引《考工記》，雖不著篇名，而其文可案。〔註496〕

先秦時期諸子百家的興起，起於王室衰微，諸侯力政，故各家目的在於議論政事，匡救時弊，而儒家思想主張經世致用，成為戰國時代的顯學，徐復觀謂「呂不韋的賓客中，……談到政治問題、學問問題時則以儒家思想為主幹，而儒家思想是由總結古代文化而來，其基本性格本是開放到『道並行而不悖』的。」〔註497〕故呂不韋本人乃至《呂氏春秋》一書，均受其影響頗深。

〔註492〕郭沫若：《十批判書》，北京：東方出版社，1996年版，第380頁。
〔註493〕葛兆光：《中國思想史》第一卷《七世紀前中國的知識、思想與信仰世界》，上海：復旦大學出版社，2004年版，第234頁。
〔註494〕徐復觀：《中國經學史的基礎》，北京：九州出版社，2013年版，第57頁。
〔註495〕許維遹撰，梁運華整理：《呂氏春秋集釋》，北京：中華書局，2009年版，第2～3頁。
〔註496〕（清）永瑢等撰：《四庫全書總目提要》第二十三冊，王雲五主編，《萬有文庫》本，上海：商務印書館，1935年版，第8頁。
〔註497〕徐復觀：《中國經學史的基礎》，北京：九州出版社，第57頁。

自春秋時代出現百家爭鳴的局面，經過數百年的發展、演變，各家思想融會貫通，到戰國末年，各種學說理論體系日臻完善，《呂氏春秋》的編纂，吸取各家學派的精華要義，兼收並蓄，而將其思想要旨歸宗於儒學，是對先秦典籍及諸子百家的大綜合，終成為戰國諸子之學的集大成者。

二、《呂氏春秋》引《書》考辨

關於《呂氏春秋》徵引《尚書》文獻的研究，前代學者已有所涉及，如陳夢家《尚書通論》統計《呂氏春秋》引《書》共 10 次，劉起釪《尚書學史》統計共 14 次，董治安《先秦文獻與先秦文學》為 12 次，馬士遠教授《周秦〈尚書〉學研究》亦是 12 次。本文試圖通過對《呂氏春秋》引《書》的研究，揭示出戰國末年秦國知識分子對《尚書》的熟知程度，並推測《書》學在秦國的流佈情況，展現不同於東方齊魯諸國的秦國《書》教面貌。

（一）《呂氏春秋》引「夏書」「商書」「周書」類

《呂氏春秋》援引《尚書》而稱《夏書》《商書》《周書》者，凡六處，分別出現在《聽言》《諭大》《孝行》《慎大》《適威》《貴信》諸篇之中，茲就其稱引內容與《書》經之關係分別予以考述。

1.《聽言》

《周書》曰：「往者不可及，來者不可待，賢明其世，謂之天子。」故當今之世，有能分善不善者，其王不難矣。〔註498〕

此句不見於今本《尚書》，卻見於《漢書・晁錯傳》，其文為：「《傳》曰：『往者不可及，來者猶可待，能明其世者謂之天子』」〔註499〕，二者文句相似，惟《周書》與《傳》不同。細考文義，晁錯上疏意在說明君主與臣下賢明的重要性，引《傳》以證「神明不遺，而賢聖不廢也」。《聽言》篇旨在規勸君主聽取議論要分辨善與不善，舉例說明當世君主嗜好攻伐誅殺以求利索地，引《周書》內容以言明不可遽然聽受。二書援引內容雖相同，但立言議事的側重點不同，《聽言》篇引《尚書》佚文，含有墨家「非攻」學說的思想，足見《呂氏春秋》博引之廣。

〔註498〕 許維遹撰，梁運華整理：《呂氏春秋集釋》，北京：中華書局，2009 年版，第292 頁。
〔註499〕 （漢）班固著，（唐）顏師古注：《漢書》，北京：中華書局，1962 年版，第2298 頁。

2.《諭大》

昔舜欲旗古今而不成，既足以成帝矣。禹欲帝而不成，既足以
正殊俗矣。湯欲繼禹而不成，既足以服四荒矣。武王欲及湯而不成，
既足以王道矣。……夫大義之不成，既有成矣已。《夏書》曰：「天
子之德，廣運乃神，乃武乃文。」故務在事，事在大。……《商書》
曰：「五世之廟，可以觀怪。萬夫之長，可以生謀。」空中之無澤陂
也，井中之無大魚也，新林之無長木也。凡謀物之成也，必由廣大
眾多長久，信也。〔註500〕

《夏書》引文與今偽古文《尚書・大禹謨》存在一定聯繫，「都！帝德廣
運，乃聖乃神，乃武乃文。」孔《傳》云：「益因舜言又美堯也。聖無所不通，
神妙無方，文經天地，武定禍亂。」〔註501〕考諸《諭大》篇文義，以舜、禹、
湯、武王等古代聖賢成事顯明為例，說明任何事情的成功，都是所追求遠大
目標的結果，即「夫大義之不成，既有成矣已」之意。《諭大》篇與《大禹謨》
在文義方面有相似之處。

《商書》引文見於今本《尚書・咸有一德》，「七世之廟，可以觀德；萬
夫之長，可以觀政。」孔《傳》云：「天子立七廟，有德之王則為祖宗，其
廟不毀，故可觀德。能整齊萬夫，其政可知。」〔註502〕意在強調君王的德
化與政教。而此處《商書》引文，高誘注曰：「喻山大水大生大物。廟者鬼
神之所在，五世久遠，故於其所觀，魅物之怪異也。」〔註503〕引經文證「凡
謀物之成也，必由廣大眾多長久」，是對上文「務事在大」的繼續闡釋。二
者文本雖有聯繫，但意義相關不大。但通觀《諭大》篇文，其意義在於討論
治國之術與為臣之道，故引《夏書》《商書》作為論證的依據，足見二書在
當時影響之深。

3.《孝行》

曾子曰：「身者，父母之遺體也。行父母之遺體，敢不敬乎？居
處不莊，非孝也。事君不忠，非孝也。蒞官不敬，非孝也。朋友不

〔註500〕許維遹撰，梁運華整理：《呂氏春秋集釋》，北京：中華書局，2009 年版，第
302～304 頁。

〔註501〕《尚書正義》，第 124 頁。

〔註502〕《尚書正義》，第 324 頁。

〔註503〕許維遹撰，梁運華整理：《呂氏春秋集釋》，北京：中華書局，2009 年版，第
304 頁。

篤，非孝也。戰陳無勇，非孝也。五行不遂，災及乎親，敢不敬乎？」

《商書》曰：「刑三百，罪莫重於不孝。」〔註504〕

高誘注曰：「商湯所制法也。」洪邁曰：「此引《商書》云云，今安得有此文，亦與《孝經》不合。」陳奇猷謂「此係佚《書》，偽古文《尚書》未收錄此文耳。洪氏蓋不知今《尚書》為梅賾偽作，故云然。」〔註505〕程元敏認為《呂氏春秋》所本出自《尚書·康誥》：「元惡大憝，矧惟不孝不友？……乃其速由文王作罰，刑茲無赦。」非是商湯所制法，乃是文王做法以懲戒不孝人。《孝經·五刑章》：「五刑之屬三千，而罪莫大於不孝。」五刑三千，暗用《尚書·呂刑》文。又《周禮·地官·大司徒》：「以鄉八刑糾萬民：一曰不孝之刑。」《秋官·大司寇》：「以五刑糾萬民：……三曰鄉刑，上德糾孝。」亦均呂氏引《書》之所參酌。〔註506〕《孝行》篇主要闡述孝道為治國之本，認為治國的各種方策，乃至仁、義、禮、信等種種道德觀念，皆是以孝為基礎，是孝道的推廣擴充，本篇可謂是關於儒家孝道的專論，故程元敏的觀點較其他各家為勝。

4.《慎大》

> 賢主愈大愈懼，愈強愈恐。凡大者，小鄰國也；彊者，勝其敵也。勝其敵則多怨，小鄰國則多患，多患多怨，國雖彊大，惡得不懼，惡得不恐？故賢主於安思危，於達思窮，於得思喪。《周書》曰：「若臨深淵，若履薄冰。」以言慎事也。〔註507〕

高誘注曰：「《周書》，周文公所作也。若臨深淵，恐隕墜也；如履薄冰，恐陷沒也，故曰『以言慎事』。」高誘認為《周書》乃周文公所作，此說當為不確。「賢主於安思危」，《左傳·襄公十一年》作「《書》曰：『居安思危』」〔註508〕，《周書》引文，《尚書·湯誥》襲用而稍變之，作「慄慄危懼，若將隕于深淵」〔註509〕，而這兩句《詩經·小雅·小旻》卻作「如臨深淵，

〔註504〕許維遹撰，梁運華整理：《呂氏春秋集釋》，北京：中華書局，2009年版，第308頁。

〔註505〕（戰國）呂不韋著，陳奇猷校注：《呂氏春秋新校釋》，上海：上海古籍出版社，2002年版，第741頁。

〔註506〕程元敏：《尚書學史》，上海：華東師範大學出版社，2013年版，第410頁。

〔註507〕許維遹撰，梁運華整理：《呂氏春秋集釋》，北京：中華書局，2009年版，第353頁。

〔註508〕楊伯峻：《春秋左傳注》，北京：中華書局，2009年版，第994頁。

〔註509〕《尚書正義》，第299頁。

如履薄冰」〔註510〕，只有「若」與「如」字的不同。《慎大》篇旨在告誡君主強大勝利時應須謹慎，要在強大之中看到潛伏著的危險，文中所闡發的「於安思危」、以憂持勝的思想，是對歷史經驗的正確總結，表示人君愈強大愈戒懼之理，可以看出老子「福禍相倚」、「知雄守雌」的辯證法思想對該書的影響。

5.《適威》

> 先王之使其民，若御良馬，輕任新節，欲走不得，故致千里。善用其民者亦然。民日夜祈用而不可得，苟得為上用，民之走之也，若決積水於千仞之谿其誰能當之？《周書》曰：「民善之則畜也，不善則讎也。」有讎而眾，不若無有。〔註511〕

《周書》所言，不見於其他文獻材料。本篇旨在論述君主役使人民的方法，必須以仁義、忠信待民，才能無敵於天下。《適威》篇所宣揚的善待百姓的觀點與孟子「民為貴，社稷次之，君為輕」的民本思想接近，同時與《尚書‧康誥》「保民」思想有很大的關係，可見《呂氏春秋》民本思想淵源於儒家《書》教理論，汲取《書》教精華而擴充原義，是對儒家重民思想的借用和深化。

6.《貴信》

> 凡人主必信。信而又信，誰人不親？故《周書》曰：「允哉！允哉！」以言非信，則百事不滿也，故信之為功大矣。〔註512〕

「允哉」一詞多見於《逸周書》，稽考《逸周書》，「允哉」共出現 9 次，其中《大戒解》篇有「允哉允哉！敬行天道」〔註513〕一句，與《貴信》篇句式相同，由此可推測，「允哉」是上古時代的常用詞彙。《貴信》篇強調君主必須誠信的道理，申張「信」的道德價值，引《周書》作為立說依據，然而卻以儒家言論為思想淵源，《論語‧顏淵》就曾記載孔子關於「信」的論說，「足

〔註510〕（漢）鄭玄箋，（唐）孔穎達正義，朱傑人、李慧玲整理：《毛詩注疏》，上海：上海古籍出版社，2013 年版，第 1062 頁。

〔註511〕許維遹撰，梁運華整理：《呂氏春秋集釋》，北京：中華書局，2009 年版，第 527 頁。

〔註512〕許維遹撰，梁運華整理：《呂氏春秋集釋》，北京：中華書局，2009 年版，第 535 頁。

〔註513〕黃懷信：《逸周書校補注譯》（修訂本），西安：三秦出版社，2006 年版，第 247 頁。

食，足兵，民信之矣。……自古皆有死，民無信不立」〔註514〕，故該篇隱含有儒家的信義思想。

（二）《呂氏春秋》引篇名類

《呂氏春秋》直接稱引《尚書》篇目者，只有《鴻範》一篇，見於《貴公》《君守》二文之中。

1.《貴公》

> 昔先聖王之治天下也必先公，公則天下平矣，平得於公。嘗試觀於《上志》，有得天下者眾矣，其得之以公，其失之必以偏。凡主之立也生於公，故《鴻範》曰：「無偏無黨，王道蕩蕩。無偏無頗，遵王之義。無或作好，遵王之道。無或作惡，遵王之路。」〔註515〕

文中所引「《鴻範》」內容見於今《尚書·洪範》，其文為：「無偏無陂，遵王之義。無有作好，遵王之道；無有作惡，尊王之路。無偏無黨，王道蕩蕩。」〔註516〕二者文字幾乎相同。孔《傳》謂「言當循先王之正義以治民，無有亂為私好惡，動必循先王之道路。」《貴公》篇旨在闡述君主治國理天下必先公正無私的道理，引《鴻範》文句以告誡臣民勿徇偏私，當恪守君王法則。《貴公》援引《洪範》去私遵法理念，援據適當，符合《書》經原義。

2.《君守》

> 得道者必靜，靜者無知。……身以盛心，心以盛智，智乎深藏，而實莫得窺乎。《鴻範》曰：「惟天陰騭下民。」陰之者，所以發之也。故曰：「不出於戶而知天下，不窺於牖而知天道。」〔註517〕

《鴻範》引文，與今《洪範》字句完全相同，《經典釋文》云：「騭，升也，升猶舉也。」〔註518〕《呂氏春秋》以「發」訓「騭」，發、舉意義相近，謂上天陰覆下民，正所以舉發之。《君守》篇旨在議論君主所當執守的根本是

〔註514〕楊伯峻：《論語譯注》，北京：中華書局，2009年版，第124頁。

〔註515〕許維遹撰，梁運華整理：《呂氏春秋集釋》，北京：中華書局，2009年版，第24～25頁。

〔註516〕（漢）孔安國傳，（唐）孔穎達正義，黃懷信整理：《尚書正義》，上海：上海古籍出版社，2007年版，第463～464頁。

〔註517〕許維遹撰，梁運華整理：《呂氏春秋集釋》，北京：中華書局，2009年版，第438頁。

〔註518〕《尚書正義》，第446頁。

清靜無為，集中體現了「虛君」的思想。得道者必靜，可以為天下正，契合《老子》「清靜以為天下正」〔註519〕之意，看似清靜無為，實則有所作為，援引《鴻範》「惟天陰騭下民」以說其理，並闡釋其訓詁意義。

（三）《呂氏春秋》引「《書》曰」類

《呂氏春秋》未明言《尚書》篇名，亦未稱《夏書》《商書》《周書》，而僅以「《書》曰」稱道者，僅一處，見於《報更》篇，即：

> 此《書》之所謂「德幾無小」者也。〔註520〕

趙宣孟嘗飯餓者，後晉靈公令士追殺宣孟，昔之餓者報德，為其鬥而死，趙宣孟遂自免於難。《報更》篇引《書》經大義，德不在大，亦不在小，以證其事。《墨子·明鬼下》有文句與此類似，「且《禽艾》之道之曰：『得璣無小，滅宗無大。』」〔註521〕許維遹認為，今偽古文《伊訓》摭拾《墨子》及此文而改之曰：「爾惟德罔小，萬邦惟慶；爾惟不德罔大，墜厥宗。」〔註522〕由此可推斷，「德幾無小」可能為戰國時代流傳的《書》篇文獻。《報更》篇旨在論述君主與天下賢者為伍的重要性，說明君主禮賢下士，士必當捨身相報，同時強調「德」在治國理政時的重要功用，與《尚書·周書》諸誥體現出的「德治」思想有很大的聯繫，如《康誥》「惟乃丕顯考文王，克明德慎罰」，《酒誥》「丕惟曰爾克永觀省，作稽中德」，《召誥》「王敬作所，不可不敬德」，這充分說明《呂氏春秋》編纂者深受《書》教「德」化政治思想的影響。

（四）《呂氏春秋》未明稱《書》篇類

《呂氏春秋》未明言引自《尚書》，而其所敘史事與《書》經內容有巨大聯繫，實際是對《書》篇文獻的糅合改造與重新編纂，此種情況分別出現在《順民》《驕恣》《重言》《先己》四篇之中，具體論述如下。

1.《順民》

> 昔者湯克夏而正天下，天大旱，五年不收，湯乃以身禱於桑林，

〔註519〕（魏）王弼注，樓宇烈校釋：《老子道德經注校釋》，北京：中華書局，2008年版，第123頁。

〔註520〕許維遹撰，梁運華整理：《呂氏春秋集釋》，北京：中華書局，2009年版，第375頁。

〔註521〕（清）孫詒讓撰，孫啟治點校：《墨子閒詁》，北京：中華書局，2001年版，第247頁。

〔註522〕許維遹撰，梁運華整理：《呂氏春秋集釋》，北京：中華書局，2009年版，第375頁。

曰：「余一人有罪，無及萬夫。萬夫有罪，在余一人。無以一人之不
敏，使上帝鬼神傷民之命。」於是翦其髮，𪎊其手，以身為犧牲，
用祈福於上帝。民乃甚說，雨乃大至。〔註523〕

此處與《尚書·湯誥》文「其爾萬方有罪，在予一人。予一人有罪，無以
爾萬方」〔註524〕有相似之處。《湯誥》文乃商王成湯滅夏後大告天下的誥詞，
《順民》篇是商湯桑林禱雨的祝辭，二者出現語境不同，但文義相似，皆是
商湯代民受罪的誓詞。所謂「順民」，是順依民心的意思，文章列舉歷史上商
湯用自己的身體作犧牲為民求雨的事例，旨在說明「以德得民心」的道理，
在一定程度上承繼了孟、荀重視民眾的思想。

2.《驕恣》

　　魏武侯謀事而當，攘臂疾言於庭曰：「大夫之慮，莫如寡人矣！」
立有間，再三言。李悝趨進曰：「昔者，楚莊王謀事而當，有大功，
退朝而有憂色。左右曰：『王有大功，退朝而有憂色，敢問其說？』
王曰：『仲虺有言，不穀說之。曰：「諸侯之德，能自為取師者王，
能自取友者存，其所擇而莫如己者亡。」今以不穀之不肖也，群臣
之謀又莫吾及也，我其亡乎！』」曰：「此霸王之所憂也，而君獨伐
之，其可乎！」武侯曰：「善。」〔註525〕

《驕恣》篇言人君之所以亡國，驕傲恣肆是其中一原因，楚莊王引仲虺
之言以喻所擇之人不如己則亡的道理，其義與《論語·學而》「無友不知己者」
〔註526〕相近。仲虺有言，《尚書·仲虺之誥》作「能自得師者王，謂人莫己若
者亡」〔註527〕，二者文本具有一定的相似性，同時，該句在先秦兩漢文籍中
屢有出現，如《荀子·堯問》：「諸侯自為得師者王，得友者霸，得疑者存，自
為謀而莫己若者亡。」〔註528〕《韓詩外傳》卷六作「吾聞諸侯之德，能自取

〔註523〕許維遹撰，梁運華整理：《呂氏春秋集釋》，北京：中華書局，2009年版，第
　　　　200～201頁。

〔註524〕《尚書正義》，第299頁。

〔註525〕許維遹撰，梁運華整理：《呂氏春秋集釋》，北京：中華書局，2009年版，第
　　　　574頁。

〔註526〕楊伯峻：《論語譯注》，北京：中華書局，2009年版，第6頁。

〔註527〕《尚書正義》，第295頁。

〔註528〕（清）王先謙撰，沈嘯寰、王星賢點校：《荀子集解》，北京：中華書局，1988
　　　　年版，第548頁。

師者王，能自取友者霸，而與居不若其身者亡。」〔註529〕《新序·雜事第一》
作「吾聞之，諸侯自擇師者王，自擇友者霸，足己而群臣莫之若者亡。」〔註
530〕這些記載與《驕恣》文辭微異而旨趣相同。《呂氏春秋》引仲虺之言指出
亡國之君失之於驕恣，而主張禮賢下士的觀念與儒家學說相合。

3.《重言》

> 人主之言，不可不慎。高宗，天子也。即位諒闇。三年不言。
> 卿大夫恐懼，患之。高宗乃言曰：「以余一人正四方，余唯恐言之不
> 類也，茲故不言。」古之天子，其重言如此，故言無遺者。〔註531〕

《尚書·無逸》的原文記載則是：「其在高宗，時舊勞于外，爰暨小人。
作其即位，乃或亮陰，三年不言。其惟不言，言乃雍，不敢荒寧。」〔註532〕
而孔子答子張問所謂亮陰二句，載在《論語·憲問》篇，意謂高宗居喪不言，
天子行三年之喪：

> 子張曰：「《書》云：『高宗諒陰，三年不言。』何謂也？」子
> 曰：「何必高宗，古之人皆然。君薨，百官總己以聽於冢宰三年。」
> 〔註533〕

欲通曉《重言》引此句而進行闡發的目的，需首先從訓詁學方面對「亮
陰」二字進行解釋，馬融云：「亮，信也。陰，默也。為聽於冢宰，信默而
不言。」〔註534〕此即謂殷高宗武丁即位前三年慎於言。然而孔子託古改制，
以己意引申闡釋《尚書》原義，將靜默不言義改為三年之喪的禮學依據，為
此康有為在《孔子改制考》卷十中有過精審的論斷，「若皆然，則高宗何獨
稱，而子張何必疑問？蓋孔子所改制，故子張疑而問之。」〔註535〕歷代經
學家遵從孔子之義，將「高宗亮陰三年」的傳說作為孝悌觀念的重要依據，
進而寫進闡述儒家禮儀思想的著作《禮記》之中，其《喪服四制》云：「此

〔註529〕（漢）韓嬰撰，許維遹校釋：《韓詩外傳集釋》，北京：中華書局，1980 年
版，第 213 頁。
〔註530〕（漢）劉向著，石光瑛校釋，陳新整理：《新序校釋》，北京：中華書局，2001
年版，第 60 頁。
〔註531〕許維遹撰，梁運華整理：《呂氏春秋集釋》，北京：中華書局，2009 年版，第
477 頁。
〔註532〕《尚書正義》，第 631 頁。
〔註533〕楊伯峻：《論語譯注》，北京：中華書局，2009 年版，第 156 頁。
〔註534〕《尚書正義》，第 631 頁。
〔註535〕（清）康有為：《孔子改制考》，北京：中華書局，1958 年版，第 249 頁。

喪之所以三年，賢者不得過，不肖者不得不及。此喪之中庸也，王者之所常行也。《書》曰：『高宗諒闇，三年不言。』善之也。」〔註536〕《尚書大傳》作為第一部對《尚書》進行解釋性的著作，其詳古禮制的解經特點必然涉及孔子的學說，在《周傳‧毋逸》篇中引《書》「亮陰」作「梁闇」，原文如下：

> 「《書》曰：『高宗梁闇，三年不言。』何謂『梁闇』也？」「《傳》
> 曰：高宗居倚廬，三年不言，百官總己以聽於冢宰，而莫之違，此
> 之謂梁闇。」子張曰：「何謂也？」孔子曰：「古者，君薨，王世子
> 聽於冢宰三年，不敢服先王之服、履先王之位而聽焉。以民臣之義
> 則不可一日無君矣。不可一日無君，猶不可一日無天也。以孝子之
> 隱乎，則孝子三年弗居矣。故曰：義者彼也，隱者此也。遠彼而近
> 此，則孝子之道備矣。」〔註537〕

通過對上述文獻資料的考辨，孔子託古改制，看重三年之喪的社會倫理價值，《禮記》《尚書大傳》依從此說，而《呂氏春秋‧重言》釋為天子居喪慎言，符合《尚書‧無逸》經文原義。

4.《先己》

> 夏后伯啟與有扈戰於甘澤而不勝。六卿請復之，夏后伯啟曰：
> 「不可。吾地不淺，吾民不寡，戰而不勝，是吾德薄而教不善也。」
> 於是乎處不重席，食不貳味，琴瑟不張，鍾鼓不修，子女不飭，親
> 親長長，尊賢使能，期年而有扈氏服。〔註538〕

「夏后相」應為「夏后啟」之訛文，《尚書‧甘誓》書序云：「啟與有扈戰於甘之野」，孔穎達《疏》云：「夏王啟之時，諸侯有扈氏叛，王命率眾親征之。有扈氏發兵拒啟，啟與戰于甘地之野。」〔註539〕《先己》篇借用夏后啟與有扈氏戰於甘澤的歷史傳說進行演繹，旨在論述君道，主張國君順應自然而「無為」，是《呂氏春秋》虛君實臣思想的集中體現。

〔註536〕（東漢）鄭玄注，（唐）孔穎達正義：《禮記正義》，上海：上海古籍出版社，2008 年版，第 2356 頁。
〔註537〕（清）陳壽祺：《尚書大傳輯校》，（清）王先謙：《清經解續編》（第二冊），上海：上海書店，1988 年版，第 415～416 頁。
〔註538〕許維遹撰，梁運華整理：《呂氏春秋集釋》，北京：中華書局，2009 年版，第 72 頁。
〔註539〕《尚書正義》，第 257 頁。

三、《呂氏春秋》引《書》概說

通過對《呂氏春秋》稱引《尚書》方式與內容的考辨，可見其援引形式不拘一格，或稱《夏書》《商書》《周書》，或直接稱《尚書》篇名，如《鴻範》，或簡稱「《書》曰」，或雜糅《書》篇內容以為歷史史事。《呂氏春秋》在《八覽》《六論》《十二紀》之中，共計引用《書》篇文獻 13 次，其中《八覽》引《書》10 次，《十二紀》引《書》3 次，《六論》未見引《書》。同時，由《呂氏春秋》引《書》還可得到以下幾點認識：

第一，《呂氏春秋》引《書》多稱《夏書》《商書》《周書》，或直接稱《書》，這與先秦諸書如《左傳》《墨子》等引《書》情況類似。《左傳》《荀子》引《洪範》稱《商書》或《書》，如《左傳・成公六年》所載「於是軍帥之欲戰者眾，或謂欒武子曰：『聖人與眾同欲，是以濟事，子盍從眾？子為大政，將酌於民者也。子之佐十一人，其不欲戰者，三人而已。欲戰者可謂眾矣。《商書》曰：「三人占，從二人。」眾故也。』」〔註540〕此處《商書》引文，見於今本《周書・洪範》，其文本為：「三人占，則從二人之言。」〔註541〕又《荀子・修身》篇云：「《書》曰：『無有作好，遵王之道；無有作惡，遵王之路。』」〔註542〕此處所引《書》之文句，與今傳《洪範》相合。但至《呂氏春秋》的《貴公》《君守》二篇，開始出現引稱篇名《鴻範》。程元敏認為，《書》篇立名甚晚，大概當《呂覽》著成、百篇《書序》成著、孔壁傳本、伏生定本之際，於此可以略徵。〔註543〕同時，《呂覽》引《書》多逸文，即未明確稱引自《尚書》，但其引文有可以與《墨子》互見者，如《報更》篇所引文獻見於《墨子・明鬼下》，又《墨子・兼愛下》所引《湯說》之文與《順民》篇所記相似。

第二，《呂氏春秋》所引《書》篇文獻多不見於伏生傳本《尚書》，可能的原因之一是地域關係，即《呂氏春秋》的創作地域是西部秦國，與儒家後學孟子、荀子相比較而言，距離東方齊魯之國甚為遙遠，故在《尚書》傳授源流上有所不同。春秋時代，執政卿大夫引據《書》文以論政事，及至戰國，王官之學散為諸子百家之學，各派均有自身的文化傳承體系，論及《尚書》，自然

〔註540〕楊伯峻：《春秋左傳注》，北京：中華書局，2009 年版，第 830 頁。

〔註541〕《尚書正義》，第 467 頁。

〔註542〕（清）王先謙撰，沈嘯寰、王星賢點校：《荀子集解》，北京：中華書局，1988 年版，第 36 頁。

〔註543〕程元敏：《尚書學史（上）》，上海：華東師範大學出版社，2013 年版，第 409 頁。

以各派宣揚學說的需要而加以剪裁和取捨，由此造成文本與語義應用環境的差異。據《史記·秦始皇本紀》載，「十二年，文信侯不韋死，竊葬」，〔註544〕其舍人多晉國、秦國之人，可知《呂氏春秋》引《書》不見於伏生本或魯國傳本《尚書》，與地域差異有著較大的聯繫。

第三，《呂氏春秋》稱引《尚書》以證其理，或有失《書》經原義之處，但總體而言符合經本大義，間有闡發而已。如《貴公》篇論聖王治理天下必以公，偏頗則失其道，引《洪範》「無偏無黨，王道蕩蕩。無偏無頗，遵王之義。無或作好，遵王之道。無或作惡，遵王之路」，謂遵守君王之法則，義與《書》經相合。同時，《呂氏春秋》作為戰國末期雜家之學的代表，博覽諸家見解，吸取精華要義，包蘊各家所長，對各家學說均有所繼承和闡釋，茲採取劉汝霖《〈呂氏春秋〉之分析》〔註545〕一文的觀點，對《呂覽》同戰國各學派的學術主張與《尚書》相關篇章進行比較，以呈現《呂覽》吸取各學派《書》學思想的面貌。

1. 儒家

《慎大》篇的大意在於述說君主雖然做事順利，但也不可有驕恣的思想。《春秋公羊傳·僖公九年》：「葵丘之會，桓公震而矜之，叛者九國。」〔註546〕就是為警告人君的驕恣而發，引《周書》「若臨深淵，若履薄冰」以說其理，含有儒家的思想在其中。

儒家最注重孝道，曾子一派更把一切倫理都包括在「孝」字之內，把一切不正當的行為如「居處不莊，事君不忠，蒞官不敬，朋友不篤，戰陣無勇」等等都認為不孝。《孝行》篇所載曾子和他的弟子樂正子春的話都是採自《禮記·祭統》，其中引《商書》「刑三百，罪莫重於不孝」，用以論證刑法對不孝之人的嚴重制裁。

2. 道家

《君守》篇講為君之道，貴得道術，而不在於技巧。引《鴻範》「惟天陰騭下民」，以證開篇之旨「得道者必靜，靜者無知，知乃無知，可以言君

〔註544〕（漢）司馬遷：《史記》，北京：中華書局，1982年版，第231頁。

〔註545〕羅根澤編著：《古史辨》第六冊，上海：上海古籍出版社，1982年版，第340～358頁。

〔註546〕（漢）何休解詁，（唐）徐彥疏，刁小龍整理：《春秋公羊傳注疏》，上海：上海古籍出版社，2013年版，第415頁。

道也」。符合老子清靜無為的思想。

　　《貴公》篇旨在闡述君主治國「必先公」的道理，因為貴公，所以均內外，齊賢愚。篇中引老聃的故事，說明大公之義。又引管仲相賢的故事，說明齊國的賢相不是清廉潔直善惡分明的鮑叔牙，而是不聞不見的隰朋。引《鴻範》之文勸說君主效法天地，這與老子提倡的「生而不有，為而不恃，長而不宰」〔註547〕的思想是一致的。

　　3. 墨家

　　《聽言》篇旨在規勸君主聽取議論要分辨善惡是非，首段即言「攻無罪之國以索地，誅不辜之民以求利」，義同《墨子・非攻》篇，可知此篇出於墨子後學之手的可能性很大，又引《周書》「往者不可及，來者不可待，賢明其世，謂之天子」，闡釋君主愛民利民對於賢明之世的重要性。

　　4. 縱橫家

　　《漢書・藝文志》云：「從橫家者流，蓋出於行人之官。孔子曰：『誦《詩》三百，使於四方，不能專對，雖多亦奚以為？』又曰：『使乎，使乎！』言其當權事制宜，受命而不受辭，此其所長也。及邪人為之，則上詐諼而棄其信。」〔註548〕縱橫家本是以說服人主巧取富貴為主要目的的，但是到《呂氏春秋》編纂時代的秦國，其國勢已有吞併各國的力量，連橫合縱的戰略已經失去了價值，此時的賓客編纂《報更》一篇，引《書》「德幾無小」句，強調禮賢下士的德行，其目的不過是勸說君主重用士人而已。

四、小結

　　在大秦帝國統一天下的前夕，秦相呂不韋召集門客編纂一部《呂氏春秋》，集戰國百家諸子學問之大成，吸取王官之學的思想遺跡，進而以雜取諸家的姿勢，縱橫捭闔天下學術。《尚書》作為政教之書，在先秦時代的政治交鋒中發揮著指導性的作用，周秦文籍曾大量稱引援據，《呂氏春秋》彙集諸家學說，勢必對《書》篇文獻加以稱用。通過對《呂氏春秋》引《書》情況的探究，可以窺視不同於伏生本或魯國傳本的《書》學面貌，從學術史的角度觀照，其

〔註547〕（魏）王弼注，樓宇烈校釋：《老子道德經注校釋》，北京：中華書局，2008年版，第24頁。
〔註548〕（漢）班固著，（唐）顏師古注：《漢書》，北京：中華書局，1962年版，第1740頁。

原因主要是王官之學轉變為諸子之學的過程中，各家《書》學傳授源流的側重點不同；從地域文化的視角考察，纂輯《呂覽》的賓客皆是秦晉籍士人，自然與東方齊魯國度《書》學傳授不同。立足於《書》教傳統的整個大背景，《呂氏春秋》是對先秦《尚書》治國理政功用的總結，是聯繫周秦與兩漢《尚書》學研究的紐帶，其節點性的歷史位置不容忽視。因此，全面瞭解《呂氏春秋》的《書》學思想，對《書》教傳統的研究具有重要的價值和意義。

第七節　《戰國策》引《書》考論

一、《戰國策》概說

　　《戰國策》是一部戰國時代的史料彙編。西漢劉向在整理先秦古籍時，根據戰國時代各國史官及謀臣策士流傳下來的史料，重新加以刪繁校訂，共得三十三卷，定名為《戰國策》。

　　《戰國策》主要記述了戰國時代的縱橫家在政治、軍事、外交方面的活動和游說說辭。他們雖然政治見解不同，但都有著淵博的學識，在當時的政治舞臺上扮演著重要的角色。他們的政治活動和外交辭令，恰好反映了戰國時代禮崩樂壞、政治動盪、文化縱橫的時代特點。

　　學界對《戰國策》一書的研究，或是側重書中的語言現象，或是研究戰國時代的策士形象，或是與《史記》《左傳》進行比較研究，而對於《戰國策》文本本身蘊含的文化現象，卻鮮有關注。《戰國策》因其霸權詐偽的內容，雜有縱橫權謀之術，歷來被斥為「偽書邪說」，但是，正是因為戰國策士群體對儒道正統意識形態的消解，才給戰國時代的文化帶來了新內容。

　　戰國時代的謀臣策士在游說諸侯、廟堂爭論之時，並非單純地崇尚謀略，而是引經據典，旁徵博引，特別是對周朝文化尤為推崇，言必論《詩》《書》，成為《戰國策》明顯的文化特徵。戰國策士對文化的關注和使用，突出反映了士大夫這一特殊階層的逐步興起，而士大夫在政治活動中佔據話語權，則使原本處於上層社會的周文化漸次下移至諸侯國，乃至民間，使廟堂文化散在四方，進一步促進了文化的普及。

二、《戰國策》引《書》考辨

　　在《戰國策》一書中，謀臣策士、士大夫階層在游說立說之時，往往援

《書》以贊治，體現出對《書》學文獻的熟悉程度。關於《戰國策》引《書》問題，學界對此已經有所涉及，例如，劉起釪在《尚書學史》中列有《先秦文籍引用〈尚書〉篇數次數總表》，統計《戰國策》引《書》共6次，其中今文二十八篇被引者1次1篇，引《書》或逸句5次。〔註549〕馬士遠教授《周秦〈尚書〉學研究》附表八為《先秦其他文獻引〈書〉、論〈書〉、釋〈書〉情況統計表》，統計《戰國策》引《書》共8次，與劉起釪稍有不同。劉起釪先生與馬士遠教授雖然注意到《戰國策》引用《書》學文獻的情況，但沒有聯繫《戰國策》文本詳細分析戰國策士引《書》的具體情境與引《書》用意，因此本文在兩位學者研究成果的基礎上，進一步向前推進，就《戰國策》援引《書》學文獻進行語義還原與文本細繹，以期能夠推動《尚書》學向前發展。

（一）《秦策一》

> 田莘之為陳軫說秦惠王曰：「臣恐王之如郭君。夫晉獻公欲伐郭，而憚舟之僑存。荀息曰：『《周書》有言：美女破舌。』乃遺之女樂，以亂其政。舟之僑諫而不聽，遂去。因而伐郭，遂破之。又欲伐虞，而憚宮之奇存。荀息曰：『《周書》有言：美男破老。』乃遺之美男，教之惡宮之奇。宮之奇以諫，而不聽，遂亡。因而伐虞，遂取之。今秦自以為王，能害王者之國者楚也。楚智橫門君之善用兵，用兵與陳軫之智，故驕張儀以五國，來必惡是二人。願王勿聽也！」張儀果來辭，因言軫也，王怒而不聽。〔註550〕

「《周書》有言：美女破舌」、「《周書》有言：美男破老」不見於今傳本《尚書》，而見於今《逸周書·武稱解》，其文為：

> 美男破老、美女破舌、淫圖破□、淫巧破時、淫樂破正、淫言破義，武之毀也。〔註551〕

根據黃懷信的訓釋，《武稱解》的武指武事，稱指名稱、稱呼。武稱，指武事的各種名稱。此篇以解釋武稱的形式，講行兵用武的原則與方法。「美男破老，美女破舌」，指用美男破人的國老，用美女敗人的正妻，這是武事

〔註549〕劉起釪：《尚書學史》（訂補修訂本），北京：中華書局，2017年版，第50頁。

〔註550〕（西漢）劉向：《戰國策》，范祥雍箋證，范邦瑾協校，上海：上海古籍出版社，2011年版，第217～218頁。

〔註551〕黃懷信著：《逸周書校補注譯》（修訂本），西安：三秦出版社，2006年版，第38頁。

的「毀」。

《秦策一》所敘內容為田莘勸諫秦惠王時所引荀息之言，而所引《周書》之言，乃是晉獻公欲伐郭之時，荀息進諫晉獻公的計謀，荀息徵引《周書》之言以謀去舟之僑、宮之奇。從文中所載來看，荀息之計確實起到了離間的作用，這與《逸周書‧武稱解》所言行兵用武的謀略完全符合。

《秦策一》中出現的《周書》之言，是否為《書》學文獻，這要綜合考慮《逸周書》的性質問題。相傳孔子編訂《尚書》，《逸周書》為孔子刪書之餘。例如，《漢書‧藝文志》載「《周書》七十一篇。周史記。」顏師古注云：「劉向云『周時誥誓號令也，蓋孔子所論百篇之餘也。』」〔註552〕劉向、顏師古都認為《逸周書》為孔子刪書之餘。唐代劉知幾《史通‧六家》謂：「又有《周書》者，與《尚書》相類，即孔氏刊約百篇之外，凡為七十一章。上自文、武，下終靈、景。」〔註553〕劉知幾認為《逸周書》與《尚書》相類似，是孔子刊約百篇《尚書》之外的產物。《隋書‧經籍志》著錄《周書》十卷，注云：「《汲冢書》，似仲尼刪書之餘。」〔註554〕南宋高似孫《史略》卷六云：「晉孔晁注此書，以為孔子刪採之餘，凡七十篇。今如馬總《意林‧例篇》，摘一二語，可見其刪書之餘者也。」〔註555〕孔晁、高似孫亦以為《逸周書》乃是孔子刪採之餘。

但隨著出土文獻特別是清華簡的研究逐步深入，這一傳統說法受到學界的質疑。劉光勝在《〈清華大學藏戰國竹簡（壹）〉整理研究》中對這一問題有過討論，其云：

> 相傳孔子編訂《尚書》，《逸周書》為孔子刪書之餘。清華簡中《尚書》與《逸周書》部分篇目並存，形制相同，郭店簡《緇衣》也將《逸周書》與《尚書》並稱為《書》，因此「《逸周書》為孔子刪書之餘」的主流說法並不成立。〔註556〕

> 清華簡《書》類文獻為先秦寫本，郭店簡《緇衣》同時引用《尚

〔註552〕（漢）班固：《漢書》，北京：中華書局，1962 年版，第 1705～1706 頁。

〔註553〕（唐）劉知幾著，（清）浦起龍釋：《史通通釋》，王煦華整理，上海：上海古籍出版社，2009 年版，第 2 頁。

〔註554〕（唐）魏徵等撰：《隋書》，北京：中華書局，1973 年版，第 959 頁。

〔註555〕（宋）高似孫撰：《史略》，日本國立公文書館藏南宋寶慶年間刊本。

〔註556〕劉光勝：《〈清華大學藏戰國竹簡（壹）〉整理研究》，上海：上海古籍出版社，2016 年版，第 2～3 頁。

書》《逸周書》，為研究孔子與《逸周書》的關係提供了新的契機。……
《祭公之顧命》為今本《逸周書》的篇章，郭店簡《緇衣》所引其
他篇章，如《甫刑》《君奭》等，無一例外都是今本《尚書》的篇章，
證明在戰國中期以前，《逸周書・祭公之顧命》原為《尚書》的一部
分。〔註557〕

總之，清華簡中《尚書》與《逸周書》的篇目並存，與郭店簡
《緇衣》稱《尚書》《逸周書》皆為《書》經的做法相合，證明戰國
中晚期《尚書》與《逸周書》尚未分開。……因此「《逸周書》為孔
子刪書之餘」說法不可信。〔註558〕

劉光勝的這一觀點論證縝密完備，基本上代表了目前學界的最新研究成
果。因此，借助劉光勝的意見，我們反觀《戰國策・秦策一》所引「《周書》
有言」的內容，筆者以為《戰國策》中荀息所稱《周書》乃是《逸周書・武稱
解》的內容，與《尚書》無關。

黃懷信在《逸周書校補注譯・前言》中對《武稱解》的內容有所略說，
謂：

《戰國策》引荀息稱《周書》曰：「美男破老，美女破后」，即
此篇文，說明此篇當時已在《書》中。荀息為晉獻公、魯莊公時人，
故此篇當為春秋早期的作品，亦係刪《書》之餘。〔註559〕

筆者以為黃懷信教授出版《逸周書校補注譯》（修訂本）時在 2006 年，
當時出土文獻特別是有關《書》類文獻的清華簡尚未大量發現，關於《尚書》
與《逸周書》關係的討論還沒有成為學界熱點，因此得出的結論有失偏頗。
等到 2008 年清華大學入藏一批戰國竹簡，《尚書》與《逸周書》的研究逐漸
受到學界重視。李學勤先生發表《清華簡與〈尚書〉〈逸周書〉的研究》〔註
560〕一文，對《尚書》和《逸周書》的差別以及《逸周書》的價值問題有過專

〔註557〕劉光勝：《〈清華大學藏戰國竹簡（壹）〉整理研究》，上海：上海古籍出版社，
　　　　2016 年版，第 151 頁。
〔註558〕劉光勝：《〈清華大學藏戰國竹簡（壹）〉整理研究》，上海：上海古籍出版社，
　　　　2016 年版，第 155 頁。
〔註559〕黃懷信著：《逸周書校補注譯》（修訂本），西安：三秦出版社，2006 年版，
　　　　第 49 頁。
〔註560〕李學勤：《清華簡與〈尚書〉〈逸周書〉的研究》，《史學史研究》，2011 年第
　　　　2 期，第 104～108 頁。

門研究，可參考。

（二）《秦策三》

　　秦客卿造謂穰侯曰：「秦封君以陶，藉君天下數年矣。攻齊之事成，陶為萬乘，長小國，率以朝天子，天下必聽，五伯之事也。攻齊不成，陶為鄰恤，而莫之據也。故攻齊之於陶也，存亡之機也。君欲成之，何不使人謂燕相國曰：『聖人不能為時，時至而弗失。舜雖賢，不遇堯也，不得為天子。湯、武雖賢，不當桀、紂不王。故以舜、湯、武之賢，不遭時，不得帝王。今天下攻齊，此君之大時也已。因天下之力，伐讎國之齊，報惠王之恥，成昭王之功，除萬世之害，此燕之長利，而君之大名也。《書》云：樹德莫如滋，除害莫如盡。吳不亡越，越故亡吳。齊不亡燕，燕故亡齊。齊亡於燕，吳亡於越，此除疾不盡也。非以此時也，成君之功，除君之害，秦卒有他事而從齊，齊、趙合，其讎君必深矣。挾君之讎，以誅於燕，雖後悔之，不可得也已。君悉燕兵而疾僭之，天下之從君也，若報父子之讎。誠能亡齊，封君於河南，為萬乘，達途於中國，南與陶為鄰，世世無患。願君之專志於攻齊而無他慮也！』」〔註561〕

　　《秦策三》此段主要記述秦客卿造勸諫穰侯聯合燕國攻打齊國的事情，其中秦客卿造引用了「《書》云：樹德莫如滋，除害莫如盡」一句，古今學者圍繞這一問題曾經展開過討論。

　　首先，「《書》云」還是「《詩》云」的問題。范祥雍引鮑本「書」作「詩」，云：「逸《詩》。」黃丕烈云：「非也，東晉古文以為《泰誓》耳。《策》文當本作『詩』，後人誤依古文改作『書』也。此與范睢稱《詩》曰『本實繁者披其枝』，黃歇稱《詩》云『大武遠宅不涉』，趙武靈王稱《詩》云『服難以勇，治亂以知，事之計也。立傅以行，教少以學，業之經也』，及謂秦王稱《詩》云『行百里者，半於九十』同例，『詩』字皆有訛。『遠宅不涉』者，《周書・大武》『遠宅不薄』也。高誘注『逸《詩》』，當亦有誤。」〔註562〕范祥雍據《縱

〔註561〕 （西漢）劉向：《戰國策》，范祥雍箋證，范邦瑾協校，上海：上海古籍出版社，2011 年版，第 285～286 頁。

〔註562〕 （西漢）劉向：《戰國策》，范祥雍箋證，范邦瑾協校，上海：上海古籍出版社，2011 年版，第 290 頁。

橫家書》「書」亦作「詩」，認為黃丕烈的觀點正確，斷定《秦策三》所引為「《詩》云」。

其次，對於《秦策三》所引「《書》云：樹德莫如滋，除害莫如盡」是否為《書》類文獻，劉起釪與馬士遠在這一問題上存在分歧。劉起釪認為偽古文《泰誓》襲用作「樹德務滋，除惡務本」〔註563〕，而馬士遠所列統計表認為「不見於《書》類文獻」。

對於上述兩個問題的討論，筆者以為《戰國策》所引內容雖不見於今傳本《尚書》，但應為先秦時代的《書》類文獻。按《左傳‧哀公元年》有引文與此相類似，云：「伍員曰：『臣聞之：樹德莫如滋，去疾莫如盡。』」〔註564〕並且值得注意的是，今傳本偽古文《泰誓下》中有與此類似的文句，即「樹德務滋，除患務本」。因此，筆者以為，無論「《書》云」抑或「《詩》云」，其文本來源應該是當時社會上流傳較為廣泛的成語。《左傳》《戰國策》、偽古文《泰誓》的編纂者，在面對相同的文獻材料時，會進行相應的文本加工，使之更為符合其行文背景與涵義要求，以致出現不同的文本表達。同時，「樹德莫如滋，除害莫如盡」在三種著作中的意義相同，也充分說明了其文獻材料來源的一致性。

（三）《趙策二》

王曰：「寡人以王子為子任，欲子之厚愛之，無所見醜。御道之以行義，勿令溺苦於學。事君者順其意，不逆其志；事先者明其高，不倍其孤。故有臣可命，其國之祿也。子能行是，以事寡人者畢矣。《書》云：『去邪無疑，任賢勿貳。』寡人與子，不用人矣。」遂賜周紹胡服衣冠，具帶，黃金師比，以傅王子也。〔註565〕

《趙策二》此段主要講述了趙武靈王聘立周紹為王子傅時的對話，要求周紹教育王子之學重在行義，欲王子知君臣父子之道。趙武靈王在訓語中引用了「《書》云：『去邪無疑，任賢勿貳』」一語，對此劉起釪並未有過闡述，馬士遠教授認為此語不見於《書》類文獻。

筆者以為馬士遠教授的論斷值得商榷，因為在今傳本偽古文《大禹謨》

〔註563〕劉起釪：《尚書學史》（訂補修訂本），北京：中華書局，2017年版，第42頁。

〔註564〕楊伯峻：《春秋左傳注》，北京：中華書局，2009年版，第1605頁。

〔註565〕（西漢）劉向：《戰國策》，范祥雍箋證，范邦瑾協校，上海：上海古籍出版社，2011年版，第1070頁。

中有類似的表達，即「任賢勿貳，去邪勿疑」〔註566〕。從《趙策二》與《大禹謨》的文字比對來看，二者只有一字差異，只是前後調換。同時，聯繫兩文的上下文義，引《書》所表達的意義正同。《趙策二》中趙武靈王所言「寡人與子，不用人矣」，謂不用人言，即人不能離間之，是對「去邪無疑，任賢勿貳」的進一步補充說明。在《大禹謨》中，唐代孔穎達《疏》云：「任用賢人勿有二心，逐去回邪勿有疑惑」〔註567〕，釋義正與《趙策二》同。

對於「《書》云」內容是否為《書》類文獻，清代學者文廷式曾發表過意見，其云：「此趙武靈王引《書》，未必出自《尚書》，戰國時人引《詩》，亦多不類三百篇。凡此類者，未可據為逸《詩》、逸《書》也。」〔註568〕筆者以為文廷式的觀點是值得肯定的。因為在孔子編定《尚書》之前，《尚書》尚未形成定本，當時各諸侯國之間廣泛流傳著不同版本系統的《書》類文本。因為《書》教具有「疏通知遠」的教化作用，於是戰國策士乃至諸侯國君在議論政治時大多援引以立說，因此會出現不同《書》類文本的情況，這是《書》學文獻在春秋戰國時代傳播流佈的實際歷史情況，不能因為文字異同等因素而否定其為《書》類文獻。鑒於此，筆者認為《趙策二》所引「《書》云：『去邪無疑，任賢勿貳』」依然可視為《書》類文獻。

（四）《魏策一》

> 知伯索地於魏桓子，魏桓子弗予。任章曰：「何故弗予？」桓子曰：「無故索地，故弗予。」任章曰：「無故索地，鄰國必恐。重欲無厭，天下必懼。君予之地，知伯必憍。憍而輕敵，鄰國懼而相親。以相親之兵，待輕敵之國，知氏之命不長矣。《周書》曰：『將欲敗之，必姑輔之。將欲取之，必故與之。』君不如與之，以驕知伯。君何釋以天下圖知氏，而獨以吾國為知氏質乎？」君曰：「善。」乃與之萬家之邑一。〔註569〕

〔註566〕（漢）孔安國傳，（唐）孔穎達正義：《尚書正義》，黃懷信整理，上海：上海古籍出版社，2007 年版，第 125 頁。

〔註567〕（漢）孔安國傳，（唐）孔穎達正義：《尚書正義》，黃懷信整理，上海：上海古籍出版社，2007 年版，第 125 頁。

〔註568〕（西漢）劉向：《戰國策》，范祥雍箋證，范邦瑾協校，上海：上海古籍出版社，2011 年版，第 1074 頁。

〔註569〕（西漢）劉向：《戰國策》，范祥雍箋證，范邦瑾協校，上海：上海古籍出版社，2011 年版，第 1242 頁。

　　《魏策一》此段記述與《韓非子・說林上》所載相似，筆者已於本書第三章第五節《〈韓非子〉引〈書〉考論》中有所討論，可參看。

（五）《魏策一》

　　　　蘇子為趙合從，說魏王曰：「……臣聞越王勾踐以散卒三千，禽夫差於干遂。武王卒三千人，革車三百乘，斬紂於牧之野。豈其士卒眾哉？誠能振其威也。今竊聞大王之卒，武力二十餘萬，蒼頭二十萬，奮擊二十萬，廝徒十萬，車六百乘，騎五千匹，此其過越王勾踐、武王遠矣。今乃劫於辟臣之說，而欲臣事秦。夫事秦必割地效質，故兵未用而國已虧矣。凡群臣之言事秦者，皆姦臣，非忠臣也。夫為人臣，割其主之地以求外交，偷取一旦之功而不顧其後，破公家而成私門，外挾彊秦之勢，以內劫其主，以求割地，願大王之熟察之也。《周書》曰：『綿綿不絕，縵縵奈何？毫毛不拔，將成斧柯。』前慮不定，後有大患，將奈之何？大王誠能聽臣，六國從親，專心并力，則必無彊秦之患。」〔註570〕

　　此段所載事蹟乃是蘇秦為實現合縱謀略而游說魏王。蘇秦所言「《周書》曰：『綿綿不絕，縵縵奈何？毫毛不拔，將成斧柯』」不見於今傳本《尚書》，而在《逸周書・和寤解》中有相似文句，即「綿綿不絕，蔓蔓若何？豪末不掇，將成斧柯」。〔註571〕兩處記載文字雖然稍有差異，但文義相同，黃懷信釋「掇」為「拔也」，訓譯為：小草綿軟細弱的時候不根除，蔓延長大以後拿它怎麼辦？樹苗像豪毛般細小的時候不拔掉，很快就會長成斧柄那樣粗。〔註572〕這樣的釋義也同樣符合《魏策一》的文義。

　　需要指出的是，《孔子家語・觀周篇》和《說苑・敬慎篇》都有類似的文句記載，如《孔子家語》載孔子觀周，入太祖后稷之廟，見金人之銘曰：「綿綿不絕，或成網羅；毫末不札，將尋斧柯。」〔註573〕《說苑》行文相似，其

〔註570〕（西漢）劉向：《戰國策》，范祥雍箋證，范邦瑾協校，上海：上海古籍出版社，2011 年版，第 1263 頁。

〔註571〕黃懷信著：《逸周書校補注譯》（修訂本），西安：三秦出版社，2006 年版，第 161 頁。

〔註572〕黃懷信著：《逸周書校補注譯》（修訂本），西安：三秦出版社，2006 年版，第 162 頁。

〔註573〕楊朝明注說：《孔子家語》，開封：河南大學出版社，2008 年版，第 148 頁。

文字為「綿綿不絕，將成網羅；青青不伐，將尋斧柯。」〔註574〕面對如此相似的文獻材料，元代學者吳師道對此曾有議論，其云：「《家語》孔子觀周廟，《金人之銘》曰：『焰焰不滅，炎炎若何？涓涓不壅，終為江河。綿綿不絕，或成網羅。豪末不札，將尋斧柯』云云。《策》謂《周書》，其指此歟？」〔註575〕吳師道認為《魏策》所引可能是《孔子家語》的內容，但這一說法遭到清代學者黃丕烈的反駁，黃氏謂：「此所引《周書》四句，乃《和寤解》文，吳氏以為《家語》，非也。」〔註576〕

　　筆者以為，《戰國策・魏策一》所載《周書》內容，雖然與《逸周書・和寤解》高度相似，但細繹文義，《孔子家語・觀周篇》和《說苑・敬慎篇》所載都與之契合，因此，斷然否定《戰國策》引文的來源問題，似乎有失偏頗。既然四部著作都有相似記載，筆者揣測這一諺語或是當時流行的一種語言表達形式，在當時社會上流傳廣泛，編撰者在匯輯文獻材料時，會根據自己所聞見的相關文句進行加工，以致出現不同的文辭記載。

（六）《魏策三》

　　　　秦敗魏於華，走芒卯，而圍大梁。須賈為魏謂穰侯曰：「……
　　　《周書》曰：『維命不于常。』此言幸之不可數也。夫戰勝暴子而
　　　割八縣，此非兵力之精，非計之工也，天幸為多矣。今又走芒卯，
　　　入北地，以攻大梁，是以天幸自為常也，知者不然。」〔註577〕

「《周書》曰：『維命不於常』」見於今傳本《尚書・康誥》篇，原文為：

　　　　王曰：「嗚呼！肆汝小子封，惟命不于常。」〔註578〕

　　偽孔《傳》釋為：「以民安則不絕亡汝，故當念天命之不於常，汝行善則得之，行惡則失之。」孔穎達《正義》疏解偽孔《傳》，並沒有進一步闡述。「惟命不於常」的意義在於告誡天命不常，要行善安民，才能得到上天的庇護。

〔註574〕（西漢）劉向撰，向宗魯校證：《說苑校證》，北京：中華書局，1987年版，第258頁。

〔註575〕（西漢）劉向：《戰國策》，范祥雍箋證，范邦瑾協校，上海：上海古籍出版社，2011年版，第1271頁。

〔註576〕（西漢）劉向：《戰國策》，范祥雍箋證，范邦瑾協校，上海：上海古籍出版社，2011年版，第1271頁。

〔註577〕（西漢）劉向：《戰國策》，范祥雍箋證，范邦瑾協校，上海：上海古籍出版社，2011年版，第1365頁。

〔註578〕（漢）孔安國傳，（唐）孔穎達正義：《尚書正義》，黃懷信整理，上海：上海古籍出版社，2007年版，第547頁。

在《魏策三》中，須賈勸誡穰侯，意在表明天命不是永久不變的，幸運不可能經常獲得。秦國戰勝暴子而割八縣，主要是天命所致。現在又攻打大梁，是以天命自為常事，但聰明的人卻不依靠天命。《戰國策》所載雖然沒有提及行善安民這一層面的意義，但表達的天命不常觀念卻與《康誥》一致，說明這一觀念在先秦時代非常普遍，受到當時諸侯國君、策士謀臣的推崇。

三、小結

從《戰國策》引《書》情況來看，主要集中在《秦策》《趙策》《魏策》篇章中。所引文獻或見於《逸周書》，或不見於《書》類文獻，唯有《魏策三》所引《周書》內容見於今傳本《康誥》。但從文義來分析，《戰國策》引《書》的行文語義與今本文獻契合。

《戰國策》展現的策士謀臣游說諸侯的現象，春秋末期，儒、墨兩家已經倡之在先，但儒家主張以禮治國，墨家主張止兵非攻，還沒有戰國時代縱橫術士立於廟堂之上的風氣。戰國時代的諸侯國君期望自己成為霸主，成就王業，統一天下，策士謀臣、士大夫正是抓住這一時代主流進行游說。戰國時代縱橫捭闔、風雲變幻的政治外交形勢，要求策士謀臣能夠說之以理，用明顯的歷史經驗說服對方接受自己的意見，因此具有「疏通知遠」作用的《書》成為他們在外交場合頻繁引用的歷史資料。

戰國策士引《書》用《書》，一方面說明他們具備很高的文化造詣，對《書》類文獻十分熟悉，能夠在外交場合隨意吟誦徵引；另一方面反映出《書》類文獻在戰國時代的傳播流佈，謀臣策士起到了巨大的推動作用，使春秋時代只有貴族階層才能接觸到的典籍文化下移到諸侯國乃至民間，這對中國上古文化的傳承保護具有極為重要的意義。

第四章　出土文獻與《書》學研究

　　2008年，清華大學收藏了一批戰國時代的竹簡，被稱為「清華簡」。清華簡的發現，涉及中國傳統文化的核心內容，對歷史學、文獻學、考古學、古文字學等多種學科都直接產生了深遠影響。值得注意的是，清華簡裏有《尚書》文本的發現，有些篇章甚至存在傳世本，如《金縢》，更多的是《尚書》佚篇。借助清華簡這一新的出土材料，無疑推動《尚書》學研究進入一個嶄新的階段。限於筆者的學識和能力，只能就清華簡中的兩篇進行研究，希望日後學識漸長，再做深入探討。本章茲就《保訓》《金縢》等篇目進行研究，以期有助於學界加深對清華簡相關問題的探討。

第一節　《保訓》篇「中」思想觀念研究

　　《保訓》篇釋文發表在《文物》2009年第6期上，今據《清華大學藏戰國竹簡（壹）》中的整理將釋文抄錄如下，為方便閱讀理解，將釋文進行分段。

　　　　惟王五十年，不豫。王念日之多歷，恐墜寶訓。戊子自靧水。己丑昧〔爽〕□□□□□□□□□〔王〕若曰：「發，朕疾適甚，恐不汝及訓。昔前人傳寶，必受之以詞。今朕疾允病，恐弗念終。汝以書受之。欽哉！勿淫！

　　　　昔舜舊作小人，親耕於歷丘，恐求中。自稽厥志，不違於庶萬姓之多欲。厥有施於上下遠邇，乃易位設稽，測陰陽之物，咸順不逆。舜既得中，言不易實變名，身茲備，惟允。翼翼不解，用作三降之德。帝堯嘉之，用授厥緒。嗚呼，發，祗之哉！

　　　　昔微假中於河，以復有易，有易服厥罪。微無害，乃歸中於河。

微志弗忘，傳貽子孫，至於成湯，祗服不懈，用受大命。

嗚呼！發，敬哉！朕聞茲不久，命未有所延，今汝祗服毋解，其有所由矣，不及爾身受大命，敬哉！勿淫！日不足惟宿不詳。」〔註1〕

《保訓》篇的內容是記載周文王五十年對太子發的遺訓。在該篇之中，周文王對太子發講了兩件上古的史事傳說，用這兩件史事以說明他要求太子遵行的一個思想觀念——中，也就是後世所謂的中道。

由於《保訓》篇涉及內容較多，茲著重討論幾個主要問題。

一、周文王遺訓問題

既然《保訓》篇是文王臨終前對太子發的遺訓，理應受到周代統治者的高度重視，在史籍之中也應該有大量的文獻記載，但稽考先秦典籍，關於文王有疾而作訓的記載僅見於《逸周書》所附《周書序》，其云：「文王有疾，告武王以民之多變，作《文儆》。文王告武王以序德之行，作《文傳》。」〔註2〕但其所載史事與《保訓》篇不同。

文王告誡武王時的遺訓，與《尚書·顧命》記載的成王將崩之時告誡太子釗的情景相似。《顧命》云：「惟四月哉生魄，王不懌。甲子，王乃洮頮水。相被冕服，憑玉几。乃同召太保奭、芮伯、彤伯、畢公、衛侯、毛公、師氏、虎臣、百尹、御事。」〔註3〕而《保訓》篇只有簡短的幾個字，「戊子自靧水。己丑昧〔爽〕」，《顧命》所記較《保訓》更為複雜，李學勤認為，應該是成王已作太子的緣故。〔註4〕但筆者以為，史書所記史事的詳略程度，還應考慮到史籍的編纂年代問題，即《保訓》是記文王武王之事，《顧命》是記成王康王之事，後世史官在載錄之時，必然對距離其生活時代較近的史事瞭解地更為詳盡，所以才會出現載記詳略的不同。更為值得注意的是，在《顧命》之後的《康王之誥》，提到了文王遺言。歐陽及大小夏侯本將《顧命》與《康王之誥》

〔註1〕清華大學出土文獻研究與保護中心編，李學勤主編：《清華大學藏戰國竹簡（壹）》，上海：中西書局，2010 年版，第 143 頁。

〔註2〕黃懷信：《逸周書校補注譯（修訂本）》，西安：三秦出版社，2006 年版，第 413 頁。

〔註3〕（漢）孔安國傳，（唐）孔穎達正義，黃懷信整理：《尚書正義》，上海：上海古籍出版社，2007 年版，第 722 頁。

〔註4〕李學勤：《初識清華簡》，上海：中西書局，2013 年版，第 11 頁。

合為一篇，但後世多採取伏生本，二者各自獨立成篇。其中記載成王死後，康王即位，太保召公和芮伯告誡康王云：「今王敬之哉！張皇六師，無壞我高祖寡命。」〔註5〕孔穎達《正義》云：「『高祖之德』，謂文王也。王肅云：『美文王少有及之，故曰寡有也。』」楊筠如《尚書覈詁》認為「寡」讀為「叚」，《禮記・緇衣》「君子寡言而信，以成其行。」鄭注：「寡當為『顧』，聲之誤也。」〔註6〕「寡命」即是「顧命」，也就是遺訓。除此之外，關於文王遺訓的記載在其他典籍之中均未涉及，故《保訓》篇的出土對研究周初史實具有重要意義。

其次是關於文王在位時間的問題。《尚書・無逸》載：「文王受命惟中身，厥享國五十年。」孔《傳》曰：「文王九十七而終。中身即位，時年四十七。言『中身』，舉全數。」孔穎達《正義》云：「『文王年九十七而終』，《禮記・文王世子》文也。於九十七內減享國五十年，是未立之前有四十七。在《禮》，諸侯踰年即位。此據代父之年，故為即位時年四十七也。計九十七年半折以為中身，則四十七時於身非中。」〔註7〕《史記・周本紀》與《無逸》記載相同，「西伯蓋即位五十年。……詩人道西伯，蓋受命之年稱王而斷虞芮之訟。後十年而崩，諡為文王。」〔註8〕

但先秦典籍之中關於文王在位年數還有不同的記載，如《韓詩外傳》卷三云：「文王即位八年而地動。地動之後四十三年，凡蒞國五十一年而終。」〔註9〕又《呂氏春秋・制樂》篇載：「文王即位八年而地動，已動之後四十三年，凡文王立國五十一年而終。」〔註10〕《韓詩外傳》和《呂氏春秋》的記載比《無逸》與《史記》多了一年。許維遹《呂氏春秋集釋》認為《尚書・無逸》篇謂文王享國五十年，蓋舉其成數也。陳奇猷據《史記・周本紀》所載，認為此「一」字乃後人所加。已動之後四十三年，乃自地動之年、即即位後第

〔註5〕《尚書正義》，第746頁。
〔註6〕楊筠如著，黃懷信標校：《尚書覈詁》，西安：陝西人民出版社，2005年版，第434頁。
〔註7〕《尚書正義》，第634～636頁。
〔註8〕（漢）司馬遷撰，（南朝宋）裴駰集解，（唐）司馬貞索隱，（唐）張守節正義：《史記》，北京：中華書局，1982年版，第119頁。
〔註9〕（漢）韓嬰撰，許維遹校釋：《韓詩外傳集釋》，北京：中華書局，1980年版，第83頁。
〔註10〕許維遹撰，梁運華整理：《呂氏春秋集釋》，北京：中華書局，2009年版，第145頁。

八年起算，正合五十年。後人誤以八加四十三為五十一，因增「一」字耳。
〔註11〕陳氏此說與許說頗異，但實際上承認文王在位五十年，《保訓》篇的出
土，「惟王五十年」，更加佐證了《尚書‧無逸》和《史記‧周本紀》記載的正
確性，勘正了這一歷史謎團。

二、上甲微史事研究

上甲微是商湯的六世祖，《保訓》篇所講的是上甲微為其父王亥報仇的故
事。王國維等學者結合殷墟出土的甲骨文，從《周易》《山海經》《紀年》等文
獻之中鉤稽出這一段歷史：商人的首領王亥曾率牛車到有易的地方貿易，有
易的君主綿臣設下陰謀將王亥殺害，奪取了牛車。後來王亥之子微與河伯聯
合，戰勝有易，誅殺了綿臣。

上甲微與河伯、有易之間的史事多見於史籍，如《山海經‧大荒東經》
載：「有困民國，勾姓而食。有人曰王亥，兩手操鳥，方食其頭。王亥託於
有易、河伯僕牛。有易殺王亥，取僕牛。河念有易，有易潛出，為國於獸，
方食之，名曰搖民。」郭璞注引《竹書》曰：「殷王子亥賓於有易而淫焉，
有易之君綿臣殺而放之。是故殷上甲微假師於河伯以伐有易，滅之，遂殺
其君綿臣也。」〔註12〕關於王亥被殺故事，《楚辭‧天問》敘其事較詳細，
云：

> 該秉季德，厥父是臧。胡終弊于有扈，牧夫牛羊？干協時舞，
> 何以懷之？平脅曼膚，何以肥之？有扈牧豎，云何而逢？擊牀先出，
> 其命何從？恒秉季德，焉得夫朴牛？何往營班祿，不但還來？昏微
> 遵迹，有狄不寧。何繁鳥萃棘，負子肆情？眩弟並淫，危害厥兄。
> 何變化以作詐，後嗣而逢長？〔註13〕

袁珂認為，詩文義古奧，又兼傳寫訛脫，不可盡釋。約言之，首四句概
敘王亥被殺於有易，喪失牛羊事。次四句寫王亥王恒兄弟初至有易備受歌舞
飲饌接待情景。次四句寫王亥因「淫」而被殺，殺王亥者乃有易一激於一已
嫉憤之「牧豎」。次四句寫王恒至有易求情，得其兄所喪失牛羊，因有所戀，
不即返國。次四句寫上甲微興師伐有易，滅其國家，肆情於婦子，使國土成

〔註11〕陳奇猷：《呂氏春秋新校釋》，上海：上海古籍出版社，2002 年版，第 358～
359 頁。
〔註12〕袁珂：《山海經校注》，上海：上海古籍出版社，1980 年版，第 351～352 頁。
〔註13〕（宋）洪興祖：《楚辭補注》，北京：中華書局，1983 年版，第 106～108 頁。

為一片荊榛。末四句譴責王恒既與兄並淫，復以詐術危害其兄，其後嗣反而繁榮昌盛，足見天道之難憑也。詩中有扈、有狄，即有易也，昏微即上甲微也（說見吳其昌《卜辭所見殷先公先王三續考》）。《易·大壯》六五爻辭云：「喪羊於易，無悔。」《旅》上九爻辭云：「鳥焚其巢，旅人先笑後號咷。喪牛於易，凶。」說者亦以為是王亥故事云。〔註14〕

又《今本竹書紀年》載：「（帝泄）十二年，殷侯子亥賓於有易，有易殺而放之。十六年，殷侯微以河伯之師伐有易，殺其君綿臣。殷王子亥賓於有易而淫焉。有易之君綿臣殺而放之。故殷上甲微假師於河伯，以伐有易，滅之，遂殺其君綿臣。中葉衰而上甲微復興，故商人報焉。」〔註15〕

通過對傳世文獻《山海經》《楚辭》《周易》《竹書紀年》等文本的稽考，所載上甲微、河伯與有易的故事大體相同，但這些資料之中均未涉及「中」的概念，這與《保訓》篇所記「假中」「歸中」就有很大的差異。根據《保訓》釋文，其大義如下：昔者上甲微假借「中道」於河伯，以報復有易，有易伏其罪。上甲微無所損害，於是將「中道」歸於河伯。上甲微記住「中道」而不忘，傳給子孫，至於成湯之時，恭敬不敢懈怠，於是享有天命。《保訓》篇並沒有記載上甲微滅有易殺綿臣之事，而是使有易「服厥罪」。關於這一點歷史疑問，梁濤《清華簡〈保訓〉的「中」為中道說》從儒家社會倫理學的角度進行解釋，認為：作為三代政治文化的繼承者，儒家一方面肯定血親復仇的正義性、合理性，所謂「父母之仇，不與同生；兄弟之仇，不與聚國；朋友之仇，不與聚鄉；族人之仇，不與聚鄰」（《大戴禮記·曾子制言上》），另一方面又對復仇的手段、方式做了限定。……如果說「以怨報怨」與「以德報怨」是兩個極端的話，那麼，「以直報怨」無疑就是中道了。故「微無害」是說上甲微以中道的方式為父復仇，迫使有易氏認罪伏法，又「以直報怨」，不對其部族趕盡殺絕，《保訓》的記載與傳世文獻有所不同。《紀年》等傳世文獻的主題是復仇的正義性，突出的是上甲微借師河伯、剿滅有易的英雄氣魄，甚至渲染了其屠城滅國的復仇心理。而《保訓》的重點是復仇的中道方式，強調的是上甲微不濫用武力，通過河伯的居中調節，贏得道義、法律和軍事上的支持，同時隱忍、克制，適可而止，不對其整個部族進行加害。這種不同顯然與後世尤其是儒家復仇觀念的變化有關，《保訓》當是出自後世儒者之手，反

〔註14〕袁珂：《山海經校注》，上海：上海古籍出版社，1980 年版，第 353 頁。
〔註15〕王國維：《今本竹書紀年疏證》，濟南：齊魯書社，2010 年版，第 57 頁。

映的是儒家更為理性的中道復仇觀。〔註16〕

《保訓》篇上甲微的史事與「中」觀念相關，指出當社會秩序被打破，國家部族之間出現矛盾時，應當秉持中道，以直報怨，體現出了「中」思想觀念的重要性，這也可能是上古時代最為重要的政治實踐總結。

三、「中」思想觀念研究

在《保訓》篇中，文王向太子發講了兩件史事，第一件是關於舜的，講的是舜如何求取中道。第二件是關於商湯的六世祖上甲微的，講的是微假借中道於河伯以戰勝有易，微把「中」的內容「傳貽子孫，至於成湯」，於是成就了商湯的霸業。在短短的《保訓》篇一文中，出現了四次「中」字，即「昔舜舊作小人，親耕於歷丘，恐求中」，「舜既得中，言不易實變名」，「昔微假中於河」，「微無害，乃歸中於河」。釋文整理者認為，中即中道，但學者對「中」有不同的解釋。要理解「中」的具體含義，需要對其出現的語境進行詳細考辨。

（一）《論語》《中庸》「中」字記載

舜在民間久做百姓，能夠自我省察，不違背百姓的願望，施行於上下遠近，乃治位設籍，考量陰陽之物，咸順不逆。其中關於舜與「中」的關係，儒家典籍之中多有涉及，這足以證明《保訓》所言「中」對後世影響之深，如《論語‧堯曰》載：

> 堯曰：「咨！爾舜！天之曆數在爾躬，允執其中。四海困窮，天祿永終。」舜亦以命禹。〔註17〕

朱熹《集注》云：「此堯命舜，而禪以帝位之辭。……曆數，帝王相繼之次第，猶歲時氣節之先後也。允，信也。中者，無過不及之名。四海之人困窮，則君祿亦永絕矣，戒之也。」朱熹認為這是堯禪位於舜時的言辭，這是正確的見解，但將「中」釋為「無過不及之名」，未免顯得狹隘。「中」應釋為中道之義，皇侃曰「中，謂中正之道也。」「執中」就是執政公平、公正，不偏不倚，此即劉寶楠《論語正義》所謂「執中者，謂執中道用之。」

又《中庸》云：

〔註16〕清華大學出土文獻研究與保護中心：《清華簡研究（第一輯）》，上海：中西書局，2012 年版，第 105～106 頁。

〔註17〕（宋）朱熹：《四書章句集注》，北京：中華書局，2012 年版，第 194 頁。

子曰：「舜其大知也與！舜好問而好察邇言，隱惡而揚善，執其
兩端，用其中於民，其斯以為舜乎！」〔註18〕

朱熹《中庸章句》曰：「兩端，謂眾論不同之極致。蓋凡物皆有兩端，如小大
厚薄之類，於善之中又執其兩端，而量度以取中，然後用之，則其擇之審而
行之至矣。」朱熹將「兩端」理解為事物的兩個方面，又以善惡之行作喻，符
合經文大義。徐復觀認為，「大概拿一個『中』字來衡量中國幾千年來的政治
思想，便可以左右逢源，找出一個一貫之道。並且中國的思想家，對『中』的
瞭解，是『徹內徹外』的，是把握住『中』在社會進化中的本質，且不侷限於
某一固定階段的形式的。」〔註19〕所以，儒家「中」的思想觀念，有著社會
政治文化傳統的淵藪。

（二）「中」與禮樂制度

「中」的觀念與儒家所提倡的「禮」學有著十分密切的聯繫，如《荀子・
儒效》：「曷謂中？曰：禮義是也。」〔註20〕《禮記・仲尼燕居》：「子貢越席
而對曰：『敢問將何以為此中者也？』子曰：『禮乎禮。夫禮，所以制中也。』」
〔註21〕《逸周書・度訓解》：「眾非和不眾，和非中不立，中非禮不慎，禮非
樂不履。」〔註22〕通過這些記載可以看出，在儒家學者的觀念裏，禮是可以
看作「中」的，是「中道」觀念的體現。「中」與禮互為表裏，一個是對社會
秩序進行理論抽象原則的提升，一個是對社會具體行為的有力約束。同時，
「中」與樂關係密切，是樂的根本屬性，可以理解為是樂德的一種體現。《國
語・周語下》載：「夫有和平之聲，則有蕃殖之財。於是乎道之以中德，詠之
以中音，德音不愆，以合神人，神是以寧，民是以聽。」韋昭注曰：「中德，
中庸之德也。中音，中和之音也。」〔註23〕中和之音具有穩固社會秩序、寧
合神人的作用，可見「中」是樂的一種特有屬性。聯繫上文禮與「中」的關

〔註18〕（宋）朱熹：《四書章句集注》，北京：中華書局，2012年版，第20頁。
〔註19〕徐復觀：《學術與政治之間》，臺北：臺灣學生書局，1985年版，第9頁。
〔註20〕（清）王先謙撰，沈嘯寰、王星賢點校：《荀子集解》，北京：中華書局，1988
　　　年版，第122頁。
〔註21〕（漢）鄭玄注，（唐）孔穎達正義，呂友仁整理：《禮記正義》，上海：上海古
　　　籍出版社，2008年版，第1926頁。
〔註22〕黃懷信：《逸周書校補注譯》，西安：三秦出版社，2006年版，第5頁。
〔註23〕徐元誥撰，王樹民、沈長雲點校：《國語集解》（修訂本），北京：中華書局，
　　　2002年版，第112頁。

係，顯然禮偏於中，而樂偏於和，如《周禮・地官司徒》所載：「以五禮防萬民之偽而教之中，以六樂防萬民之情而教之和」〔註24〕，《周禮・春官宗伯》：「以天產作陰德，以中禮防之。以地產作陽德，以和樂防之。以禮樂合天地之化、百物之產，以事鬼神，以諧萬民，以致百物。」〔註25〕據《周禮》所述，中和之道與禮樂教化有著深層次的社會倫理關係，上古時代以此形成一個以禮樂中和為核心的宇宙社會秩序。此外，相關記載尚有很多，如《周禮・春官宗伯》言：「以樂德教國子，中、和、祗、庸、孝、友」〔註26〕，可知中、和是樂德的兩種屬性。又《荀子・勸學》：「《樂》之中和也」，楊倞注曰：「中和，謂使人得中和悅也。」〔註27〕《荀子・樂論》：「故樂者，天下之大齊也，中和之紀也。」〔註28〕《禮記・樂記》：「故樂者，天地之命，中和之紀，人情之所不能免也。」〔註29〕就《保訓》篇而言，舜「求中」，可能與製作社會禮樂制度有關，因為禮樂制度是上古時代君王治國安邦的重要手段，也是政治實踐中的具體實施內容。

（三）「中」與刑罰律例制度

在先秦文獻中，與「中」相關者，多具有中和、中正等政治倫理內涵屬性，這一點首先體現在與刑罰訴訟有關的概念中，如《尚書》裏的「中」多為中正之義，《盤庚中》：「各設中於乃心」，孔《傳》曰：「和以相從，各設中正于汝心。」〔註30〕此外，《尚書》中涉及「中」字若與刑罰相關，多為中正之義，茲舉《呂刑》中的例子以說明，「士制百姓於刑之中」，「觀於五刑之中」，「非佞折獄，惟良折獄，罔非在中」，「罔不中聽獄之兩辭」，諸如此「中」字，孔《傳》皆訓以為「中正」之義。我們應當透過這些表述看出當時社會關於刑罰處置的一些特點，即處罰公平是審理案件斷獄訴訟的基本準則，是刑罰正義的一種表現，也就是所謂「中」的具體實施行為。「中」成為上古時代刑律制度公平的象徵性概念，《尚書》裏與刑罰訴訟相關的「中」字，其實也可以

〔註24〕（漢）鄭玄注，（唐）賈公彥疏，彭林整理：《周禮注疏》，上海：上海古籍出版社，2010 年版，第 372～373 頁。

〔註25〕《周禮注疏》，第 689～691 頁。

〔註26〕《周禮注疏》，第 833 頁。

〔註27〕《荀子集解》，第 12 頁。

〔註28〕《荀子集解》，第 380 頁。

〔註29〕《禮記正義》，第 1561 頁。

〔註30〕《尚書正義》，第 357 頁。

理解為「公平」的含義，因為這是對「中」在法律方面意義的引申發揮。如
《國語·晉語九》：「鮒也鬻獄，雍子賈之以其子，邢侯非其官也而干之。夫以
回鬻國之中，與絕親以買直，與非司寇而擅殺，其罪一也。」韋昭注曰：「中，
平也。」〔註31〕因此，「中」作為與刑罰有關的專用詞語，實際具有公平、正
義的意義內涵。將「中」具有的刑律司法概念性質再進行深入的闡釋引申，
其體現出來的中正原則又代表著刑罰本身的處罰行為，如《周禮·秋官司寇》
云：「以三刺斷庶民獄訟之中：一曰訊群臣，二曰訊群吏，三曰訊萬民。聽民
之所刺宥，以施上服下服之刑。」鄭玄注曰：「中，謂罪正所定。」〔註32〕按
照鄭玄的解釋，「中」字表達出了罪責與刑律相當的意義。《尚書》之外，其他
典籍也有以「中」表示公平、正義的例子，如《墨子·尚同中》：「聽獄不敢不
中」〔註33〕，《墨子·尚賢中》：「使斷獄則不中」〔註34〕，《管子·小匡》：「決
獄折中，不殺不辜，不誣無罪」〔註35〕，《管子·幼官》：「執威必明於中」〔註
36〕，這些例子中，「中」字均含有公平、中正的內涵。「中」又由刑罰制度的
概念屬性演變為刑獄文書的代稱，如《周禮·秋官司寇》：「士師受中」，鄭玄
注云：「受中，謂受獄訟之成也。鄭司農云：『士師受中，若今二千石受其獄
也。中者，刑罰之中也。故《論語》曰「刑罰不中，則民無所措手足。」』」〔註
37〕綜合上述對「中」字刑罰意義方面的考論，「中」首先代表著刑律制度的公
平、中正原則，既而具有刑罰制度的象徵性概念屬性，最後成為刑獄文書的
代稱名詞。簡而言之，「中」是上古時代統治者對刑律制度的一種合理原則的
認可與堅持。

（四）「中」的政治倫理屬性與「執中」原則

「中」的思想觀念既能與儒家禮樂制度相契合，又融合在古代刑罰律制
的具體實施之中，其蘊含的中道思想成為後世儒學備加推崇的倫理道德準則，

〔註31〕《國語集解》，第 443 頁。

〔註32〕《周禮注疏》，第 1343～1344 頁。

〔註33〕（清）孫詒讓撰，孫啟治點校：《墨子閒詁》，北京：中華書局，2011 年版，
第 82 頁。

〔註34〕《墨子閒詁》，第 54 頁。

〔註35〕黎翔鳳撰，梁運華整理：《管子校注》，北京：中華書局，2004 年版，第 447
頁。

〔註36〕《管子校注》，第 144 頁。

〔註37〕《周禮注疏》，第 1356～1357 頁。

由禮樂制度延伸至政治範疇，從而演化為統治者執政治國的最高理想。在《尚書・君牙》篇中就強調君主必須執行中正，以作民法則，即「爾身克正，罔敢弗正。民心罔中，惟爾之中」，孔《傳》云：「言汝身能正，則下無敢不正。民心無中，從汝取中，必當正身，示民以中正。」〔註38〕故在上古三代時期，中正思想就成為一種君王政治倫理的典型範式。自此之後，儒家學者便對這一倫理範式進行闡釋延伸，將其與儒家倫理學說密切結合，創造了儒家的理想君主人格形象，如《禮記・儒行》：「儒有居處齊難，其坐起恭敬；言必先信，行必中正」〔註39〕，又《孟子・離婁下》：「中也養不中，才也養不才，故人樂有賢父兄也。如中也棄不中，才也棄不才，則賢不肖之相去，其間不能以寸」，趙岐注曰：「中者，履中和之氣所生，謂之賢。才者，謂人之有俊才者。」〔註40〕據此，「中」又具有「賢」的含義，中者，指賢德者而言。相反，如果君主的行為不符合中道，則應摒棄之，《荀子・儒效》載「事行失中謂之奸事，知說失中謂之奸道。奸事奸道，治世之所棄，而亂世之所從服也」〔註41〕，從荀子的理解來看，「中」成為區分治世與亂世的重要標誌。

「中」的觀念在施政治國方面得到足夠的重視，具體到實踐操作之中，這就不可避免地涉及「執中」的問題。「執中」說見於典籍者，除上文所引《論語・堯曰》篇外，尚有《孟子・離婁下》所載「湯執中，立賢無方」〔註42〕，《大戴禮記・五帝德》言帝嚳「執中而獲天下」〔註43〕，故在先秦時代，「執中」的執政理念已經成為治國理想的最高典範。除儒家對「執中」理念的理解之外，春秋戰國各家均有不同的見解，如《商君書・開塞》云：「天地設而民生之。……當此之時，民務勝而力征。務勝則爭，力征則訟。訟而無正，則莫得其性也。故賢者立中正，設無私，而民說仁。……親親者，以私為道也；而中正者，使私無行也。」〔註44〕當天地定位之初而百姓始生之時，聖賢者就以中正的思想去私斷獄，使百姓和悅而居。又《鶡冠子・王鈇》云：「天子

〔註38〕《尚書正義》，第 762 頁。
〔註39〕《禮記正義》，第 2216 頁。
〔註40〕（清）焦循撰，沈文倬點校：《孟子正義》，北京：中華書局，1987 年版，第551～552 頁。
〔註41〕《荀子集解》，第 124 頁。
〔註42〕《孟子正義》，第 569 頁。
〔註43〕（清）王聘珍撰，王文錦點校：《大戴禮記解詁》，北京：中華書局，1983 年版，第 121 頁。
〔註44〕蔣禮鴻：《商君書錐指》，北京：中華書局，1986 年版，第 51～53 頁。

中正。使者敢易言尊益區域，使利逜下蔽上，其刑斬笞無赦。」〔註45〕為了保證「執中」理念的徹底貫徹實施，必須從制度手段方面加以嚴格限制，於是提出了「刑斬笞無赦」的重刑策略。「執中」思想淵源綿長，從春秋戰國延及漢代，董仲舒以「天人之道」概括中正思想，在《春秋繁露・如天之為》中提出：「是故志意隨天地，緩急倣陰陽。然而人事之宜行者，無所鬱滯，且恕於人，順於天，天人之道兼舉，此謂執其中」〔註46〕，這一思想對後世影響深遠，以順於天道而行人事，主張「天人之道兼舉」，是西漢時期董仲舒運用天道理論限制王權的一種政治實踐。

　　《上海博物館藏戰國楚竹書（五）》有《季庚子問於孔子》一篇，其中涉及「執中」的問題，釋文為：

　　　　庚子曰：「請問何謂仁之以德？」孔子曰：「君子在民之上，執民之中，紉設於百姓，而民不服焉，是君子之恥也。是故，君子玉其言而慎其行。」〔註47〕

　　季庚子問孔子何為仁德之行，孔子以「執民之中」以對，且強調君子「玉其言而慎其行」，可知「執中」之術是君子統治百姓的一種政治手段，也是儒家認為符合道義的治政典範。清華簡與上博簡出土的文獻同時出現「中」的思想，可以斷定後世儒家所推崇的「中正」或中庸之道觀念自有淵源，並非是儒家學者所臆造。同時，「中」的思想觀念延伸至社會生活秩序領域，必然與「和諧」的社會觀念產生一定的聯繫。自上古時代的古老民族，「和諧」的理念就成為中華民族自身文化的獨特內涵和民族特色，在堯舜禹統治的聖王時代，「和」便是一個重要的觀念，也是極具鮮明政治色彩的，如《尚書・堯典》所記：「克明俊德，以親九族。九族既睦，平章百姓。百姓昭明，協和萬邦。」〔註48〕雖然「和諧」的政治理念包含有儒家歷史虛構和政治想像的成分，但無可否認的是，實現邦國家族之間、神人之間、君民之間的和諧統一，是歷代統治階級追求的終極目標。李學勤認為，《論語・堯曰》所記與《保訓》篇周文王所說不同，「不過孔子確實重視中道，其孫子思所作《中庸》就引述

〔註45〕黃懷信：《鶡冠子校注》，北京：中華書局，2014年版，第186頁。

〔註46〕蘇輿撰，鍾哲點校：《春秋繁露義證》，北京：中華書局，1992年版，第464頁。

〔註47〕馬承源主編：《上海博物館藏戰國楚竹書（五）》，上海：上海古籍出版社，2005年版，第202～204頁。

〔註48〕《尚書正義》，第36～37頁。

了孔子有關的話，然後做了專門的發揮，……把『中』提高到哲理的高度上來闡述，同時與『和』的觀念溝通結合，有很大的發展。」〔註49〕關於「中」與「和」的價值問題，林存光從儒家的「人和學」與和諧社會觀的角度進行研究，認為重視「人和」而追求實現和諧社會的目標，可以說是儒家思想的根本特色所在。並且援引馮友蘭先生在《新世訓·致中和》的話進行解釋：「不同底原素，合在一起，可以另成一物。但合成此物之不同底原素，必須各恰如其分量，不可太多，亦不可太少。若太多或太少，則即不能成為此物。不太多，不太少，即是無過不及。無過不及即是中。所以說和必須兼說中，這是一定底。」最後，林存光對「中」的定義為：所謂「中」，就是要恰到好處或各得其所，就是要適度適當而不能「過猶不及」，而且就是要遵循對人對事的態度和行為的正確而合理的標準，而不隨隨便便地苟同附和於流俗的意見和做法，正所謂「君子和而不流」(《中庸》)。〔註50〕

　　綜合上文對「中」與禮樂制度的關係屬性的探究，「中」在刑罰訴訟案件中體現出的公平、正義的法律特徵，延伸至社會政治範疇而具有的道德倫理色彩，以及在具體的施政治國實踐中涉及的「執中」問題，都可以明確指明一個方向，即清華簡《保訓》篇所提出的「中」的觀念，對儒家中道思想的形成和執政方略的傳統，具有極其深刻的影響。

第二節　《金縢》「予仁若考」解詁

　　《尚書·金縢》篇記載了周武王滅殷後二年，武王患重病，周公作冊書向先王祈禱。祝告的冊書收藏在用金絲裝束的匱匣之中。武王死後，成王繼位，因年幼，周公攝政，管叔、蔡叔散佈流言中傷周公。周公東征平定三監叛亂，成王得知金縢之書，出郊親迎周公。史官載錄此事，名為《金縢》。《金縢》本就是《尚書》學中問題較多的一篇，其中「予仁若考」句，自孔《傳》之後，諸家解說莫衷一是，疑竇頗多。石聲淮先生曾發表《〈金縢〉「予仁若考」解》〔註51〕一文，主要側重於對「仁」的歷史觀念的考察。本文試在眾

〔註49〕李學勤：《初識清華簡》，上海：中西書局，2013年版，第17頁。

〔註50〕林存光主編：《中國古典和諧政治理念與治國方略研究》，北京：中國社會科學出版社，2013年版，第20～21頁。

〔註51〕石聲淮：《〈金縢〉「予仁若考」解》，湖北師範學院學報（哲學社會科學版），1985年第2期，第34～36頁。

家說解的基礎上，綜合考辨各家學說，探析「予仁若考」的真正含義。

一、「予仁若考」諸家解詁

「予仁若考」一句見於周公為武王所作的祝文之中，其云：

> 史乃冊祝曰：惟爾元孫某，遘厲虐疾。若爾三王，是有丕子之
> 責於天，以旦代某之身。予仁若考能多材多藝，能事鬼神。乃元孫
> 不若旦多材多藝，不能事鬼神，乃命於帝庭，敷祐四方。〔註52〕

案此處限於各家解說不同，故將「予仁若考能多材多藝」暫不斷句。稽考歷
代關於《金縢》篇的注釋，對「予仁若考」主要有以下幾種解釋：

孔安國《傳》云：「我周公仁能順父，又多材多藝，能事鬼神。」按照
孔《傳》的注解，此處語序應為「予仁能若考，多材多藝」，且將「若」釋
為「順」，「考」釋為「父」。孔穎達依據孔《傳》之義，疏為：「我仁能順
父，又旦多材力，多伎藝，又能善事鬼神。」此說是對「予仁若考」的最
初解釋。

宋代林之奇《尚書全解》注解此句引薛氏之言：「若，如也，與『不若旦』
之『若』同義。蓋惟其仁如父，故可以事鬼神也。」〔註53〕林之奇將「若」
釋為「如」，這與孔《傳》不同，將「考」依舊釋為「父」，按照句意，則應斷
句為「予仁若考，能多材多藝」。

清代江聲《尚書集注音疏》根據《史記》之記載，認為「仁若」二字乃孔
《傳》傳寫訛誤而誤增之字，謂原文當為「予丂耐，多材多藝」。江氏謂「『仁
若』，衍字也。『丂』，古文巧，俗讀丂為考，或且改作考字，非也。耐字屬丂，
讀巧耐，故多材多藝。」〔註54〕

王引之《經義述聞》引王念孫之說：「《史記·魯周公世家》作『旦巧』。
考、巧古字通，若、而語之轉。『予仁若考』者，予仁而巧也。惟巧，故能多
材多藝、能事鬼神。意重『巧』不重『仁』，故下文但言『乃元孫不若旦多材
多藝』也。若如《傳》曰『周公仁能順父』，則武王豈不順父者耶？且對三王

〔註52〕 （漢）孔安國傳，（唐）孔穎達正義，黃懷信整理：《尚書正義》，上海：上海
　　　　古籍出版社，2007 年版，第 495～496 頁。

〔註53〕 （宋）林之奇：《尚書全解》，（清）紀昀等纂修：《景印文淵閣四庫全書》（第
　　　　55 冊），臺北：臺灣商務印書館，1986 年版，第 507 頁。

〔註54〕 （清）江聲：《尚書集注音疏》，（清）阮元：《清經解》（第二冊），上海：上
　　　　海書店，1988 年版，第 888 頁。

言之，亦不當獨稱考也。」〔註55〕王氏斷句作「予仁若考，能多材多藝」。

孫星衍《尚書今古文注疏》據《史記》云：「『予』作『旦』，『考能』作『巧能』，知『考』字當為『巧』。『仁若考能』，言仁順巧能也。」〔註56〕案此處「能」字當屬上句，與「予仁若考」連讀為「予仁若考能，多材多藝」。

劉逢祿《尚書今古文集解》謂：「仁，存也。考，壽考也。言予存而且壽，固能制作禮樂。」〔註57〕劉氏斷解《尚書》全憑己意，「予存而且壽」，與上下文義不符，但列舉於此，以備一家之說，可供參考。

近人疏解此句大多憑依前人已有意見，吳汝綸《尚書故》據《史記》與王念孫之說謂：「仁若，猶柔順也。」且斷句為「予仁若考能」。〔註58〕屈萬里參稽眾家之說，釋為「予仁愛而孝順也」。〔註59〕周秉鈞據曾運乾說法，謂「仁若，柔順也」，「言我柔順而巧能，又多技藝，能服事鬼神。」〔註60〕楊筠如《尚書覈詁》採用俞樾之說：「『仁』當讀為『佞』」，並舉段玉裁、《史記·周本紀》「為人佞巧」為例，認為「仁」乃「佞」之假借字〔註61〕，此說與阮元之意見相合，釋「若」為「如」，釋「考」為「父考」，釋「仁」為「佞」〔註62〕，然此說與諸家頗異。

綜合上述各家之說，「予仁若考」之斷句則有「予仁若考，能多材多藝」與「予仁若考能，多材多藝」兩類，而斷句產生歧義的關鍵在於對「仁」「若」「考」等字釋義不同，今分別對上述各家之說進行考辨，以期得出正確的解釋。

二、「仁若」二字衍文問題

認定「仁若」二字為衍文者，皆源於《史記·魯周公世家》之記載，其文

〔註55〕（清）王引之：《經義述聞》，王雲五主編：《萬有文庫》，上海：商務印書館，1935 年版，第 137 頁。

〔註56〕（清）孫星衍撰，陳抗、盛冬鈴點校：《尚書今古文注疏》，北京：中華書局，1986 年版，第 326 頁。

〔註57〕（清）劉逢祿：《尚書今古文集解》，（清）王先謙：《清經解續編》，上海：上海書店，1988 年版，第 371 頁。

〔註58〕（清）吳汝綸：《尚書故》，上海：中西書局，2014 年版，第 155 頁。

〔註59〕屈萬里：《尚書集釋》，上海：中西書局，2014 年版，第 130 頁。

〔註60〕周秉鈞：《尚書易解》，上海：華東師範大學出版社，2010 年版，第 141 頁。

〔註61〕楊筠如：《尚書覈詁》，西安：陝西人民出版社，2005 年版，第 228 頁。

〔註62〕（清）阮元撰，鄧經元點校：《揅經室集》，北京：中華書局，1993 年版，第 1011～1013 頁。

為：「若爾三王是有責負子之責於天，以旦代王發之身。旦巧能，多材多藝，能事鬼神。乃王發不如旦多材多藝，不能事鬼神。」〔註63〕《史記集解》只引孔安國曰：「言可以代武王之意」〔註64〕，其餘則無議論。江聲據《漢書·儒林傳》認為「司馬遷從安國問故，遷書載《堯典》《禹貢》《洪範》《微子》《金縢》諸篇，多古文說。」為此，江氏認為據《史記》所載錄，可以勘定「仁若」二字為後世衍文。但江氏忽略了一個事實，即司馬遷援引《尚書》多改寫原文，以訓詁字代本字，甚至節引文本，馬士遠教授有云：「《尚書》之文，最是古奧難通，司馬遷取其經文，作為撰著四代的史料，若不將《尚書》原文改為當時易曉的文字，則卒難通讀。……翻譯經句，改寫原文，增飾釋文，方式十分靈活。」〔註65〕就《金縢》篇而言，改「遘厲虐疾」為「勤勞阻疾」，改「四方之民罔不祗畏。嗚呼！無墜天之降寶命」為「四方之民罔不敬畏。無墜天之降葆命」。因此，單純靠《魯周公世家》所載「旦巧能」而認定「仁若」二字為衍文，似乎稍有不妥。更為可靠的證據是，《清華大學藏戰國竹簡（壹）》中有《金縢》篇，其簡文與今傳《尚書·金縢》大致相合，可相互參校，有關文句為：「惟爾元孫發也，不若旦也，是佞若巧能，多才多藝，能事鬼神。」〔註66〕「是佞若巧能」，簡文原作「是年若丂能」，校釋者謂「年讀為同泥母真部之『佞』，佞從仁聲，訓為高才。」〔註67〕「年若」或「佞若」，均與今「仁若」相似，「仁若」為衍文之說不能成立，由《清華簡》得到明確的證實。

三、「若考」意義解詁

清代學者多將「若考」之「考」字訓為「巧」。江聲認為「考」本作「丂」，又依《說文解字》「丂，古文……又以為巧字」，遂斷定「若考」當為「若巧」。于省吾《雙劍誃尚書新證》云：「按金文尚未發現巧字，惟《懷石磬銘》有巧

〔註63〕（漢）司馬遷：《史記》，北京：中華書局，1982年版，第1516頁。

〔註64〕（漢）司馬遷：《史記》，北京：中華書局，1982年版，第1517頁。

〔註65〕馬士遠：《司馬遷〈尚書〉學研究》，齊魯學刊，2013年第3期，第117～122頁。

〔註66〕清華大學出土文獻研究與保護中心編，李學勤主編：《清華大學藏戰國竹簡（壹）》，上海：中西書局，2010年版，第158頁。

〔註67〕清華大學出土文獻研究與保護中心編，李學勤主編：《清華大學藏戰國竹簡（壹）》，上海：中西書局，2010年版，第160頁。

字作㠪，……史公誤以為巧也。」〔註68〕按照于氏觀點，金文無「巧」字，
丂字意義皆為考。同時，《說文》：「巧，技也，從工，丂聲。」〔註69〕「丂」
似乎只是「巧」的聲符，並不代表意義，故《說文》以丂為巧之古字與江聲訓
考或丂為巧字，二說皆不確切。孫星衍據《魯周公世家》之文訓「考」為「巧」，
將「考」與「能」連讀，解為「巧能」，此說依《史記》而定，而《史記》化
用《尚書》方式在上文已經考察，故孫說也難以成為定論。至於「若如《傳》
曰『周公仁能順父』，則武王豈不順父者耶？且對三王言之，亦不當獨稱考也」，
王念孫認為周公「植璧秉珪，乃告太王、王季、文王」，是對這三王禱告，單
稱「考」難以概括三人。筆者以為，《金縢》在行文之中，以「考」兼「祖」，
具有「父祖」之義，應無不妥，因此王氏之說不足以作為駁難「考」字意義的
論據。

　　江聲與孫星衍圍於《史記》「旦巧能」的記載，將「能」字屬上句而定，
這就涉及到「能」字的用法問題。「能」在此處當訓為「而」，此說據俞樾《群
經平議》，其謂「古『能』、『而』二字通用。《履·六三》『眇能視，跛能履』，
李氏《集解》本『能』皆作『而』，虞《注》曰：『眇而視，跛而履』。《鹽鐵論》
『忠焉能勿誨乎？愛之而勿勞乎』。崔駰《大理箴》『或有忠能被害，或有孝
而見殘』，皆『能』、『而』通用之證。『予仁若考，能多材多藝』者，若，而也；
能，亦而也，猶曰『予佞而巧，而多材多藝』也。此『能』字與『能事鬼神』
之『能』不同。故下文曰『乃元孫不若旦多材多藝，不能事鬼神』，『多材多
藝』上不更著『能』字，可知兩『能』字不同也。」〔註70〕俞樾徵引大量古
籍以證「能」「而」二字可通用，此外，稽考典籍，亦有不少材料可證俞氏之
說，如孫星衍《尚書今古文注疏》疏「柔遠能邇」云：「『能』讀當為『而』。……
《漢督郵班碑》作『柔遠而邇』。」〔註71〕說明《尚書》之中有「能」字訓為
「而」的例子，《金縢》篇「能多材多藝」之「能」字不應當作為孤例而存在。
同時，王引之《經傳釋詞》也有訓「能」為「而」的說法，謂「能，猶『而』
也；『能』與『而』古聲相近，故義亦相通。《詩·芃蘭》曰『雖則佩觿，能不

〔註68〕于省吾：《雙劍誃尚書新證》，北京：中華書局，2009 年版，第 105 頁。
〔註69〕（漢）許慎：《說文解字》，北京：中華書局，2013 年版，第 95 頁。
〔註70〕（清）俞樾：《群經平議》，（清）王先謙：《清經解續編》（第五冊），上海：
　　　　上海書店，1988 年版，第 1049 頁。
〔註71〕（清）孫星衍撰，陳抗、盛冬鈴點校：《尚書今古文注疏》，北京：中華書局，
　　　　1986 年版，第 60 頁。

我知。」『能』，當讀為『而』。『雖則』之文，正與『而』字相應。」〔註72〕
其後王氏列舉《荀子・解蔽》《戰國策・趙策》《管子・任法》《晏子春秋・外篇》《墨子・天志》《韓詩外傳》等關於「能」字的記載，證明「能」「而」二字古義相通。若將「能」字訓釋為「而」，則「仁若考能」在意義上就無法講通，只能將「能」字屬下文作「能多材多藝」。

　　就《金縢》篇本身的文章結構分析，「予仁若考，能多材多藝，能事鬼神」與「乃元孫不若旦多材多藝，不能事鬼神」，在形式上雖不一致，但細考文義，意義上卻是相對而言，應為兩組對應句式。「不能事鬼神」的原因在於「乃元孫不若旦多材多藝」，那麼相應地，「能事鬼神」的先決條件必然是「予仁若考，能多材多藝」，為此，「若」義當與「不若旦」之「若」同義，即林之奇所釋「若，如也。」此外，阮元也有相同的觀點，謂「《史記》以『王發』代『元孫』二字，訓『若』為『如』，此言武王不如周公也。上文曰『予仁若考』，此『考』字當指文王，『若』亦當訓為『如』，言周公如文王也。此五句文勢相同，一正一反，緊相對屬。不應下『若』字訓為『如』，上『若』字訓為『順』也；不應『不若旦』有所指之人，『若考』無所指之人。訓上『若』為『順』，則與下『不若旦』戾異矣。」〔註73〕此說聯繫上下文勢，可謂是對「若」字的正確解詁。因此，「若」「考」的釋義已經明晰，且將「能」字屬下文而斷句，則解決整個文句問題的關鍵點就在「仁」字上了，下文將細加討論。

四、「仁」「佞」關係探析

　　江聲、王念孫、孫星衍等人只就「若」「考」二字進行訓詁意義的解釋，而俞樾、阮元另闢蹊徑，從「仁」字著手處理這一問題。俞樾云：「『仁』當讀為『佞』。《說文・女部》：『佞，巧讇高材也。』小徐本作『從女，仁聲』。……故得假『仁』為之。……古人謂才為佞，故自謙曰『不佞』。佞而巧，故多材多藝，能事鬼神也。」〔註74〕俞樾提出「仁」為「佞」的假借字，佞本義為材，這一點阮元與之意見相同，阮氏云：「『巧』義即『佞』也，『佞』從『仁』

〔註72〕　（清）王引之：《經傳釋詞》，長沙：嶽麓書社，1985 年版，第 127 頁。
〔註73〕　（清）阮元撰，鄧經元點校：《揅經室集》，北京：中華書局，1993 年版，第 1013 頁。
〔註74〕　（清）俞樾：《群經平議》，（清）王先謙：《清經解續編》（第五冊），上海：上海書店，1988 年版，第 1049 頁。

得聲，而義隨之，故『仁』可為『佞』借也。」又「後世『佞』字全棄高材、仁巧之美義，而盡用口諂、口給之惡義，遂不敢如《史記》以巧佞屬之周公矣。」〔註75〕根據俞、阮二人的解釋，佞字有古今意義的不同，起初為褒義，意為「高材、仁巧」，後世逐漸演化出「讒佞」等貶義詞，而本義由「仁」字意義假借。

俞、阮二人之說成立的條件有兩個：其一為「佞」字本義確有表示褒義色彩的「高材、仁巧」等含義，其二為「佞」「仁」二字確實存在音近假借的關係。對於第一個疑問，可從先秦典籍之中稽考出相關記載，茲列舉數條釋例如下：

《左傳·成公十三年》：「寡人不佞。」楊伯峻注曰：「不佞，當時習語，十六年《傳》『諸臣不佞』，昭二十年《傳》『臣不佞』，《魯語上》『寡君不佞』皆可證。不佞，猶言不才，不敏。」〔註76〕

《國語·晉語二》：「夷吾不佞」，韋昭注：「佞，才也。」〔註77〕《晉語六》：「諸臣不佞」，韋注：「佞，才也。」〔註78〕

《戰國策·秦策二》：「寡人不佞」，鮑彪云：「佞，高才也。」〔註79〕

《晏子春秋·內篇·問上》：「貴不凌賤，富不傲貧，功不遺罷，佞不吐愚。」俞樾云：「『佞』者，有才辯之稱，故與『愚』相對，正與上文『貴不凌賤』、『富不傲貧』、『功不遺罷』一律。」〔註80〕

通過分析上述材料，可知「佞」字的原始意義皆與「才」有關，具有褒義色彩，後來隨著詞義演變，「佞」字意義開始具有貶義成分。《尚書·呂刑》：「非佞折獄，惟良折獄。」孔《傳》云：「非口才可以斷獄，惟平良可以斷獄。」〔註81〕此處將「佞」釋為「口才」，貶義色彩明顯。《論語·衛靈公》：「放鄭

〔註75〕（清）江聲：《尚書集注音疏》，（清）阮元：《清經解》（第二冊），上海：上海書店，1988 年版，第 888 頁。

〔註76〕楊伯峻：《春秋左傳注》，北京：中華書局，2009 年版，第 865 頁。

〔註77〕（春秋）左丘明撰，鮑思陶點校：《國語》，濟南：齊魯書社，2005 年版，第 152 頁。

〔註78〕（春秋）左丘明撰，鮑思陶點校：《國語》，濟南：齊魯書社，2005 年版，第 206 頁。

〔註79〕（漢）劉向集錄，范祥雍箋證：《戰國策箋證》，上海：上海古籍出版社，2011 年版，第 240 頁。

〔註80〕吳則虞：《晏子春秋集釋》，北京：中華書局，1962 年版，第 189 頁。

〔註81〕《尚書正義》，第 789 頁。

聲，遠佞人。鄭聲淫，佞人殆。」朱熹注：「佞人，卑諂辯給之人。」〔註82〕
至宋代朱熹注解《論語》，「佞」字完全淪為貶義詞。

對於「佞」與「仁」音近假借的問題，段玉裁《說文解字注》云：「小徐
作『仁聲』，大徐作『從信省』。……考《晉語》『佞之見佞，果喪其田。詐之
見詐，果喪其賂。』古音『佞』與『田』韻，則仁聲是也。」〔註83〕從段氏
的解釋來看，佞從仁聲，古音相近。考查唐作藩《上古音手冊》中佞、仁二字
所在韻部，佞為泥紐耕部，有的古音學家歸真部〔註84〕，仁為日紐真部〔註85〕，
根據「娘日二紐歸泥」原則，佞、仁二字古音十分相近，故可假借。

從「佞」字原始意義與「佞」「仁」二字音韻方面考查，可以斷定俞樾、
阮元提出的「仁」乃「佞」之假借字的說法是正確的。

五、小結

通過對孔《傳》、林之奇、江聲、王念孫、孫星衍、俞樾、阮元及近代諸
家關於「予仁若考」一句的綜合考辨，得出如下結論：「仁」為「佞」之假借
字，意為「高材、仁巧」，「若」當依林之奇釋為「如」，「考」釋為「父祖」，
「能」依俞樾、王引之釋為「而」，則斷句應為「予仁若考，能多材多藝，能
事鬼神」，釋義為：我周公旦之高材如父祖，而多材多藝，能服事鬼神。

第三節 「周人稱夏」析因——基於「夏」字詞義訓詁
的考察

在《尚書》《詩經》等先秦文獻中經常出現「周人稱夏」一事，即周人
稱呼自己為「夏」。然而，這個「夏」到底有何意義？周人為何稱呼自己為
「夏」？「周人稱夏」之「夏」與「夷夏」的「夏」又有何關係？所有這些
問題，不僅涉及如何理解夏周之間的關係，而且關係到周人對自己身份認同
這一話題。要解決這些問題，「夏」字的詞義訓詁至關重要，依託對「夏」
字的考察才有可能觸及問題的本質。

〔註82〕（宋）朱熹：《四書章句集注》，北京：中華書局，2012年版，第165頁。
〔註83〕（清）段玉裁：《說文解字注》，上海：上海古籍出版社，1988年版，第623
頁。
〔註84〕唐作藩：《上古音手冊（增訂本）》，北京：中華書局，2013年版，第108頁。
〔註85〕唐作藩：《上古音手冊（增訂本）》，北京：中華書局，2013年版，第132頁。

一、傳統「周人稱夏」諸說辨析

　　「周人稱夏」現象主要見於《尚書》《詩經》等先秦文獻中，茲列舉數例以說明，如：

> 用肇造我區夏，越我一二邦以修我西土。(《康誥》)〔註86〕

> 惟文王尚克修和我有夏。(《君奭》)〔註87〕

> 乃伻我有夏式商受命，奄甸萬姓。(《立政》)〔註88〕

> 我求懿德，肆於時夏，允王保之。(《時邁》)〔註89〕

> 無此疆爾界，陳常於時夏。(《思文》)〔註90〕

　　《尚書》《詩經》等先秦典籍中的「夏」字，傳統詞義訓詁主要有五個層面的含義。其一表示季節之夏，如《堯典》「日永星火，以正仲夏」，《唐風・葛生》「夏之日，冬之夜」。其二表示夏王朝，如《湯誓》「有夏多罪，天命殛之」。其三表示「大」義，如《秦風・權輿》「夏屋渠渠」，毛《傳》：「夏，大也。」〔註91〕《舜典》「蠻夷猾夏」，蔡沈《書集傳》：「夏，明而大也。」〔註92〕其四表示地名、人名，如《禹貢》「雷夏」表達地名「雷夏澤」，《陳風・株林》「胡為乎株林？從夏南」，夏南指春秋時期陳國大夫夏徵舒。其五表示中國、華夏，如《周頌・時邁》「肆於時夏」，朱熹《詩集傳》：「夏，中國也。」〔註93〕《舜典》

〔註86〕對於《康誥》中的這句話歷來有兩種不同的句讀方法，一種以《尚書正義》及《書集傳》為代表，其文為：「用肇造我區夏，越我一二邦以修。我西土惟時怙冒」；一種以《尚書正讀》《尚書集釋》《尚書校詁》為代表，其文為：「用肇造我區夏，越我一二邦以修我西土」。本文認為第二種較第一種更加合理，故採用第二種句讀方法。

〔註87〕(唐)孔穎達：《尚書正義》，黃懷信整理，上海：上海古籍出版社，2007年，第651頁。

〔註88〕(唐)孔穎達：《尚書正義》，黃懷信整理，上海：上海古籍出版社，2007年，第688頁。

〔註89〕(清)王先謙：《詩三家義集疏》，吳格點校，北京：中華書局，1987年，第1014頁。

〔註90〕(清)王先謙：《詩三家義集疏》，吳格點校，北京：中華書局，1987年，第1017頁。

〔註91〕(清)王先謙：《詩三家義集疏》，吳格點校，北京：中華書局，1987年，第459頁。

〔註92〕(宋)蔡沈：《書集傳》，錢宗武、錢忠弼整理，南京：鳳凰出版社，2010年，第15頁。

〔註93〕(宋)朱熹：《詩集傳》，趙長征點校，北京：中華書局，2011年，第302頁。

「蠻夷猾夏」，孔安國《傳》：「夏，華夏。」〔註94〕

根據傳統訓詁釋義，季節之夏與表示地名、人名歧義不大，本文不再贅述。其餘三個層面的含義是否能夠解釋「周人稱夏」，需要我們論證。

（一）「中國」「華夏」說辨析

針對「夏」字的釋義，歷代諸家多釋為「中國、華夏」，如《說文解字》云：「夏，中國之人也。」〔註95〕「區夏」，孔安國《傳》釋為「區域諸夏」；「有夏」，孔《傳》或釋為「所有諸夏」，或釋為「華夏」，孔穎達、蔡沈、吳澄、王先謙等多從此說。另外，清人孫星衍以「中夏」來解「夏」字，謂「文王始造我區域於中夏」〔註96〕。對於《詩經》「時夏」的解釋，清人馬瑞辰全面考察「夏」字含義，認為傳統的毛《傳》與鄭《箋》皆有問題，此處應訓為「中國」，謂「先儒同訓夏為大，而言大之意不一。……宜從朱子《集傳》謂布德於中國。」〔註97〕傳統注疏多以「中國」或「華夏」來解「夏」字，這種解釋似不符合當時之事實〔註98〕，且不說商朝末期周人還僅是偏居一隅的「西土之人」，何來「中夏」之說？即便「華夏」一詞也是春秋戰國時期才逐漸使用的詞語。事實上，西周時期「夏」的觀念與春秋時代文獻中的「夏」「諸夏」「華夏」所指並不一致。自春秋始，「夏」與「中國」才開始漸漸結合，指代中原地區以姬姜為主、雜居著其他大量異姓族的各諸侯國。伴隨著大一統觀念的形成，這一地理文化意識才逐漸成為民族認同的「華夏」概念。〔註99〕因此，以後世觀念中的「夷夏」觀念來解釋西周時代「夏」字含義，實在有失偏頗，與史實不符。

〔註94〕（唐）孔穎達：《尚書正義》，黃懷信整理，上海：上海古籍出版社，2007年，第100頁。

〔註95〕（漢）許慎撰，（宋）徐鉉校訂：《說文解字》，北京：中華書局，2013年，第107頁。

〔註96〕（清）孫星衍：《尚書今古文注疏》，陳抗、盛冬鈴點校，北京：中華書局，1986年，第359頁。

〔註97〕（清）馬瑞辰：《毛詩傳箋通釋》，陳金生點校，北京：中華書局，1989年，第1056頁。

〔註98〕眾所周知，經師對經學文獻的注疏更多是解經場景的後移，而非前置，以「華夏」之含義解此處的「夏」字往往在文本的前後邏輯上扞格難通。但這並不代表傳統注疏中的「華夏」含義無價值，歷代經師在解此句時自有其思量，其往往基於當時實際之情景所發，因此對傳統經師注解的關注更多應放置在其「情景解經學」之中，而非當時的歷史事件。

〔註99〕參見陳致《夷夏新辨》，《中國史研究》，2004年第1期，第3～22頁。

（二）「夏王朝」說辨析

近代學者拋開上述繁雜的訓釋，將「夏」直接理解為夏王朝，認為周人是夏人的後裔，如傅斯年認為：「周人入了中國，把中國『周化』得很厲害，……而文化的中國之名仍泛用夏。」〔註100〕我們認為這一觀點是值得商榷的。先秦文獻中有大量關於周人與夏人關係的記載，如《左傳·昭公九年》所載：

> 王使詹桓伯辭於晉，曰：「我自夏以后稷，魏、駘、芮、岐、畢，吾西土也。」〔註101〕

杜預注曰：（周人）「在夏世以后稷功，受此五國，為西土之長。」又《國語·周語上》也同樣記載了周人始祖在夏朝為官之事，謂：

> 昔我先王世后稷，以服事虞、夏。及夏之衰也，棄稷弗務，我先王不窋用失其官，而自竄於戎狄之間。〔註102〕

雖然這兩則文獻記載了周人先祖后稷為夏王朝司農之官，若以此為依據，是否可以論證周人與夏人的關係或者說周人是夏人的後裔呢？我們認為該問題的解決需要考古學、社會學、民族學等多學科交叉研究，在目前條件下單純依靠文獻記載還不能得出確切的結論。

同時，從地理方面考察，夏、周相同的地理位置也是判斷二者關係的關鍵。對於「夏」的位置，學界分歧很大，〔註103〕傳統觀點認為「夏墟」代表夏王朝的地望，位於晉南地區，據《左傳·昭公元年》記載：

> 遷實沈於大夏，主參，唐人是因，以服事夏、商。其季世曰唐叔虞。當武王邑姜方震大叔，夢帝謂己：「余命而子曰虞，將與之唐，屬諸參，而蕃育其子孫。」及生，有文在其手曰虞，遂以命之。及

〔註100〕雖然傅斯年在這裡並沒有將「夏」與「周」直接對等起來，「夏」僅指夏王朝曾經居住之地，但傅氏依其「夷夏東西之說」，依然認為周與「夏后氏」是存在聯繫的。詳細參見傅斯年《詩經講義稿》，上海：上海三聯書店，2017年，第88頁。

〔註101〕楊伯峻：《春秋左傳注》，北京：中華書局，2009年，第1307頁。

〔註102〕徐元誥：《國語集解》，王樹民、沈長雲點校，北京：中華書局，2002年，第3頁。

〔註103〕關於「夏王朝」在考古學上的討論，學界一直爭論不休，僅夏代的都城就有如下幾說：登封王城崗、禹州瓦店、罕義花地嘴、新密新砦、偃師二里頭等。此處所討論的「夏都」僅為傳統文獻中記載的「夏墟」。具體可參見孫慶偉《追跡三代》（上海：上海古籍出版社，2015年）及《罕宅禹跡——夏代信史的考古學重建》（北京：生活·讀書·新知三聯書店，2018年）。

成王滅唐，而封大叔焉，故參為晉星。〔註 104〕

大夏，楊伯峻注曰：「據杜《注》，大夏即今太原市。服虔以為『大夏在汾、澮之間』，則當今山西翼城、隰縣、吉縣之區。」「參」為晉星，為大夏所主之星辰，故此處的晉地為大夏，亦即「夏墟」。楊向奎認為：「如此則夏桀之國，西到華陰，東到濟水上游，北至壺關，南至伊洛，正當上所云夏虛（大夏）之域也。」〔註 105〕

對於周的起源，傳統的說法一直認為周起源於關中地區，但錢穆突破舊說，提出周人源於晉南地區的觀點。他採用古文獻之間的相互印證，首先對《思文》「時夏」作出新訓，認為「夏者夏土，時夏猶是夏也。后稷教稼，不分此疆爾界，陳其久常之功於是夏土」。〔註 106〕由此斷定周人始祖后稷所教稼穡之地當「斷在晉南，不在秦雍也」。其次通過文字間上古音的互轉，得出公劉的居邑亦在汾水的晉南地區。對於《詩經・公劉》「篤公劉，于豳斯館」中的「豳」字，錢穆通過考證認為：「汾一作邠，《史記・周本紀》引作豳。豳、邠，古今字，而汾、邠亦相通」。〔註 107〕錢穆將周人的發源地定在晉南地區，這一論斷為周人與夏人產生聯繫提供了地域上的可能性。錢氏此說新穎，學界多有認同，〔註 108〕後有不少學者補充完善，如鄒衡從考古學的角度進一步論證先周文化中有一部分來源於晉南地區。他通過對出土陶器進行類型學上的對比，結合族徽和銅器銘文的釋讀，得出《詩經・綿》「自土沮漆」中「土」的地理位置在今山西西南部的石樓縣，「據此，更可直接證明周人來自山西省」。〔註 109〕

〔註 104〕楊伯峻：《春秋左傳注》，北京：中華書局，2009 年，第 1218 頁。

〔註 105〕楊向奎：《夏代地理小記》，顧頡剛主編：《禹貢（半月刊）》第 3 卷第 12 期，1935 年，第 18 頁。

〔註 106〕錢穆：《古史地理論叢》，北京：生活・讀書・新知三聯書店，2014 年，第 32 頁。

〔註 107〕錢穆：《古史地理論叢》，北京：生活・讀書・新知三聯書店，2014 年，第 36 頁。

〔註 108〕可參見呂思勉《先秦史》，上海：上海古籍出版社，2005 年，第 117～118 頁；陳夢家《殷虛卜辭綜述》，北京：中華書局，1988 年，第 292 頁；王玉哲《古史集林・先周族最早來源於山西》，北京：中華書局，2002 年，第 172 頁；楊升南《周族的起源及其播遷——從邠的地望說起》，《人文雜誌》，1984 年第 6 期，第 75～80 頁。

〔註 109〕鄒衡：《夏商周考古學論文集・論先周文化》，北京：文物出版社，1980 年，第 342 頁。

　　根據上述所言，是否可以依據夏、周地望相同而認定周人是夏人的後裔？學界對此還存在很大的爭議。針對錢穆以地名遷徙來確定先周文化的遺址範圍，許倬雲認為：「其方法學上的缺陷，實如雙刃利劍，左砍右割，均有可商榷之處。」〔註110〕沈長雲從論證思路的角度出發，認為「周族為夏人後裔，實出於誤會」。〔註111〕首先，《尚書》中夏王朝之「夏」與「有夏」之「夏」含義不同，不能曲解《尚書》原文之意。其次，周人姓姬，夏人姓姒，二者姓氏不同，古者「異姓則異德，異德則異類」，謂周人出自夏，首先就會碰上這個無法克服的矛盾。第三，我們在文獻中不只一次地看到周人自別於夏人及其後裔，不把夏人當作自己族類。因此，《詩》《書》中所見「周人稱夏」的「夏」並非是夏王朝的「夏」。

（三）「大」及「榮譽性共名」意辨析

　　除去上述兩種解釋，一些學者直接將「夏」訓為「大」，依據是《爾雅》「夏，大也」〔註112〕的記載，以及《方言》所記「自關而西，秦晉之間，凡物之壯大者而愛偉之，謂之夏。」〔註113〕於是認為「他們使用『夏』這個人皆愛偉之的稱謂來張大自己的部族聯盟，以壯大反商勢力的聲威，尤如當年陳涉起義為復立楚國要給自己起個『張楚』的國號。」〔註114〕但實際上，「夏」訓為「大」並非音訓，二字在上古音中並不接近，〔註115〕也不存在「夏」為「大」的假借字一說，「夏」和「大」在文字音韻上並不存在關係。〔註116〕

〔註110〕許倬雲：《西周史》（增補二版），北京：生活·讀書·新知三聯書店，2018年，第90頁。

〔註111〕沈長雲：《周族起源諸說辨正——兼論周族起源於白狄》，《中國史研究》，2009年第3期，第117～130頁。

〔註112〕（晉）郭璞注，（宋）邢昺疏：《爾雅注疏》，王世偉整理，上海：上海古籍出版社，2010年，第14頁。

〔註113〕（漢）揚雄撰，（晉）郭璞注：《方言》，北京：中華書局，2016年，第12頁。

〔註114〕沈長雲：《華夏族、周族起源與石峁遺址的發現和探究》，《歷史研究》，2018年第2期，第4～17頁。

〔註115〕「夏」字的上古音為匣母魚部，「大」字的上古音為定母月部，聲部不「雙聲」，韻部亦不「疊韻」，從古音上看並不具備音訓通假的條件。以上二字的上古音「韻部」系統採用的是王力先生的分類，參見唐作藩《上古音手冊》，北京：中華書局，2013年。

〔註116〕在後世的文獻記載中「夏」訓「大」是成立的，如《詩經·秦風·權輿》「於我乎夏屋渠渠」，毛《傳》訓為「大」，又如朱駿聲《說文通訓定聲》訓解「夏」字時亦提出：「此字本誼訓大也」。但以上這種訓詁能夠成立的話，也是族群文化上的含義，與文字的訛變流傳無關。

　　近來有的學者提出新的觀點，借助對《時邁》《思文》中「時夏」的分析，認為此處的「夏」是一種「大國（王國）的榮譽性共名」，其目的是「自認為獲得了王國的身份和地位」，這種思想來源於「周人繼承商代禮儀從而形成特別的商周關係意識，在此基礎上形成三代王國類同意識，也即王族文化圈意識」。〔註117〕「夏」是王族的符號，代表一個神聖光榮的圈子，周人以進入這個圈子為自豪。〔註118〕此說自我矛盾之處甚多，既然「夏」為「王族文化圈意識」，那麼為何在成康以後，文獻中極少再次出現周人以「夏」來自稱？既然「夏」作為一種三代共同的王國意識，那麼為何現在已知的周文化與夏、商文化差別極大，如何解釋王國維所論述的「殷周間之大變革」？〔註119〕再者，此說實乃基於傅斯年對《時邁》《思文》二詩的解讀，傅氏的解釋為：「即周人希望收起干戈弓矢，與新征服的中原『時夏』和睦共處。」〔註120〕顏世安後依傅氏的新訓輾轉相釋。此說是否合適，我們認為傅氏此解忽視歷代的傳統注疏，以「新征服的中原」解「時夏」，這本身就有誤讀《詩經》原文含義的嫌疑，〔註121〕其自身就已扞格不通。因此，學界對於「夏」的訓釋依然眾說紛紜，但有一點可以確定，「周人稱夏」中的「夏」，絕不是夏王朝之「夏」；而將「夏」訓為「大」或者「榮譽性共名」，此說可再商榷。

二、「夏」字詞義新訓

　　眾所周知，殷商時期甲骨文中是否出現「夏」字，學界爭論頗多。有的學者據此認為「夏」字不是漢民族所產生的詞語，後世又有匈奴為夏族後裔的說法，因此推斷「夏」可能是阿爾泰語的音譯。〔註122〕雖然此說並不能坐實，但提醒我們「夏」可能與西方有關。此外，甲骨卜辭記載了當時大量的

〔註117〕顏世安：《周初「夏」觀念與王族文化圈意識》，《北京師範大學學報》（社會科學版），2007年第4期，第55～63頁。

〔註118〕顏世安：《華夏族群形成的重要階段：西周初年的「夏」》，《江海學刊》，2004年第2期，第114～119頁。

〔註119〕王國維：《觀堂集林·殷周制度論》，北京：中華書局，2004年，第453頁。

〔註120〕傅斯年：《詩經講義稿》，上海：上海三聯書店，2017年，第88頁。

〔註121〕如上所論，此處將「時夏」強行區分周人和其他政權的做法不甚合理，而按照傳統的解釋，如朱熹的《詩集傳》解為「中原」或者「中國」，會更加文從字順，沒有必要強出新意。現在通行的《詩經》譯本皆採取傳統的訓法，如周振甫《詩經譯注》及程俊英、蔣見元《詩經注析》等。

〔註122〕唐善純：《華夏探秘：上古中外文化交通》，南京：江蘇人民出版社，2000年，第92～96頁。

「方國」，但方國之中並沒有以「夏」為名號的，郭沫若、胡厚宣據此認為甲骨卜辭中的「土方」就是夏。〔註123〕另外，陳夢家認為卜辭中的「羌方」與夏族同源。〔註124〕無論是「土方」或「羌方」，似乎都指明「夏」與西方存在一定的關係。

上述「夏」與西方的關係僅是間接性的推測，能否成立，還需要我們找到古文獻中二者互訓的例證。《立政》「乃伻我有夏」，吳汝綸謂「有夏，謂周也。岐周在西，《左傳》陳公子少西字夏，鄭公孫夏字子西，是古以西土為夏矣。《康誥》『肇造我區夏』，《左傳》以為『造周』。」〔註125〕屈萬里贊同此說，謂「區夏，謂周。成公二年《左傳》：『周書曰：明德慎罰，文王所以造周也。』造周，即釋肇造區夏之義。……《君奭》亦有『惟文王尚克修和我有夏』之語，夏指周言，其義尤顯。我區夏，我之區域西土（周）也。」〔註126〕吳汝綸、屈萬里將「有夏」「區夏」釋為西土，即周。《左傳·襄公二十九年》載吳公子季札於魯國觀周樂一事，「為之歌《秦》，曰：『此之謂夏聲。夫能夏則大，大之至也，其周之舊乎！』」而對其中的「夏聲」，杜預《注》為：「秦本在西戎汧、隴之西，秦仲始有車馬、禮樂。去戎狄之音而有諸夏之聲，故謂之『夏聲』。」〔註127〕此處杜預以夷夏觀點來解釋，似乎有兩點牴牾之處，其一，如上所論，當時華夏、戎夷觀念並沒有那麼嚴格的涇渭分明，華夏族概念的生成一直到了春秋戰國時期。其二，季札所觀之樂，包括當時各地之國風以及正統很強的《大雅》《小雅》之樂，為何單單只稱呼《秦風》為「夏聲」？〔註128〕據此可見此處的「夏」，絕非夷夏之「夏」，楊伯峻注解「夏聲」曰：

〔註123〕「土方」為夏人問題的相關論述，由郭沫若首先提出，胡厚宣強化此論點，具體可參見郭沫若《郭沫若全集（考古編）·土方考》，北京：科學出版社，1982年，第77～78頁；胡厚宣《甲骨文土方為夏民族考》，《殷墟博物苑苑刊》（創刊號），北京：中國社會科學出版社，1989年，第11頁。

〔註124〕陳夢家詳細列舉4條例證推測「羌為與夏同族之人」。詳見陳夢家《殷虛卜辭綜述》，北京：中華書局，1988年，第276～282頁。

〔註125〕（清）吳汝綸：《尚書故》，上海：中西書局，2014年，第266頁。

〔註126〕屈萬里：《尚書集釋》，李偉泰、周鳳五點校，上海：中西書局，2014年，第149頁。

〔註127〕李學勤主編：《春秋左傳正義》，北京：北京大學出版社，2000年，第1032頁。

〔註128〕《詩經》中的「雅」可訓為「夏」，表示正統很強的詩，在這一點上去理解「雅」無疑是不庸置疑的。但值得注意的是，「夏」與「雅」通，最初的含義可能並不表示正統很強的詩，「夏」與「雅」的互訓極有可能是來源於「大小雅」與西周王畿地區之間的關係，而周人又常常以「夏」自詡。就《詩經》

「古指西方為夏,《呂氏春秋・古樂篇》『伶倫自大夏之西』,高誘注:『大夏,西方之山。』春秋時,陳公子少西字子夏,鄭公孫夏字子西,延至東晉時之赫連勃勃據內蒙之鄂爾多斯及陝西等地,國號大夏,亦單稱夏,後魏以為夏州,唐亦稱夏州。至宋時,趙元昊立國稱大夏,史稱西夏,則夏聲者,西方之聲也。」〔註129〕楊伯峻的注解也指明了「夏」與西方存在關係。

此外,這一時期的出土文獻亦有相關說明,1975 年山東莒南縣大店鎮二號春秋墓葬中出土了莒叔之仲子平編鍾,其銘文為:

> 佳正月初吉庚午,莒叔之仲子平自乍鑄其遊鍾,……,乃為之
> 音,鍺鍺雝雝,聞於夏東。……(《殷周金文集成》172)

其中出現了「聞於夏東」〔註130〕一句,李家浩解釋為:「夏東是一個並列結構詞組,指東方和中原華夏。」〔註131〕李先生將「夏」理解為與「東」相互比對的詞語,將「夏」理解為表示地理指代的方位名詞,後裘錫圭在《「東夏」解》中又進一步考察「東夏」一詞的內涵,認為「『東夏』之義應該與『四國』、『四方』相近,似不能僅指東方而不管西方。」最後得出:

> 我們認為「東夏」一語中的「夏」,跟常見的與夷蠻戎狄相對的
> 「夏」(如秦公鍾、簋銘文中的「蠻夏」之「夏」),其意義是有所不
> 同的。後者是從種族、文化的角度說的,與一般所謂「華夏」同義。
> 前者是從政治地理的角度說的,其義實與「西」相近。〔註132〕

先秦子書常見「大夏」一詞與西方有密切關係,例如,《管子・封禪書》記載齊桓公所征伐的地域範圍,「北伐山戎,過孤竹。西伐大夏,涉流沙,束馬懸車,上卑耳之山。南伐至召陵,登熊耳山,以望江漢。」〔註133〕齊桓公

學史來看,對於「雅」的理解眾說紛紜,但看似「夏」與「雅」之間橫向的訓詁關係,實際上是由於二者在縱向的時間關係上的演變,高亨《詩經今注》一書就持此觀點,可詳參看。高亨:《詩經今注》,上海:上海古籍出版社,1980 年,第 4 頁。

〔註129〕楊伯峻:《春秋左傳注》,北京:中華書局,2009 年,第 1163 頁。

〔註130〕「東夏」亦即「夏東」,二者同義,似與今表示「東西」「西東」為一義,除了金文中出現之外,《左傳》《國語》《呂氏春秋》中也有相應的記載,其各自的具體含義參見裘錫圭《「東夏」解》一文的解釋。

〔註131〕李家浩:《齊國文字中的「遂」》,《湖北大學學報》(哲學社會科學版),1992 年第 3 期。

〔註132〕裘錫圭:《裘錫圭學術文集・「東夏」解》(卷 4),上海:復旦大學出版社,2015 年,第 469～474 頁。

〔註133〕黎翔鳳:《管子校注》,梁運華整理,北京:中華書局,2004 年,第 953 頁。

所伐「大夏」的地望尚未有定論，但「大夏」與西方有關不容置疑。又如《淮南子‧墜形訓》載「西方曰九區，曰泉澤；西北方曰大夏，曰海澤」〔註134〕，由此也可以看出「大夏」與西方的密切關係。同時，古籍中常見到「西夏」一詞，如《逸周書‧史記解》「昔者西夏性仁非兵，城郭不修，武士無位；……西夏以亡」〔註135〕的記載，又《穆天子傳》也有「西夏」的說法，「自陽紆西至於西夏氏，二千又五百里。自西夏至於珠余氏及河首，千又五百里。」〔註136〕此處涉及「大夏」與「西夏」的關係，對此王國維認為：「西夏氏西距崑崙二千又二百里，與《管子》《呂覽》所記大夏地望正合。」〔註137〕日本學者小川琢治認為：「大夏原名『西夏』，以區別夏后氏之夏，春秋以後，遷至廣大西北地區，始名『大夏』。」〔註138〕王國維、小川琢治都認為西夏即大夏。

先秦文獻中「夏」與「西」的關係也延續到秦漢以後的語言傳統中。張騫出使西域，其中就有「大夏」的記載，「既臣大夏而居，地肥饒，少寇，志安樂，又自以遠漢，殊無報胡之心。騫從月氏至大夏，竟不能得月氏要領。」〔註139〕而對於這一區域的位置，《史記‧大宛列傳》記載道：「大月氏在大宛西可二三千里，居媯水北。其南則大夏，西則安息，北則康居。」〔註140〕我們不禁產生疑問，張騫為何要用「大夏」來命名這一塊區域？傳統的說法認為「吐火羅」（Tochari）與「大夏」（Dat-hea）在語音上極為相似，因此張騫從音譯的角度來處理這個詞語，亦即「大夏」是「吐火羅」的漢語轉述。但是，「大夏」在先秦時期是一個有特定含義的詞語，漢代距離先秦語言系統不遠，漢代人不可能不暸解這個習慣用法。關於這一問題，王炳華對張騫命名「大夏」做出新的解釋，認為「張騫將『Daha』『吐火羅』譯稱為『大夏』，他的內心是有顯明的現實政治文化寄託的，他是希望在『大夏』身上找到完成西行使命的新落腳點。從實際展開過的歷史進程、社會影響觀察，他亟望

〔註134〕劉文典：《淮南鴻烈集解》，馮逸、喬華點校，北京：中華書局，2013年，第165頁。

〔註135〕黃懷信：《逸周書校補注譯》，西安：三秦出版社，2006年，第352頁。

〔註136〕王貽梁、陳建敏：《穆天子傳匯校集釋》，上海：華東師範大學出版社，1994年，第236頁。

〔註137〕王國維：《觀堂集林‧西胡考下》，北京：中華書局，1959年，第612頁。

〔註138〕（日）小川琢治：《支那歷史地理研究續集》，東京：復州古舊書店，1939年，第111～112頁。

〔註139〕（漢）司馬遷：《史記‧大宛列傳》，北京：中華書局，1982年，第3158頁。

〔註140〕（漢）司馬遷：《史記‧大宛列傳》，北京：中華書局，1982年，第3161頁。

喚起劉徹及其上層統治精英們親切、與華夏歷史文化認同的心理，在政治、經濟層面上，進一步推動與『大夏』聯絡的願望。」〔註141〕依此解釋，張騫正是借助了先秦時期「夏」字的含義，用以實現自己的政治抱負。如此看來，至少在張騫的時代，「夏」依然具有「西」的含義。漢魏以後，「夏」訓「西」的古義似乎終結，胡鴻對此論述道：

> 《水經注》引《晉書地道記》稱「縣有禹廟，禹所出也」。楊守靖疏曰：「《金樓子》一亦云禹長於隴西大夏縣。」大夏縣西有金紐城（或金柳城），遂有禹出金紐之說。此說自然不足以撼動禹出石紐的成說，它只是說明漢魏以下，「夏」原取「西」之義已經不為人知，面對地名中的夏字，人們只能想到夏朝和大禹。〔註142〕

「夏」既然有「西」的故訓，那我們將「西」的含義驗之於《尚書》《詩經》中，看其能否疏通經義。《康誥》「用肇造我區夏，越我一二邦以修我西土」，曾運乾釋為「區，區域也。夏，中國也。……言文王始造區夏，漸及一二邦，以至三分天下有其二，修和我西土也。」〔註143〕金兆梓釋為：「因而能在中夏整個區域和我西土一二邦中，創建了這偉大的事業。」〔註144〕若以「中國」「中夏」來解釋此句，那必然會出現相互牴觸之處，即按照經文本身的意思來說，「區夏」和「一二邦」皆位於「西土」之中，而以「中」來解釋，則在地理位置上會出現矛盾，即以「中」來造「西土」，這在邏輯上講不通。但如果以「夏」字的「西」義來解釋此處的「區夏」〔註145〕，釋為「西土周邦」，則會更加文從字順，經義曉暢，即「（通過文王的努力）開創了我西土周邦與一二友邦，來共同修治我西土」。再者，從整個《尚書》文本來看，周人稱呼自己為「西土之人」是一個非常普遍的現象，如《泰誓》「嗚呼！西土有眾，

〔註141〕王炳華：《「吐火羅」譯稱「大夏」辨析》，《西域研究》，2015年第1期，第109～113頁。

〔註142〕胡鴻：《能夏則大與漸慕華風——政治體視角下的華夏與華夏化》，北京：北京師範大學出版社，2017年，第31頁。

〔註143〕曾運乾：《尚書正讀》，上海：華東師範大學出版社，2011年，第169頁。

〔註144〕金兆梓：《尚書詮譯》，北京：中華書局，2010年，第93頁。

〔註145〕此處「區」字亦較為難解，大體上有三種解釋，一為「區域」（如孔《傳》），二為「中」（如黃式三《尚書啟蒙》），三為「小」意（如楊筠如《尚書覈詁》），其中尤以「區域」影響較大。劉起釪先生認為「區夏」難解是因為「區」字難解造成的，但我們認為是「夏」字難解所致。關於「區」的討論，可參見顧頡剛、劉起釪《尚書校釋譯論》，北京：中華書局，2005年，第1305～1306頁。

咸聽朕言」，「王曰：嗚呼！我西土君子」；《牧誓》「逖矣，西土之人」，「於商郊弗迓克奔，以役西土」；《酒誥》「明大命於妹邦，乃穆考文王肇國在西土」。對於《詩經‧思文》「無此疆爾界，陳常於時夏」中的「時夏」，童書業認為「后稷時，周之勢力不越西土，而曰『陳常於時夏』，此夏豈非指西土乎（后稷為虞官之說出於後世不可信）！據此，是西方之周稱為夏也。」〔註146〕這也是肯定「夏」具有「西」的意義。

通過以上諸多材料可以印證，「夏」有「西」的訓詁意義，可譯為「西土周邦」，於經文大義曉暢明白，不再曲折難通。

三、「周人稱夏」原因探析

如上所述，「夏」字有西方之意，「區夏」用「西土周邦」來解釋也較為恰當。但是，周人為何要稱「夏」？「周人稱夏」的目的何在？要解決此問題，我們首先需要對「周人稱夏」之「夏」的性質加以辨析，區分是「自稱」還是「她稱」。

對統治者來說，在中國作為一個合法的政權國家，即使自己的地理位置不在中原地區，也絕對不會將自己命名為「西方之國」。因為在中國傳統的政治文化中，「天命只能降於居住『中國』的王者，這個觀念，是中國數千年政治史上爭正統的理由」。〔註147〕而朝代前面加方位詞語的現象，大部分是別人所加，屬於「她稱」〔註148〕。

殷周之時，商人佔據中原地位，處於「中國」的位置。甲骨卜辭中多次出現商人稱呼自己為「中商」，原文如下：

> 子（巳）卜，王鼎（貞）：於中商乎（呼）（御）方。（《甲骨文合集》20453）

> 己酉（卜），□鼎（貞）：王徝於中商。（合20540）

其對貞之文為：

〔註146〕童書業：《童書業歷史地理論集‧蠻夏考》，童教英整理，北京：中華書局，2004年，第271頁。

〔註147〕許倬雲：《西周史》（增補二版），北京：生活‧讀書‧新知三聯書店，2018年，第114頁。

〔註148〕歷史上的「西周」「東周」「西漢」「東漢」「西晉」「東晉」等只是後人為了區分而加上的限定詞，而對於統治者來說，從來不認為自己的國號前應該加限定詞以區分。

己〔酉卜〕，□鼎（貞）：〔王〕弜〔註149〕〔值〕於中商。（合20540）

庚辰卜：□中商。（合20587）

對於「中商」，胡厚宣認為：「將『商』稱為『中商』，即後來『中國』稱呼之起源。」〔註150〕商人以自己為中心來命名周邊之人，命之為「東土」（合9736）、「西土」（合9740）、「南土」（合9737）、「北土」（合8791），這類稱呼多見於卜辭。于省吾也認為：「甲骨文之言四土和四方，均以大邑商為中心言之，西周時代才進一步以中土與四外方國對稱。」〔註151〕據此我們可以推斷：「周人稱夏」與商人的命名有關。甲骨文中「西邑」、清華簡《尹至》《尹誥》中的「西邑」與「西邑夏」的關係，也可以為我們的推測提供一些證據。

甲骨文中的「西邑」見於以下刻辭中，如：

正貞：燎于西邑……貞：于岳。（合6156）

正貞：于西邑。（合7863）

正西邑□蚩〔註152〕。（合7864）

目前學界對「西邑」性質的探討也是眾說紛紜，如陳夢家將「天邑商」「大邑商」「西邑」「大邑」並列且歸屬到「王之都邑」。〔註153〕胡厚宣認為：「西邑疑即唐邑，……西有唐土，為夏之舊都。除首都大邑商外，於唐土亦作大邑。因其地正在殷都的西方，所以又稱西邑。」〔註154〕諸位學者雖然對於「西邑」屬於何種性質的都邑爭論不休，但仍然一致認為「西邑」屬於地名。值得注意的是，清華簡《尹至》《尹誥》中也出現了「西邑」「西邑夏」，其文如下：

〔註149〕裘錫圭直接釋為「勿」字，意為「不要」，參見《裘錫圭學術文集（甲骨文卷）》中《說「弜」》《釋「勿」「發」》二文，第7頁和140頁。

〔註150〕胡厚宣：《甲骨學商史論叢初集・論殷代五方觀念及中國稱謂之起源》，石家莊：河北教育出版社，2002年，第277～281頁。

〔註151〕于省吾：《釋中國》，載《中華學術論文集》，中華書局編輯部編，北京：中華書局，1981年，第3頁。

〔註152〕裘錫圭直接釋為「害」字，意為「危害」，參見《裘錫圭學術文集（甲骨文卷）》中《釋「蚩」》一文，第209頁。

〔註153〕陳夢家：《殷虛卜辭綜述》，北京：中華書局，1988年，第321頁。

〔註154〕胡厚宣：《殷卜辭中的上帝與王帝（上）》，《歷史研究》，1959年第9期，第36頁。

湯往征弗服。摯度，摯德不僭。自西捷西邑，戡其有夏。(《尹
至》)

尹念天之敗西邑夏。(《尹誥》)〔註155〕

關於《尹至》中的「西邑」，有的學者指出「西邑，指夏都西亳偃師商城。《逸周書·度邑》:『自洛汭延於伊汭，居陽無固，其有夏之居。』西邑不出伊洛兩水一帶。」〔註156〕而《尹誥》又與傳世文獻《禮記·緇衣》有相似的內容，廖名春認為:「《禮記·緇衣》所引『惟尹躬天見於西邑夏』當依清華簡本作『尹念天之敗西邑夏』，是說伊尹思考『西邑夏』為『天』所『敗』，被上天會拋棄的問題。」〔註157〕對於「西邑夏」的位置，傳統觀點認為「西邑夏」在晉南的安邑，如鄭玄謂「夏之邑在亳西」，《太甲上》孔《傳》謂「夏都在亳西」，《湯誓》孔《傳》云「桀都安邑」，蔡沈《書集傳》亦云:「夏都安邑，在亳之西，故曰『西邑夏』。」〔註158〕將「西邑夏」的位置定在今河南偃師附近是學界的主流看法。關於「西邑」和「夏」是如何產生關係的，劉恒認為:「武丁時夏朝已滅，商人稱其為『西邑』，但在伊尹去見時，夏朝尤在，故稱其都為西邑夏。」〔註159〕基於這一認識，我們認為《清華簡》「西邑夏」與甲骨文「西邑」為同一個地方。

綜合上述傳世文獻與出土文獻的比較研究，我們可以得出「西邑」與「西邑夏」兩個地名皆與殷商有關，其名稱的產生也極有可能是商人命名所致。從而斷定「周人稱夏」中的「夏」亦源於商人的命名，即周人亦被商人稱之為「夏」，其中的「夏」是一種「她稱」。商人為何以「夏」來命名西方國家政權？我們推測，一者可能是由於「夏」字本來就是「西」意，當這個字傳至殷人，殷人便按照自己的語音系統對其進行合音以形成該字的讀音，並借助其文字系統，最後形成一個音形義皆全的「夏」字;二者，或許因為商人依據其

〔註155〕釋文見李學勤主編《清華大學藏戰國竹簡（壹）》，上海:中西書局，2010年，第128頁，第133頁。

〔註156〕沈建華:《清華楚簡〈尹至〉釋文試解》，《中國史研究》，2011年第1期，第71頁。

〔註157〕廖名春:《清華簡〈尹誥〉研究》，《史學史研究》，2011年第2期，第111頁。

〔註158〕（宋）蔡沈:《書集傳》，錢宗武、錢忠弼整理，南京:鳳凰出版社，2010年，第87頁。

〔註159〕劉恒:《殷契存稿·說西邑》，哈爾濱:黑龍江教育出版社，1992年，第13頁。

所佔有的文字書寫系統〔註 160〕來強制對位於西方的政權命名為「夏」，卜辭中出現的「西邑夏」「西邑」便是極好的例證。總之，商人憑藉自己所居住的中原位置，擁有強大的政治文化能力，依據其所佔有的文字書寫系統來強制命名位於西方的政權為「夏」。

既然將位於「西」的政權統稱為「夏」這一做法源於商，就目前的材料來看，我們還無法斷定這一做法在文王之前是否為周人所瞭解。但據文獻所記，文王之時「周人稱夏」這一記載開始逐漸增多，而到成康之後的文獻中卻極少再出現周人以「夏」來稱呼自己。「周人稱夏」這一現象在周初文獻中以這種不連續、不穩定的狀態呈現，似乎反映了周人對於「夏」這樣一種稱謂的使用是有選擇性的，而其中起主導性的因素又是什麼？

為了解決上述問題，我們需要注意這樣一種現象，《尚書》中凡出現「周人稱夏」的記載皆與文王有關，如《康誥》「惟乃丕顯考文王，克明德慎罰，……用肇造我區夏，越我一二邦以修我西土。」強調文王通過自身的修養和德政的實施才開創了我西土周邦。《君奭》「公曰：君奭！在昔上帝割申勸寧王〔註 161〕之德，其集大命於厥躬？惟文王尚克修和我有夏。」強調上帝通過不斷地考察文王的德行，才使得文王和洽於我西土周邦。可以看出，周人強調自己作為「夏」是與「文王受命」同時出現，但並非是由於「文王受命」所引起「周人稱夏」，而是周人開始承認來源於商人「夏」的稱謂。「夏」開始轉變為一種周人對自我的稱呼，即「自稱」，並且完成了由「她稱」到「自稱」的轉變，在這其中「文王受命」便成為了這次稱謂轉換的「關鍵點」。但周人為何要在文王時期強調自己為「夏」，即在「西土之人」中的獨特性？

「周人稱夏」與「文王受命」之間的關係，我們還需要從以下兩方面來

〔註 160〕 對於商人的文字系統而言，甲骨文僅僅是當時的俗體文字，除此之外還有正規場合下使用的正規字體，譬如金文。如裘錫圭先生認為：「甲骨文為當時的一種比較特殊的俗體字，而金文大體上可以看作當時的正體字。」故甲骨文中不見「夏」字，並不代表殷商時期不存在「夏」字。可參見裘錫圭：《文字學概要》，北京：商務印書館，2013 年，第 48 頁。裘錫圭：《殷周古文字中的正體與俗體》，《裘錫圭學術文集》（金文及其他古文字卷），上海：復旦大學出版社，2015 年，第 394 頁。

〔註 161〕 此處「寧王」當為「文王」，清代學者吳大澂《字說》認為，金文中「文」與「寧」字形相同，故而此處的「寧」為「文」的文字訛誤造成。可參見裘錫圭：《談談清末學者利用金文校勘〈尚書〉的一個重要發現》，《古籍整理與研究》，1989 年第 4 輯。後收錄於氏著《中國出土文獻十講》及《裘錫圭學術文集》中。

討論。第一，從「夏」稱謂的轉變發生在「文王受命」期間來看其具有的獨特性，我們認為這樣的一次轉變，其外部原因是基於周人希望借助「夏」來團結當時的「西土之人」，以號召當時的軍事力量來反對殷商。如上所論，商人給位於西方的政權皆命名為「夏」，而這些政權不僅包括周，還包括其他民族，如《牧誓》所載「庸、蜀、羌、髳、微、盧、彭、濮人」等「八族」，其中大部分為「西土」中的部族政權，就地理位置而言，皆在西方。〔註162〕殷周之際，殷商與姬周的軍事力量對比懸殊，商人軍事力量強大，周人力量弱小，以至於幾次伐商皆未果，牧野之戰中武王只有通過策反紂王軍隊才得以成功，可以看出二者軍事力量的對比。牧野之戰中周人的成功，一方面是由於當時殷商的主力部隊正在與東夷征戰，無法回師，另一方面恰恰是武王借助了西土「八族」的軍事力量才得以成功，以「八族」為代表的「西土之人」不僅人數眾多，其軍事力量也不可小覷。因此，周人在前期的伐商準備中，充分團結利用「西土之人」是極為重要的戰前動員。其中的第一步便是周人需要將自己在「西土之人」中凸顯出來，從而號召和團結當時的反殷力量，這個時間點就在於「文王受命」。周人在面對強大的東方殷人時，必須凸顯作為「西土之人」的首領地位，而這時稱呼上的變化則是必要的。「夏」是商人對「西土之人」的命名，周人正好可以借助「夏」來成為「西土」中的佼佼者，同時也可以與殷商形成區別，並擁有和商人對峙的資格。

第二，有必要從「文王受命」本身來進行研究。就目前的研究來看，「文王受命」是發生在文王、武王直至周公期間的一系列組合事件，絕非某個單獨的事件〔註163〕。傳統上認為「文王受命」的標誌性行動是文王接受商王之命成為「西伯」，〔註164〕《史記‧殷本紀》記載：「乃赦西伯，……賜弓矢斧

〔註162〕關於上述幾個部族的具體位置，可參見楊寬《西周史》，上海：上海人民出版社，1999 年，第 72～75 頁。

〔註163〕清華簡《保訓》和《程寤》公布之後，有的學者認為文王並不承認自己受命，受天命的是武王。但我們認為「文王受命」是發生在殷周之際的一場政治造勢運動，是一個有連續性的活動，文王或武王只是其中的一個環節，不可分開來認識。參見劉光勝《真實的歷史，還是不斷衍生的傳說——對清華簡文王受命的再考察》，《社會科學輯刊》，2012 年第 5 期，第 172～177 頁；李忠林《皇天與上帝之間：從殷周之際的天命觀說文王受命》，《史學月刊》，2018 年第 2 期，第 34～43 頁。

〔註164〕《詩經》中有大量「文王受命」的記載，尤以《大雅‧文王之什》中的《文王》《思齊》《大明》《皇矣》《文王有聲》記載較多，詩中詳細記載了文王為何會受命、文王所受何命、上帝對文王的教導、受命之後文王的行動等。

鉞，使得征伐，為西伯」〔註165〕。自此之後，文王大力經營「西土」，開始兼併土地，不斷擴充實力，同時團結諸侯，開始對外用兵。《尚書大傳》記載了文王出兵的次序：

> 文王受命，一年斷虞芮之質，二年伐于，三年伐密須，四年伐畎夷，五年伐耆，六年伐崇，七年而崩。〔註166〕

「文王受命」的記載不僅存在於傳世文獻中，出土文獻亦有大量的記載，如成王時期的何尊載「肆文王受茲大命」（《集成》06014），康王時大盂鼎中記載「丕顯文王受天有大命」（《集成》02837），共王時期的史牆盤載「曰古文王，初盭和於政，上帝降懿德大甹，匍有上下，迨受萬邦」（《集成》10175）。結合傳世文獻和出土文獻來看，「文王受命」是周人觀念中所發生的事件，也極有可能是周後人杜撰，實際情況如何我們已經無法具體考證。但通過資料對比，我們認為以下幾點是與「周人稱夏」存在密切關係的。

首先，「文王受命」的「命」為何？在這裡我們需要明晰文王所承受的這個「命」是否與商人所承受的天命相同，即承受了這個「命」是否就意味著可以進入中原，替代商人，從而替上天管理民眾。對於殷人和周人所承受的天及上帝，學界一般認為二者是不同的，如朱鳳瀚曾指出，商人的上帝雖在商人神靈系統中有崇高地位，但並未與祖先神、自然神形成明確的上下統屬關係，既非至上神也非商民族的保護神。這一神靈是商人在思索與追溯統一世界的根本力量過程中所創造的神。周人的上帝並非襲自商人，且神性與商人的上帝不同，它是周人的至上神和周王朝的保護神。西周時期作為神靈的「天」與上帝則有諸多相似之處。〔註167〕據此我們很難得出「文王」所承受之「命」就是殷人所敬奉的「命」，二者是存在區別的。這一點通過對「文王受命」的標誌性行動，即文王接受商王之命而成為「西伯」，並有權「征伐」和管理「西土」來看，「文王受命」之「命」並非是代替殷人執掌中國，管理民眾之權柄〔註168〕。

〔註165〕（漢）司馬遷：《史記·殷本紀》，北京：中華書局，1982年，第106頁。
〔註166〕（漢）伏生：《尚書大傳》，（清）陳壽祺輯校，董治安主編《兩漢全書》，濟南：山東大學出版社，2009年，第166頁。
〔註167〕朱鳳瀚：《商周時期的天神崇拜》，《中國社會科學》，1993年第4期。
〔註168〕通過武王時期的「天亡簋」和成王時期的「何尊」銘文的系聯，周人是滅商返回西土時在「天室」（太室山）上進行祭祀時才擁有了「宅茲中國，自之乂民」的天命思想，詳細參見林澐：《天亡簋「王祀與天室」新解》，《史學集刊》，1993年第3期；李學勤：《天亡簋釋讀及其推測》，《中國史研究》，2009年第4期。

再者，文王之所以能夠受命的前提是文王具有「德」，通過學者的研究，華夏早期「德」的含義不僅是指類似於思想道德等個人內在的一種品質，同時還強調外在的統治方法和能夠給予周人所得的東西，如《尚書‧康誥》中的「明德慎罰」，將「德」與「罰」並列，足以看出「德」似乎更多表現的是對民眾的一種統治手段〔註169〕。因此，文王據「德」以「受命」實際強調的是文王因對「西土之人」施行良好的統治而受到「天」的青睞，非是文王具備了入主中原的能力。

誠如上所論，「文王受命」是發生在西周早期的一系列事件的總匯，大量記載「文王受命」的文獻多在周公至成康時期，據此有學者指出應將「文王受命」改為「周人受命」〔註170〕。由此，我們認為西周早期所發生的「文王受命」極有可能是周公至成康時期，以周公為代表的西周統治者為應對當時的內憂外患而塑造的一系列事件。武王崩後，「三監」和東夷叛亂引起殷遺民的反抗，加之成王年幼，國祚不穩。內憂外患迫使周公等人開始思考對策，而對來源於商人的「夏」重新加以利用應是其中的一個環節。直到成康時期的文獻中依然保持「夏」的概念，一方面是文武時期遺留下來的傳統，另一方面是周人在面對東方殷人遺留下來的強大勢力時，依然要不斷強化自己在「西土」中的優勢，通過「夏」的含義給殷人帶來震懾力。〔註171〕

但隨著周人的層層封建，整個國家逐漸納入周人所設計的統治秩序中，殷遺民的勢力不斷消退，並且這時周人管理和統治的已不再是「西土之人」，而是當時天下「四土」格局，即《左傳‧昭公九年》所載：

> 我自夏以后稷，魏、駘、芮、岐、畢，吾西土也。及武王克商，蒲姑、商奄，吾東土也；巴、濮、楚、鄧，吾南土也；肅慎、燕、亳，吾北土也。吾何邇封之有？〔註172〕

周人為了統治的需要，不能再過多地強調自己是「西土之人」中的「夏」，而是更加凸顯周人在「天下」之中的獨特地位，這也是成康之後的文獻中少

〔註169〕詳細論述可參看羅新慧：《周代天命觀念的發展與嬗變》，《歷史研究》，2012年第5期。

〔註170〕楊博：《由清華簡〈程寤〉談「文王受命」的解讀》，《出土文獻綜合研究集刊》（第一輯），成都：巴蜀書社，2014年。

〔註171〕比如《康誥》的背景是周公（或成王）在平叛「三監之亂」後，命康叔封時所發布的誥言，其目的一方面在於告誡康叔封，另一方面也有震懾殷商遺民的作用。

〔註172〕楊伯峻：《春秋左傳注》，北京：中華書局，2009年，第1307～1308頁。

見「有夏」稱呼的原因。當周人接替殷人佔據中原地區時,周人賡續了中原地區產生的「中土」與「四土」的區分觀念,這時周人為了強調自己作為「天下」之主,便刻意地將自己與西土之人、東土之人、北土之人、南土之人區分開來,「四土之人」又被周人不斷地邊緣化,「夷夏之分」的觀念開始形成,而此時已經進入春秋戰國時代。

此外,需要說明的一點是,將「周人稱夏」之「夏」解釋為「西」的含義,在這樣的背景下如何去理解「夏后氏」之「夏」及「夏人」與「周人」的關係?如上之所論,「夏」之「西」義可能來源於商人,「夏后氏」之「夏」,也極有可能出於商人。鑒於此,周人與夏人便都被商人命名為「夏」,如果簡單地從後世所謂的政治合法繼承性上來看,這依然是「周人」繼承了「夏人」〔註173〕,並不影響夏朝及夏人存在的學理證據。同時就目前夏代考古來看,恰恰由於無法明確辨識出夏代的文化特徵,因而造成夏代考古的前進緩慢。「二里頭」遺址也正是處在殷商文化的地層中間,所以很難辨識其具體的年代特徵,故而對「二里頭」遺址與周邊的鄭州遺址、二里崗遺址、安陽遺址等很難做出明確的年代劃分。學界一直對「夏文化」的辨識意見不統一,部分學者甚至認為不存在「夏王朝」,更不必說考古學上的「夏文化」。但從商人的角度來看,如果將「夏」理解為「西」,那麼在商人的文化遺址中存在大量「西方之人」遺址,將其中的「西土」文化特徵與文獻中所記載的「有夏之居」相對應,便能尋覓出「夏文化」的蛛絲馬跡,有助於「夏文化」考古學上的進一步發展。

四、小結

《尚書》《詩經》「周人稱夏」的「夏」字並非指稱夏王朝,其最初具有「西」的含義,「區夏」譯為「西土周邦」更加符合經文大義。「夏」作為一種

〔註173〕傅斯年曾在《夷夏東西說》中將「夏人」和「周人」劃為西方,而將殷商劃為東方,本文的論述也在支撐這種劃分辦法。除此之外,我們不能以中國農耕時代族群的遷徙速度來衡量游牧時期的族群活動。從目前的材料可知,「夏人」和「周人」似乎都與草原游牧民族有極大的關係,周人利用鐵騎和車戰似乎與其位於游牧與農耕的邊界地帶有關係,周人可以便利地接觸到當時西亞已經掌握冶鐵技術的亞述人,而夏人似乎亦與北方的草原游牧有關係。郭沫若、徐中舒曾將卜辭中的「土方」解釋為「夏」,足見「夏」與北方草原游牧部族的關聯。因此周人和夏人之間本身就存在著很多關係,不能將周人與夏人的關係僅僅定位在繼承其政治合法性上。

政權存在，是「中土」殷人借助其強大的政治力量和書寫系統所命名的，屬於「她稱」。隨著周人崛起於西方，周人需要找到一個合理合法的稱謂來面對強大的東方殷人，這時「夏」的作用則被凸顯出來。周人通過「文王受命」等一系列活動，將「夏」的名號占為己有，將其含義也變成「西土之人」中的領袖，用以與殷人對抗。隨著周王朝統治秩序的穩定，「夏」已不再適合作為「天下共主」的名號，所以在成康以後的文獻中極少有「周人稱夏」的記載。後世「華夏」與「夷狄」的區分已是春秋戰國時期的事情，與「周人稱夏」的關聯更為稀疏。

　　注：本文由高曉軍撰寫初稿，鍾雲瑞修改定稿，已發表於《海南大學學報（人文社會科學版）》2020 年第 3 期，特此說明。

結　語

　　在春秋戰國之際的時代大背景下，戰國士階層作為社會文化的主要擔負者和傳承者，對特定歷史時期的政治、文化、哲學、思想的繼承與傳播具有重要的樞紐價值和深遠意義。上古時代的文化思想執掌於王官之學，周王室衰微，執政卿大夫將中國傳統政治文化的主導精神固定在一定的範疇之內，形成了三代以來以德和禮為核心的哲學內涵。延及戰國時代，諸子百家吸取前代王官之學的精髓要義，而根據具體的政治實踐要求，融合提煉為各自獨特的學術派別。

　　就《尚書》而言，春秋時期的執政卿大夫通過對《書》學的闡釋、運用，已經奠定了《書》教傳統的文化氛圍，在此基礎之上，孔子及其儒家後學乃至道家、墨家、法家等諸多流派的學術思維得以形成。及至戰國百家爭鳴局面的出現，士階層成為文化主體，春秋執政卿大夫的《書》學觀念依然起著理論依據的重要作用。戰國諸子之學將《書》學要義解釋得淋漓盡致，闡釋發揮，援引徵用，乃至化用語句，斷章取義。在特定的歷史條件之下，《尚書》所包含的政治謀略、文化主張、法治觀念與軍事思想，都被熔煉到不同的學術體系中，與現實實際相結合，對中國古代社會產生了極為深遠的影響。

　　《墨子》《孟子》《莊子》《荀子》《韓非子》《呂氏春秋》《戰國策》，這七部戰國時代的典籍，從不同歷史年代、不同學術派別、不同地域分布等角度呈現出了戰國《尚書》學的面貌，為探究戰國《書》學流佈與傳播情況提供了全面而完整的系統。新出土文獻清華簡的發現，為梳理《尚書》的歷史史事，釐清《書》篇古奧詞義，解讀上古思想觀念，開啟了一段新的研究歷程。立足於《書》教傳統的宏觀視域，考辨戰國時代的《尚書》學發展、演變，對重新

認識春秋時期執政卿大夫《書》學教化作用，奠基秦漢時代《尚書》施政治國
功用，具有承上啟下的意義。

參考文獻

一、古籍類

1. （漢）孔安國傳，（唐）孔穎達正義，黃懷信整理：《尚書正義》，上海：上海古籍出版社，2007 年。

2. （漢）司馬遷撰，（南朝宋）裴駰集解，（唐）司馬貞索隱，（唐）張守節正義：《史記》，北京：中華書局，1982 年。

3. （漢）韓嬰撰，許維遹校釋：《韓詩外傳集釋》，北京：中華書局，1980 年。

4. （漢）劉向撰，向宗魯校證：《說苑校證》，北京：中華書局，1987 年。

5. （漢）劉向輯錄，范祥雍箋證，范邦瑾協校：《戰國策箋證》，上海：上海古籍出版社，2011 年。

6. （漢）劉向著，石光瑛校釋，陳新整理：《新序校釋》，北京：中華書局，2001 年。

7. （漢）桓譚撰，朱謙之校輯：《新輯本桓譚新論》，北京：中華書局，2009 年。

8. （漢）班固著，（唐）顏師古注：《漢書》，北京：中華書局，1962 年。

9. （漢）許慎撰，（宋）徐鉉校定：《說文解字》，北京：中華書局，2013 年。

10. （漢）鄭玄注，（唐）孔穎達正義，呂友仁整理：《禮記正義》，上海：上海古籍出版社，2008 年。

11. （漢）鄭玄箋，（唐）孔穎達正義，朱傑人、李慧玲整理：《毛詩注疏》，

上海：上海古籍出版社，2013 年。

12.（漢）鄭玄注，（唐）賈公彥疏，彭林整理：《周禮注疏》，上海：上海古籍出版社，2010 年。

13.（漢）何休解詁，（唐）徐彥疏，刁小龍整理：《春秋公羊傳注疏》，上海：上海古籍出版社，2013 年。

14.（漢）趙岐注，（宋）孫奭疏：《孟子注疏》，北京：北京大學出版社，1999 年。

15.（魏）王弼注，樓宇烈校釋：《老子道德經注校釋》，北京：中華書局，2008 年。

16.（唐）韓愈撰，馬其昶校注，馬茂元整理：《韓昌黎文集校注》，上海：上海古籍出版社，1986 年。

17.（宋）蘇軾：《蘇東坡集》，王雲五主編，《萬有文庫》本，上海：商務印書館，1930 年。

18.（宋）洪興祖：《楚辭補注》，北京：中華書局，1983 年。

19.（宋）林之奇：《尚書全解》，《景印文淵閣四庫全書》第五十五冊，臺北：臺灣商務印書館，1983 年。

20.（宋）朱熹：《四書章句集注》，北京：中華書局，2012 年。

21.（宋）蔡沈著，錢宗武、錢忠弼整理：《書集傳》，南京：鳳凰出版社，2010 年。

22.（清）永瑢等撰：《四庫全書總目》，北京：中華書局，1965 年。

23.（清）江聲：《尚書集注音疏》，（清）阮元編：《清經解》第二冊，上海：上海書店，1988 年。

24.（清）王鳴盛：《蛾術編》，北京：商務印書館，1958 年。

25.（清）段玉裁：《說文解字注》，上海：上海古籍出版社，1988 年。

26.（清）章學誠著，葉瑛校注：《文史通義校注》，北京：中華書局，1985 年。

27.（清）汪中：《汪中集》，臺北：「中央研究院」中國文哲研究所籌備處，2000 年。

28. （清）陳壽祺：《尚書大傳輯校》，（清）王先謙編：《清經解續編》第二冊，上海：上海書店，1988 年。

29. （清）焦循撰，沈文倬點校：《孟子正義》，北京：中華書局，1987 年。

30. （清）王聘珍撰，王文錦點校：《大戴禮記解詁》，北京：中華書局，1983 年。

31. （清）陳澧著，楊志剛校點：《東塾讀書記》，北京：三聯書店，1998 年。

32. （清）王先謙撰，沈嘯寰點校：《莊子集解》，北京：中華書局，1987 年。

33. （清）王先謙撰，沈嘯寰、王星賢點校：《荀子集解》，北京：中華書局，1988 年。

34. （清）王先慎撰，鍾哲點校：《韓非子集解》，北京：中華書局，1998 年。

35. （清）郭慶藩撰，王孝魚點校：《莊子集釋》，北京：中華書局，2012 年。

36. （清）孫詒讓撰，孫啟治點校：《墨子閒詁》，北京：中華書局，2001 年。

37. （清）皮錫瑞著，周予同注釋：《經學歷史》，北京：中華書局，2011 年。

38. （清）康有為：《孔子改制考》，北京：中華書局，1958 年。

39. （清）王國維：《今本竹書紀年疏證》，濟南：齊魯書社，2010 年。

40. 梁啟雄：《韓子淺解》，北京：中華書局，1960 年。

41. 楊伯峻：《春秋左傳注》，北京：中華書局，2009 年。

42. 楊伯峻：《論語譯注》，北京，中華書局，2009 年。

43. 楊伯峻：《孟子譯注》，北京：中華書局，2010 年。

44. 徐元誥撰，王樹民、沈長雲點校：《國語集解》，北京：中華書局，2002 年。

45. 黎翔鳳撰，梁運華整理：《管子校注》，北京：中華書局，2004 年。

46. 劉文典撰，馮逸、喬華點校：《淮南鴻烈集解》，北京：中華書局，2013 年。

47. 陳奇猷校注：《呂氏春秋新校釋》，上海：上海古籍出版社，2002 年。

48. 陳奇猷校注：《韓非子集釋》，上海：上海人民出版社，1974 年。

49. 許維遹撰，梁運華整理：《呂氏春秋集釋》，北京：中華書局，2009 年。

50. 袁珂：《山海經校注》，上海：上海古籍出版社，1980 年。

51. 蔣禮鴻：《商君書錐指》，北京：中華書局，1986 年。

52. 黃懷信：《鶡冠子校注》，北京：中華書局，2014 年。

53. 黃懷信：《逸周書校補注譯（修訂本）》，西安：三秦出版社，2006 年。

二、著作類

1. （清）梁啟超：《論中國學術思想變遷之大勢》，上海：上海古籍出版社，
2001 年。

2. 章太炎：《諸子學略說》，桂林：廣西師範大學出版社，2010 年。

3. 章太炎講演，曹聚仁整理：《國學概論》，上海：上海古籍出版社，2008
年。

4. 章太炎：《國故論衡》，上海：上海古籍出版社，2003 年。

5. 胡適：《中國哲學史大綱》，上海：上海古籍出版社，1997 年。

6. 郭沫若：《十批判書》，北京：東方出版社，1996 年。

7. 徐復觀：《中國經學史的基礎》，北京：九州出版社，2013 年。

8. 徐復觀：《學術與政治之間》，臺北：臺灣學生書局，1985 年。

9. （德）卡爾‧雅斯貝爾斯著，柯錦華等譯：《智慧之路》，北京：中國國際
廣播出版社，1988 年。

10. 葛兆光：《中國思想史》（第一卷），上海：復旦大學出版社，2004 年。

11. 馮友蘭：《中國哲學史》，重慶：重慶出版社，2009 年。

12. 張豈之主編：《中國思想史》，西安：西北大學出版社，1993 年。

13. 歐陽哲生主編：《傅斯年全集》（第二卷），長沙：湖南教育出版社，2000
年。

14. 蔣伯潛：《諸子通考》，臺北：正中書局，1948 年。

15. 羅根澤編著：《古史辨》第四冊，上海：上海古籍出版社，1982 年。

16. 羅根澤編著：《古史辨》第六冊，上海：上海古籍出版社，1982 年。

17. 呂思勉：《經子解題》，上海：華東師範大學出版社，1995 年。

18. 任繼愈：《中國哲學發展史》（先秦卷），北京：人民出版社，1983 年。

19. 楊世文、李勇先、吳雨時選編：《易學集成》，成都：四川大學出版社，
    1998 年。

20. 余英時：《中國思想傳統及其現代變遷》，桂林：廣西師範大學出版社，
    2004 年。

21. 陳夢家：《尚書通論》，北京：中華書局，2005 年。

22. 顧頡剛、劉起釪：《尚書校釋譯論》，北京：中華書局，2005 年。

23. 劉起釪：《尚書學史》，北京：中華書局，1989 年。

24. 劉起釪：《〈尚書〉源流及傳本考》，瀋陽：遼寧大學出版社，1997 年。

25. 周秉鈞：《尚書易解》，上海：華東師範大學出版社，2010 年。

26. 曾運乾：《尚書正讀》，上海：華東師範大學出版社，2011 年。

27. 楊筠如著，黃懷信標校：《尚書覈詁》，西安：陝西人民出版社，2005 年。

28. 屈萬里：《尚書集釋》，上海：中西書局，2014 年。

29. 陳鼓應：《莊子今注今譯》，北京：商務印書館，2007 年。

30. 董治安：《先秦文獻與先秦文學》，濟南：齊魯書社，1994 年。

31. 鄭傑文：《中國墨學通史》，北京：人民出版社，2006 年。

32. 李民、王健：《尚書譯注》，上海：上海古籍出版社，2004 年。

33. 程元敏：《先秦經學史》，臺北：臺灣商務印書館，2013 年。

34. 程元敏：《尚書學史》，上海：華東師範大學出版社，2013 年。

35. 馬士遠：《周秦〈尚書〉學研究》，北京：中華書局，2008 年。

36. 邢兆良：《墨子評傳》，南京：南京大學出版社，1993 年。

37. 荊門市博物館：《郭店楚墓竹簡》，北京：文物出版社，1998 年。

38. 馬承源主編：《上海博物館藏戰國楚竹書（一）》，上海：上海古籍出版社，
    2001 年。

39. 馬承源主編：《上海博物館藏戰國楚竹書（五）》，上海：上海古籍出版社，
    2005 年。

40. 清華大學出土文獻研究與保護中心編，李學勤主編：《清華大學藏戰國竹
    簡（壹）》，上海：中西書局，2010 年。

41. 清華大學出土文獻研究與保護中心：《清華簡研究（第一輯）》，上海：中西書局，2012 年。

42. 李學勤：《初識清華簡》，上海：中西書局，2013 年。

43. 林存光主編：《中國古典和諧政治理念與治國方略研究》，北京：中國社會科學出版社，2013 年。

三、論文類

1. 石聲淮：《金縢》「予仁若考」解，湖北師範學院學報（哲學社會科學版），1985（2）。

2. 王永平：郭店楚簡研究綜述，社會科學戰綫，2005（3）。

3. 鄭傑文：《墨子》引《書》與歷代《尚書》傳本之比較，孔子研究，2006（1）。

4. 馬士遠：帛書《要》與《墨子》稱說「尚書」意旨新探，學術月刊，2007，39（1）。

5. 陳桐生：商周史官文化向戰國士文化的轉變及其對說理散文的影響，文史哲，2008（3）。

6. 楊樹增：中國早期知識階層的形成及其精神傳統，南方論叢，2009（3）。

7. 俞林波：《墨子》與古文《尚書》考辨，船山學刊，2010（3）。

8. 鄧國光：學術史的轉捩：「王官之學」與「德性自覺」，西北大學學報（哲學社會科學版），2012，42（5）。

9. 劉光勝：清華簡與先秦《書》經傳流，史學集刊，2012（1）。

10. 董恩林：從王官之學到經學儒學，孔子研究，2012（6）。

11. 馬世年：先秦子書的編集與「軸心時代」的經典生成，文史哲，2013（1）。

12. 胡治洪：孟子引《書》與德性政治，學海，2014（5）。

13. 田華銀：試析戰國士人的批判性思維傾向，蘭臺世界，2014（9）下旬。

14. 彭華：2010 年出土儒學文獻研究綜述，西華大學學報（哲學社會科學版），2014，33（6）。

後　記

　　本書是在我的碩士畢業論文《戰國〈尚書〉學研究》的基礎上修改增訂而成。

　　我攻讀碩士學位期間，追隨馬士遠師習《尚書》，於《尚書》文獻、《尚書》學史稍有涉獵。撰寫碩士畢業論文時，馬師以《戰國〈尚書〉學研究》為題，命我對戰國時代的《尚書》文獻進行詳盡研究。於是我以《戰國〈尚書〉學研究》獲得了曲阜師範大學文學碩士學位。

　　2016 年 5 月，我有幸考取山東大學儒學高等研究院博士研究生，導師為許嘉璐先生，合作導師為杜澤遜教授。許先生每年都要與他指導的山東大學的博士生見一次面，給予我們治學方法的指導，治學理想的鼓勵。在山大求學期間，杜老師言傳身教，對我學術長進、人格養成起到了潛移默化的作用。

　　2018 年 11 月，馬士遠師申報的國家社科基金重大項目「《尚書》學研究」獲批立項，再一次呈現了《尚書》研究的重要價值。2019 年 4 月，我以「清代山東《尚書》文獻整理研究」申報山東省社科規劃優勢學科項目，獲批立項。2020 年 1 月，曲阜師範大學成立《尚書》學研究中心，是對《尚書》研究團隊的支持。

　　《尚書》作為五經之一，歷來是治國理政的重要經典。《尚書》學作為一門傳統學術，歷代學人孜孜不倦，沉潛典冊，進行了持續不斷的研究，使之在新時代同樣展現出永恆的學術魅力。作為後學晚輩，當以學界前輩為楷模，潛心研習，砥礪前行。

　　在我求學問道的人生歷程中，老師的教誨、朋友的鼓勵、家人的支持，是我能夠堅持一路走來的精神力量。謹以此書感謝我的父母、我的岳父母、

我的妻子，還有我那可愛的女兒！

鍾雲瑞

二〇二〇年端午節

於曲阜師範大學孔子文化研究院